仏菩薩の名前からわかる
大乗仏典の成立

田中公明

春秋社

仏説法図（古代オリエント博物館寄託）

仏菩薩の名前からわかる大乗仏典の成立　目次

序章　大乗仏典の成立と対告衆……… 3
1　曼荼羅の菩薩たちはどこから来たか？　3
2　大乗仏典における対告衆について　5
3　西北インド・アフガニスタンからの新資料発見　9
4　おわりに　11
第一章　大乗仏教成立の時代背景……… 15
1　大乗仏典の成立論　15
2　大乗仏典興起の時代背景　17
3　東アジアへの大乗仏教伝播　20
4　まとめ　24
第二章　大乗仏典は誰が作ったか？……… 27
1　はじめに　27

2　部派仏教と大乗仏教　28
3　支婁迦讖の訳経　31
4　般若経典と他土仏経典　32
5　どうしてインドには大乗の僧伽が現れなかったのか？　34
6　大乗仏典の編者は誰か？　36

第三章　タキシラからナーランダーへ…………39

1　国際学会「ナーランダーの遺産」　39
2　タキシラの地理的位置　42
3　タキシラの仏教遺跡　44
4　ナーランダーの歴史　47
5　ナーランダー創建の意図　50
6　まとめ　51

第四章　綴られている言語・文字から成立地を推定する……53

1　大乗仏典は何語で綴られていたか？　53
2　ネパールのサンスクリット語大乗仏典　54
3　初期大乗仏典で用いられた言語は何か？　56
4　ブラフミー文字とカローシュティー文字　61
5　対告衆の尊名に見られるカローシュティーの痕跡　64
6　漢訳仏典における避諱の問題　66
7　まとめ　67

第五章　『般舟三昧経』と八人の在家菩薩……69

1　大乗仏教と他土仏信仰　69
2　『般舟三昧経』の諸訳と時代背景　71
3　般舟三昧の性格　73
4　『般舟三昧経』と阿弥陀信仰　74

5　『般舟三昧経』の八人の在家菩薩　76
6　『般舟三昧経』と仏像　79
7　まとめ　82

第六章　『般若経』の成立と増広過程……………84

1　はじめに　84
2　基本的『般若経』の成立　87
3　基本的『般若経』以外のテキスト　91
4　対告衆から見た『般若経』の成立　93
5　『般舟三昧経』の八菩薩のその後　101
6　『般若経』と文殊菩薩　104
7　まとめ　106

第七章　浄土経典、『法華経』『維摩経』の対告衆と参照関係……………108

1　はじめに　108

2 浄土経典の成立 109
3 『法華経』の対告衆 116
4 『維摩経』の対告衆 121
5 まとめ 129
第八章 『華厳経』の成立…… 131
1 はじめに 131
2 『華厳経』の構成 132
3 原始『華厳経』 134
4 『華厳経』の対告衆 138
5 『華厳経』の成立地 139
6 『華厳経』と四十二字門 143
7 『華厳経』と浄土信仰 145
8 まとめ 149

第九章　『大宝積経』『大集経』の成立……151
1　はじめに　151
2　『大宝積経』の対告衆　152
3　『大集経』の対告衆　162
4　『宝星陀羅尼経』について　164
5　『僧伽吒経』の対告衆　167
6　『大集経』の成立年代と成立地　170
7　まとめ　172
第一〇章　八大菩薩の展開……174
1　はじめに　174
2　八大菩薩の種類　175
3　『薬師経』の八大菩薩　177
4　『文殊師利根本儀軌経』の八大菩薩　179

5 『理趣経』系の八大菩薩 181
6 標準型の八大菩薩 189
7 まとめ 196

第一一章 『金光明経』に見る異本の問題……198

1 はじめに 198
2 『金光明経』の成立 199
3 『金光明経』の諸本 201
4 金光明四仏の成立と展開 204
5 『金光明経』の仏菩薩 210
6 『金光明経』の護法神群 214
7 まとめ 218

第一二章 大乗『涅槃経』と『楞伽経』……220

1 はじめに 220

2 『涅槃経』の諸本 221
3 『涅槃経』の成立 222
4 その後の大乗『涅槃経』 224
5 『楞伽経』の成立 227
6 『涅槃経』『楞伽経』と一闡提 230
7 『楞伽経』と密教 231
8 まとめ 234
第一三章 大乗仏教から密教へ………… 236
1 はじめに 236
2 『薬師経』『七仏薬師経』と薬師経法の曼荼羅 237
3 『華厳経』と『金剛手灌頂タントラ』 241
4 胎蔵曼荼羅第三重の二十五菩薩 244
5 『賢劫経』と賢劫千仏 251
6 『出生無辺門陀羅尼経』と賢劫十六尊 253

7　金剛界十六大菩薩の起源　254
8　まとめ　262

第一四章　対告衆から見た大乗仏典の系統……………265

1　はじめに　265
2　『般舟三昧経』の八人の在家菩薩　266
3　『文殊支利普超三昧経』の二十五正士　269
4　出家菩薩のグループ　275
5　特徴的な対告衆は誰か？　279
6　『賢劫経』と喜王菩薩　283
7　『念仏三昧経』と不空見菩薩　285
8　『ラリタヴィスタラ』の纔発心転法輪菩薩　287
9　対告衆による経典の前後関係　288
10　まとめ　290

第一五章　初期大乗における在家菩薩の役割（結論）……………293
1　はじめに　293
2　『般舟三昧経』と観仏経典　295
3　『首楞厳三昧経』と『般舟三昧経』　296
4　仏教史上における在家居士の役割　300
5　大乗仏教草創期における在家菩薩　305
6　まとめ　307
第一六章　ガンダーラから極楽浄土図？（特論）……………309
1　はじめに　309
2　作品の概要　310
3　ガンダーラと大乗仏教　314
4　左脇侍と右脇侍の図像解析　322
5　蓮華化生菩薩　326

6 阿弥陀如来と八大菩薩 329
7 『薬師経』の八大菩薩 332
8 『般舟三昧経』の八大菩薩 335
9 結論 337

あとがき 339
参考文献 343
索引 (1)

仏菩薩の名前からわかる大乗仏典の成立

序章　大乗仏典の成立と対告衆

1　曼荼羅の菩薩たちはどこから来たか？

　私が曼荼羅の研究を始めてから、ほぼ半世紀が経過しようとしている。

　日本の仏教図像の基本をなす両界曼荼羅《りょうかいまんだら》のうち、胎蔵《たいぞう》曼荼羅には四一四尊もの仏・菩薩・忿怒《ふんぬ》尊・護法天《ごほうてん》が描かれる。このうち如来は、胎蔵五仏と釈迦如来の六尊のみ、忿怒尊は数え方によるが、主要なものは持明院《じみょういん》の四尊と蓮華部院《れんげぶいん》の馬頭観音《ばとうかんのん》、金剛手院《こんごうしゅいん》の忿怒月黶尊《がってん》、虚《こ》空蔵院《くぞういん》の曼荼羅菩薩（大輪明王）など一〇尊ほどに過ぎない。いっぽう天部は外金剛部院の二〇〇尊ほどであるから、残りの二〇〇尊弱が菩薩（釈迦院に描かれる仏頂尊は、図像学的には菩薩と異ならない）ということになる。

　いっぽう金剛界九会《くえ》曼荼羅は各会の間で重複が著しいので、中心となる成身会《じょうしんえ》を抽出して描いた金剛界八十一尊曼荼羅で見ると、如来五尊、菩薩四八尊、忿怒尊四尊、天部二四尊で、菩薩だけで過半数を占めている。

このように日本の曼荼羅を代表する両界曼荼羅において、圧倒的な割合を占めるのは、多数の菩薩たちである。その中には、観音・弥勒《みろく》・文殊《もんじゅ》・普賢《ふげん》など、日本でも信仰を集めた大菩薩も含まれるが、まったく聞き慣れない名前の菩薩も少なくない。曼荼羅に描かれる数百人もの菩薩は、どこから来たのだろうか？　それが私にとって、長年の謎であった。

著者が曼荼羅の研究を始めた当初は、曼荼羅には、密教の成立と時代的に近接する後期大乗仏典から、多くの菩薩が採られたはずだと予想していた。本書第一一章で見るように、両界曼荼羅の根幹をなす五仏は、代表的な中後期大乗仏典である『金光明経《こんこうみょうきょう》』の四方四仏から発展したことが明らかになっていたからである。

ところが研究を進めていくうちに、両界曼荼羅に描かれる尊格には、意外にも曼荼羅の成立より五〇〇年以上前に現れた初期大乗仏典や、初期の陀羅尼《だらに》経典に対告衆《たいごうしゅ》として登場する菩薩が多く含まれることが分かった。

そこで私は、『両界曼荼羅の仏たち』（春秋社、二〇一七年）において、両界曼荼羅に描かれる仏菩薩のルーツを、初期大乗仏典にまで遡って紹介したが、同書の性格上、大乗仏典には頻繁に登場するものの、両界曼荼羅には描かれない菩薩は取り上げることができなかった。

2　大乗仏典における対告衆について

日本に伝播した仏教は、西暦紀元前後に出現した大乗仏教と、六世紀以後に発展した密教の混淆形態である。そして大乗仏教は、それ以前の仏教つまり部派仏教を批判し、「大乗仏典」と呼ばれる新たな聖典群を作り上げた。

ブッダ入滅直後の第一結集《けつじゅう》から発展した部派仏教所伝の経律とは異なり、大乗仏典は、ブッダ在世当時のさまざまな出来事に取材しながらも、まったく独自に成立した。つまり「大乗」を標榜する仏教徒によって、新たに編集されたのである。

しかし、それを仏説と主張するためには、いつ、どこで、誰が編集したのかを、巧妙に秘匿しなければならなかった。そこで大乗仏典を通読しても、このテキストが、いつ、どこで、誰によって編集されたのかを知ることは困難である。大乗仏典の成立に関しては、学界に種々の学説が提出されたが、これまでのところ万人を納得させる結論は得られていない。

大乗仏典は、ブッダと仏弟子、あるいはさまざまの菩薩たちとの問答を中心に構成されている。仏典では、これらブッダに質問をしたり、ブッダの説法の相手となる人物を「対告衆」と呼んでいる。そして大乗仏典の冒頭には、ブッダからその経典を聴聞した比丘と菩薩の対告衆の名が、延々と列挙されることが多い。浄土経典でいうと、『無量寿経《むりょうじゅ》』（伝康僧鎧《こうそうがい》訳）では比丘が三一名、菩薩は一八名（賢護《けんご》等十六正士《しょうじ》を含む）、『阿弥陀《あみだ》経』（鳩摩羅什《くまらじゅう》訳）では比丘が一六名、菩薩は四名が言及されている。

私は、対告衆としての比丘名の列挙は原始仏典からの慣行ではないかと考えていたが、中村元博士が『般若心経・金剛般若経』（岩波文庫版）の解題で指摘したように、原始仏典の序では、対告衆の名前をものものしく述べ立てることはない。つまり序分における対告衆、とくに菩薩名の列挙は、大乗仏典の大きな特徴なのである。

そして対告衆の中には、経典の本文においてブッダに質問をしたり、ブッダに代わって教説を説くといったように、目覚ましい活躍をする者がある反面、経典が終結するまで一言も発しない者が数多く含まれている。彼等、一言も発しない対告衆は、どうして大乗仏典に名を連ねることになったのだろうか？　私は、これら一言も発しない対告衆の中に、他の大乗仏典で重要な役割を果たした菩薩が含まれることに気づいた。

つまり大乗仏典の編者は、先行する他の大乗仏典の主要な登場人物を、自らの経典に取り入れたのである。新たな仏典の編者は、すでに一定の評価を得ていた大乗仏典の登場人物を対告衆に列することで、自らが編集したテキストの権威を高めたと考えられる。この場合も経典の編者は、これこそブッダの真意を明らかにしたものと、評価していた経典から対告衆を取り入れたに違いない。このようにして著者は、対告衆の尊名を手がかりに、大乗仏典間の参照関係が解明できることに気づいた。

そこで著者は、主要な大乗仏典の冒頭に説かれる対告衆の中から、菩薩名を取り出し、相互に比較する研究をはじめた。とくに新型コロナウイルスによる緊急事態宣言中は、調査・研究のために外出することもままならなかったので、多数の大乗仏典と陀羅尼経典、初期密教経典に登場する対告衆を、表にして比較整理することを、巣籠り期間中の日課にした。

その中には対告衆ではなく、八大菩薩や十六正士など、経典に説かれる菩薩のグループを表にしたものも含まれるが、本書執筆の時点で、ほぼ一〇〇点の対照表が完成している。その結果、これから本編で紹介するように、多数の興味深い事実が明らかになった。

本書に掲載した多数の大乗仏典に説かれる対告衆の表は、これまで著者が、研究のために作成したものの一部であるが、複数の漢訳とチベット訳、サンスクリット原典の菩薩名を、すべて比較対照できたケースは稀であった。

漢訳の『大蔵経』には、訳出年代が異なる複数の同本異訳が含まれることが多いが、仏菩薩の尊名は、訳者によって異なって訳されている。一例を挙げると、観音 **Avalokiteśvara<Avalokitasvara** を、支婁迦讖《しるかせん》は盧楼亘、支謙《しけん》は闚音、竺法護《じくほうご》は光世音、鳩摩羅什は観世音、玄奘《げんじょう》は観自在、善無畏《ぜんむい》は観世自在と訳している。また同じ尊名で訳されていても、原語が同じとは限らない。一例を挙げると、薬師三尊の右脇侍の月光《がっこう》菩薩は

Candravairocanaだが、『月《がっ》灯《とう》三《さん》昧《まい》経』の主要な対告衆である月光菩薩（月光童子）はCandraprabhaである。

そこで訳者による訳語の相違をならす必要がある。また竺法護までの漢訳では、その原典がいわゆる仏教混成梵語Buddhist Hybrid Sanskritではなく、ガンダーラ語などの俗語だった可能性も指摘されている。また観音とは異なり、滅多に出てこない菩薩名では、そもそも原語が分からないという問題がしばしば起こった。

サンスクリット原典が遺されていれば、それを参照すればよいが、大乗仏典の場合、サンスクリット原典の多くが失われたり、断片しか残っていないことが多い。とくに対告衆の列挙は冒頭に現れるため、全体の八割から九割が発見されたサンスクリット写本でも、対告衆の名前は失われていることが多かった。

このような場合、重要なヒントを与えてくれるのが、チベット訳である。チベット訳では、吐《と》蕃《ばん》時代に制定された「欽定訳語」により訳語が統一されているので、訳者に関わらず、チベット訳から原語を復元できることが多い。

また漢訳でも、最初期の訳者である支婁迦讖などは、原語を漢字で音写しているため、そこから原語が復元できる場合がある。ただし後漢の支婁迦讖や呉の支謙の場合、我々が慣れている隋唐時代の中古音ではなく、周から秦にかけての上古音に近い発音で音写されているため、その点に注意が必要である。

対告衆の菩薩名など、大乗仏典に現れる固有名詞の比較によって復元された大乗仏典の成立史が、これまでインド仏教の研究者が提唱していた初期大乗仏典のクロノロジーを裏づけた例も多かったが、その反面、従来いわれていた先後関係や親縁関係が正しくないという結論に達したケースもあった。

これらの詳しい解析については、これからの本編で紹介することになるが、大乗仏典の成立史を、そこに登場する仏菩薩の名から解明するという試みは、本書で紹介したいくつかの先行研究を除いては例がなく、研究者だけでなく、仏教に関心をもつ一般読者にも興味ある読み物となるであろう。

3　西北インド・アフガニスタンからの新資料発見

一九九六年、現在スコイエン・コレクションとして知られる、インド系グプタ文字、ギルギット・バーミヤン Type IとIIで書かれた貝葉《ばいよう》と樺皮写本（都合一〇八断片）が、内戦中のアフガニスタンからヨーロッパに齎《もたら》されたのを皮切りに、西北インド系のサンスクリット語、ガンダーラ語仏教写本の発見が相次いでいる。

すでに四巻のカタログが刊行されたスコイエン・コレクションを除き、それ以外の写本は、いまだに外部の研究者には公開されておらず、ローマ字化テキストの刊行が待たれている。しかしその中には、これまで知られていたギルギット写本の六～七世紀、中央アジア系のカシュガル写本（ペトロフスキー本）の九～一〇世紀に比してはるかに古く、なんと二～三世紀、つまり大乗仏教が興起したクシャン帝国時代に遡りうるものが含まれるといわれる。したがって多くの先人が論じてきた大乗仏教の成立史が、大幅に書き直される可能性が出てきた。

しかしこれらの古写本の多くは断片化しており、参照したいと思っていた箇所が失われていることが多い。とくに対告衆の菩薩名は巻頭に出るため、写本では最も失われやすい。例えば、首尾揃った伝世品が多いネパール系写本でも、『大宝積《だいほうしゃく》経』「密迹金剛力士会《みっしゃくこんごうりきしえ》」は、現存唯一の写本であるベンガル・アジア協会本は巻頭が欠けて、別文献（『秘密集会《ひみつしゅうえ》タントラ』）の冒頭部分に差し替えられているため、七〇尊を超える対告衆の菩薩名の原語を確認することができない。

このように西北インドやアフガニスタンからの新たな写本の発見は、大乗仏典の成立についての学説を一変させる可能性を秘めている。しかし仏典に現れる固有名詞の研究については、ガンダーラや中央アジアから出土した仏教美術の図像解析も重要である。とくにガンダーラ盛期の仏教美術は、大乗仏教が現れ、大きく発展したクシャン帝国時代と重なるため、その図像解析が、大乗仏典の成立問題とも密接に関わってくる。

ところが日本では、大乗仏典の研究はインド学仏教学、ガンダーラ美術は美術史学に属するため、相互の交流が十分に図られてこなかった。そこで本書では主として第一六章「ガンダーラから極楽浄土図？（特論）」で、仏教美術の図像解析が、大乗仏典成立史にも有効であるという例を紹介することにした。

4　おわりに

本章では、本編の予告と概説を兼ねて、大乗仏典の冒頭に現れる対告衆の菩薩名が大乗仏教、とくに初期大乗仏教成立史の研究に重要であることを紹介した。

大乗仏教の成立史については、平川彰博士による、あまりにも有名な『初期大乗仏教の研究』（春秋社、一九六八年）がある。平川博士は、従来唱えられていた大乗仏教の大衆部《だいしゅぶ》起源説を批判し、部派仏教と大乗の間には断絶があり、特定の部派を大乗仏教の母体として想定することはできないとした。

律研究の権威として知られていた平川博士は、律において僧伽（サンガ）の所有物と仏塔の所属物が厳しく区別されていることに注目し、大乗仏教の起源を塔寺や阿蘭若（アラニャ）を拠点としていた在家菩薩に求めた。この平川説は一時、学界を風靡して定説化していたが、近年では、これを批判し、部派の出家教団から大乗仏典が生み出されたとの見解が主流となりつつある。

　これに対して著者は、数多い初期大乗仏典の中でも、とりわけ古い文献の一つとされる『般《はん》舟三昧経《じゅさんまい》』の八人の在家菩薩に注目し、大乗仏教の最初期においては、在家信徒が重要な役割を果たした可能性を指摘した。

　前述のように、著者は緊急事態宣言下の巣籠り期間を利用して、多数の大乗仏典と陀羅尼経典・初期密教経典に登場する対告衆の菩薩名を、表に整理して比較してみたが、その結果、著者の推定が、かなりの点で裏づけられたと考えている。

　これはある意味で平川説のリバイバルといえるが、平川博士が『初期大乗仏教の研究』を発表した時には、大乗仏典のサンスクリット原典は、ネパールに完本が伝存していた、いくつかの重要テキストを除いては、刊行されていなかった。

　大乗仏教の基本テキストである『大品般若経』に対応する『二万五千頌般若経』でさえ、第一部のデーヴァナーガリー刊本しか参照できなかったのである。

　ところが本章3で見たように、平川博士の時代から半世紀の間に、大乗仏典のサンスクリット原典については驚異的な知見の拡大があった。またあまり評判が芳しくなかった『大正大蔵経索引』に代わって、オンラインによる「SAT大正新脩大蔵経テキストデータベース」が公開された。

チベット訳についてもTBRC（現 Buddhist Digital Resource Center）によるPDFファイルの配布や、ACIP（Asian Classic Input Project）による『チベット大蔵経』のデジタル・データベース化、サンスクリット仏教文献では、ネパールのNagarjuna Institute of Exact Methodsと米国West Universityの協力によるDigital Sanskrit Buddhist Canonなど、多くの有益なサイトが利用できるようになった。これらのプロジェクトにも、まだ種々の問題が残されているが、平川博士の時代に比して、研究環境が格段に改善したことは事実である。

これまで私は、慶應義塾大学（美術史）と東洋大学大学院（インド哲学仏教学）で非常勤講師を務めてきた。とくに東洋大学大学院では、前期にインド哲学仏教学の講義を行い、後期はサンスクリット・チベット語のテキスト講読に宛てることにしていた。ところが二〇二〇年は、緊急事態宣言のため両校ともオンラインによる非対面式講義になってしまった。秋になって東洋大学大学院のみ対面式が復活したが、大人数の講義は依然としてオンラインとなったので、受講者が大幅に減少し、最終的には一人になってしまった。

そしてその一人は、サンスクリット・チベット語が専門ではなかったため、本人の意向を確認して急きょ予定を変更し、仏菩薩の尊名などの固有名詞に着目した「大乗仏典・密教聖典成立史」と題する講義を行うことにした。

しかし折角、苦労して組み立てた講義を、一人に単位を与えただけで終わらせるのは勿体ない。大乗仏典間の前後関係を、これまでにない方法で解明できれば、大乗仏典の成立論に一石を投じられる。そこでこの講義のために作った講義録を整理し、大乗仏典成立史に関する新著を広く世に問うことにした。

これは齢六〇を過ぎ、曼荼羅に描かれる数百人もの菩薩たちは、どこから来たのか？という青年時代からの疑問に、最終的な解決を与えることを目指している。またそれが、日本仏教の源流である大乗仏教の成立史を解明する一助となることを期待している。

なお私は従来、『チベット大蔵経』所収文献については、『影印北京版西蔵大蔵経総目録』(西蔵大蔵経研究会)を参照してきたが、今回はデルゲ版に基づく『西蔵大蔵経総目録』(東北帝国大学)、通称『東北目録』を参照した。これは本書の執筆期間中、新型コロナウイルス感染拡大により、影印北京版が所蔵される大学図書館の多くが利用できなくなり、何れもデルゲ版に基づくTBRCのPDFファイルやACIPのテキスト・データベースを参照することになったためである。

第一章　大乗仏教成立の時代背景

1　大乗仏典の成立論

日本仏教の淵源は、インドで西暦紀元前後に興った大乗仏教にある。仏教が伝来して以来、多くの日本人は、大乗仏典を金口仏説《こんくぶっせつ》、つまり歴史的ブッダ＝釈迦牟尼《しゃかむに》が説いた真実の教えであると信じてきた。しかし明治以後、ヨーロッパから科学的な仏教学が伝えられ、伝統的・保守的な南伝仏教が伝えたパーリ語の仏典が日本に紹介されると、仏教の聖典は、原始仏典↓大乗仏典↓密教聖典と、歴史的に発展してきたことが明らかになった。

私たちが大学で仏教学を学んだ一九七〇年代は、大乗仏典を第一次、第二次、第三次に分類する三段階成立論が行われていた。これは『大智度論《だいちどろん》』や『十住毘婆沙論《じゅうじゅうびばしゃろん》』など、鳩摩羅什《くまらじゅう》（三四四～四一三）が訳した龍樹《りゅうじゅ》の著作に引用される大乗仏典を第一次大乗仏典とし、無著《むじゃく》・世親《せしん》（四～五世紀）の著作に引用されるものを第二次大乗仏典、それ以後のものを第三次大乗仏典に分類する方軌であった。

これは、大乗仏教の大まかな流れを知るためには有益であったが、今日の学界では、あまり行われなくなっている。その理由は、第一次大乗仏典の典拠となった『大智度論』や『十住毘婆沙論』を、龍樹（二〜三世紀）の真作と考える研究者がほとんどいなくなり、鳩摩羅什自身による撰述説まで現れるようになったからである。またこれから本書で見るように、第二次大乗仏典と第三次大乗仏典の区別も、曖昧であることが明らかになってきた。

ただし現代の学界に、大乗仏典の成立について三段階成立論をしのぐほどのクライテリアが現れたかというと、はなはだ疑わしい。したがって本書では、この三段階成立論を、一応の基準として用いることにしたい。

いっぽう平川彰博士は、後漢の支婁迦讖《しるかせん》から西晋の竺法護《じくほうご》（二三九〜三一六）までの漢訳経典に注目し、この間に初訳された経典を初期大乗経典として、その特徴を考察した。ただし後述するように、鳩摩羅什以後に初訳された経典でも、成立の古いものが存在する。

また西晋以前の漢訳経典には訳者が不明なものがあり、訳者が知られていても、その多くは経録の編者による推定のため、『大正大蔵経』に記録された訳者名が、近代の研究では否定されているものがある。一例を挙げると、『無量寿経《むりょうじゅ》』の現行テキストは、伝統的に魏（三国時代）の康僧鎧《こうそうがい》訳とされるが、今日では、ほとんどの研究者が西晋以後の訳と考えている。

2　大乗仏典興起の時代背景

大乗仏典が興起した紀元後二世紀、北インドはイラン系の遊牧民族クシャン族が支配するクシャン帝国の支配下に入っていた。クシャン帝国は、シルクロードからアフガニスタンに至る中央アジアに広大な版図を誇り、その都は西北インドのガンダーラにあった。

これを日本に例えるなら、稚内《わっかない》に首都を置き、シベリアから近畿地方までを広範囲に支配したようなものである。そしてその領土内にはインド系住民だけでなく、支配階級であるクシャン族や、同じイラン系で一足先に西北インドに入ってきたサカ族、アレクサンダー大王の東征によって移住したギリシャ人など、多数の民族が居住していた。このようにクシャン帝国は、国際色豊かな多民族国家だったのである。

とくに二世紀後半に在位したカニシカ王は、第四結集《けつじゅう》を主催するなど、仏教を厚く保護したと伝えられる。そのためクシャン朝が支配したガンダーラとマトゥラーを中心に、仏教文化の華が開いた。この時代に初めて大乗仏教が普及し、仏像が制作されたといわれるが、実際にカニシカ王と大乗仏教を結びつける史料は発見されていない。

大乗仏典にしばしば登場する富裕な商隊長や、この娑婆《しゃば》世界だけでなく、他の世界にも人類と同じような衆生が住み、仏が教えを説いているという他土仏思想は、国際色豊かなクシャン帝国の性格を反映するものと思われる。

　クシャン帝国時代の他土仏信仰については、いくつかの興味深い作品が発見されている。その一つはマトゥラー近郊のゴービンドナガルから出土したカニシカ紀元二六年銘の阿弥陀如来《あみだにょらい》像《ぞう》で、いま一つは、キーファーによってタキシラの骨董屋の店頭で発見され、ガンダーラ語の権威J・ブラフが銘文を解読した阿弥陀三尊像である。なおブラフの解読には、米国の碑文学者G・ショーペンが異議を唱えている。このようにカローシュティー文字で記された銘文の場合、カローシュティーが本来、インドの言語を表記するために考案されたものではないため、研究者によって解読結果に大きな差異が出る場合がある。

　これに対してゴービンドナガルの阿弥陀如来像の銘文は、インドの言語を表記するために使用されてきたブラフミー文字で綴られ、言語も正則サンスクリットに近いため、このような議論が生じる余地はほどんどない。

　したがって、その規模は別にしても、クシャン帝国支配下のインドで、阿弥陀如来を信仰する大乗仏教が行われていたことは動かしがたい。

　さらに著者は、ガンダーラから出土し、現在は古代オリエント美術館に寄託されている「仏説法図」に注目している。なおこの問題については、本書第一六章「ガンダーラから極楽浄土図？（特論）」で詳しく紹介することにしたい。

いっぽう南インドを支配したアンドラ王国（シャータヴァーハナ王朝）も、ローマ帝国との海上貿易によって繁栄していた。東海道五十三次のモデルになった善財童子《ぜんざいどうじ》の物語は、初期大乗仏典の一つ『華厳経《けごん》』「入法界品《にゅうほっかい》」に説かれている。善財童子は、南インドの福城（ダーニヤーカラ）の大塔廟《だいとうみょう》に滞在していた文殊菩薩《もんじゅぼさつ》に巡り会い、有名な求法巡礼の旅に出発するが、ダーニヤーカラのモデルはアンドラ王国の東の都、ダーニヤカタカであり、城東の大塔廟とは、ダーニヤカタカの東郊外にあった現在のアマラーヴァティー大塔に他ならない。

アマラーヴァティー大塔は、白い石板に覆われた白亜の巨塔であったが、かつて美術史家は、その建材をアマラーヴァティー・マーブルと呼んでいた。アンドラ王国は、ローマに香辛料を輸出して莫大な利益を挙げていたが、その見返りとしてローマから輸入した大理石で大塔が建てられたと考えたのである。

実際には、アマラーヴァティー大塔を飾っていた石板は石灰岩で、ローマから輸入された大理石ではなかったのだが、このような伝説が生まれるほど、当時のアンドラ王国は、国際貿易による富を蓄積していたのである。

大乗仏教が興起した頃のインドは、南北を問わず史上まれに見る国際的な時代であった。これはカースト制度が固定し、農業中心の停滞した時代を迎える中世インドとは、好対照をなすといってよい。

3　東アジアへの大乗仏教伝播

さらにクシャン帝国で栄えた大乗仏教は、シルクロードを経て中国に伝播することになる。シルクロードのオアシスの中には、コータン（于闐）のように多数の大乗仏典を収蔵し、大乗仏教伝播のキーステーションになった都市もあったが、キジル（亀茲）のように、クシャン帝国領内で最も有力だった部派、説一切有部《せついっさいうぶ》を信奉していた国もあり、すべてが大乗仏教に統一されていたわけではなかった。

中国で最初に仏典を翻訳したのは、後漢の安世高《あんせいこう》と支婁迦讖《しるかせん》であるが、支婁迦讖が大乗経典を訳したのに対し、安世高の訳経は小乗経典ばかりで、はじめから大乗のみが伝播したわけではなかった。つまり中国を中心とする東アジア世界に大乗仏教が流行したのは、当時の中国の政治、社会状況の影響と考えられる。

安世高や支婁迦讖の活躍期は、後漢の勢力が衰え、魏晋南北朝あるいは六朝《りくちょう》という、三七〇年に亘る混乱期の幕開けを告げる時代であった。とくに三国を一時的に統一した西晋が衰えると、五胡と呼ばれる異民族が華北に侵入し、五胡十六国という小国乱立の時代を迎えた。この五胡十六国は、最終的に鮮卑《せんぴ》族の北魏によって統一されるが、北魏の支配階級も、漢民族からは「胡」と呼ばれた異民族の末裔であった。

このような時期に、前趙の石勒《せきろく》は仏図澄《ぶつとちょう》、前秦の苻堅《ふけん》は釈道安《しゃくどうあん》、後秦の姚興《ようこう》は鳩摩羅什を重く用い、仏教を国家の指導理念とした。

漢民族の原住地であった華北を占領した異民族の支配者の立場は、イラン系の遊牧民族がインドを征服したクシャン朝の帝王に似ている。つまり彼等は、多くの民族が雑居する領土に帝国を建設したが、これらの民族を統合し、一つの国家にまとめるためには、言語や民族の垣根を超えた普遍的な宗教が必要とされたのである。

当時のシルクロードには、他の宗教も存在していたが、理法である法（ダルマ）の普遍性を主張し、出身カーストや民族による差別を否定する仏教、とくに他土仏信仰などの要素を含む大乗仏教は、異民族出身の帝王にとっては支配下の諸民族の融和と統合を図るために打ってつけの宗教だったと思われる。

従来の学界では、大乗仏教の伝播を「北伝」と呼んでいたように、大乗仏教は、主としてシルクロードを経て陸路で中国に伝播したとされていた。

ところが最近になって、陸のシルクロードとは別に「海のシルクロード」maritime silkroadも、仏教の伝播に重要な役割を果たしたことが分かってきた。

一例を挙げると、法顕《ほっけん》（三三七～四二二）は、往路は陸路でインドに入ったが、帰りは海路をとって現在の中国山東省に上陸している。また玄奘《げんじょう》（六〇二～六六四）は、往路・復路ともに陸路でインドに留学したが、その後にインドで学んだ義浄《ぎじょう》（六三五～七一三）や不空《ふくう》（七〇五～七七四）は、往路・復路ともに海路を利用している。

　このような陸と海のシルクロードの地位逆転における象徴的な出来事は、イスラム商人の来航にともなって、七四一年に唐が広州に海上貿易を管轄する市舶司《しはくし》を設置したことであった。その後八世紀後半には、吐蕃《とばん》の侵攻によりシルクロードに連絡する河西回廊《かせいかいろう》の大半が吐蕃に占領されてしまった。このようにして八世紀以後は、インドからの仏教伝播も、しだいに海のシルクロードが主流となるのである。

　二〇一一年、シンガポール経営大学 Singapore Management University で、「古代シルクロード――東南アジアにおける異文化交流と文化遺産」Ancient Silk Trade Routes, Cross Cultural Exchange and Legacy in Southeast Asia と題する国際学会が開催された。

　東南アジアでシルクロードに関する学会が開催されることは珍しいが、この学会の目的は、従来はシルクロードといえば陸路を指していた認識を改め、海のシルクロードの存在と、その要衝に当たる東南アジア、とくにシンガポールやマレーシア、インドネシアの重要性を強調することにあった。

　著者は、日本から唯一の参加者として「陸と海のシルクロードを経由した密教の伝播の比較」Comparing the Cross-Cultural Exchanges of Esoteric Buddhism through Overland and Maritime

古代シルクロード学会の記念撮影（ボロブドゥールにて）

Silk Roads と題する発表を行った。

なお学会後には主催者側が用意したＬＣＣでジョグジャカルタに飛び、ボロブドゥール、チャンディ・ムンドゥなどの仏教遺跡を見学しただけでなく、ジャワ島奥地に残存する仏教徒の村を訪ねるなど、非常に有意義な調査旅行となったが、中国から非常に多くの参加者があったことに驚いた。

シンガポールは華僑が人口の多数を占め、東南アジアにおける中国の橋頭堡《きょうとうほ》の役割を果たしているが、今回の学会も、習近平主席が提唱する「一帯一路」構想に協賛する意図があったと思われる。陸と海のシルクロードは、現代政治とも密接に関わるトピックであることを改めて認識させられた学会であった。

4 まとめ

本章では、本編の予告と予備知識の提示を兼ねて、大乗仏教が興起した頃のインド、シルクロード地方、それを受容した中国の政治と社会情勢を概観した。

大乗仏教の成立史について、これまでの研究者が用いた手法は、パーリや部派仏教のアビダルマや、初期大乗仏典に出る「十二部教《じゅうにぶきょう》」などの聖典分類法、「六波羅蜜《ろくはらみつ》」などの修行論、「十地《じゅうじ》」などの修道階梯を分析し、相互の比較から経典間の親縁性や成立の前後を判断するものであった。

しかし二〇もの部派のすべての聖典が伝承されているわけではないし、漢訳や仏教混成梵語のテキストが伝承されていても、その所属部派が明らかでないものもある。さらに漢訳の年代は、その文献の成立の下限を示すものではあるが、古いテキストから順に訳されたわけではないので、成立の上限は明確にできない。とくに大乗仏典の場合は、いつ、どこで、誰が編集したのかは、秘匿されているため、その成立年代を解明することは容易ではない。

そこで著者が注目したのが、大乗仏典に登場する菩薩、とくに大乗仏典冒頭の対告衆《たいごうしゅ》の列挙に出る菩薩の名前である。

そしてこれから本書第五章以下で見るように、著者は数多い初期大乗仏典の中でも、とりわけ古い文献の一つとされる『般舟三昧経《はんじゅさんまいきょう》』に登場する八人の在家菩薩に注目し、大乗仏教の最初期においては、在家信徒が重要な役割を果たした可能性を指摘してきた。

前述のように、私は新型コロナウイルス感染拡大による緊急事態宣言の巣籠り期間を利用して、多数の大乗仏典と陀羅尼経典・初期密教経典に登場する対告衆の菩薩名を、表に整理して比較してみたが、その結果、著者の推定が、かなりの点で裏づけられたと考えている。

これはある意味で平川説のリバイバルといえるが、平川博士が『初期大乗仏教の研究』(春秋社、一九六八年)で採用した研究手法は、やはり大乗仏典に説かれる種々の教理や、仏教用語の比較を通じて、テキスト間の親縁関係や年代的な前後を推定する方法であった。これに対して、著者が本書で採用した方法は、教理や仏教用語ではなく、他土仏の尊名や対告衆の菩薩名、さらには護法神の名前など、これまで哲学・思想系の研究者が見逃してきた固有名詞に注目し、大乗仏典間の参照関係や年代的な前後を推定する方法である。

これまで先学が用いてきた研究方法を無視したわけではないが、著者の固有名詞に着眼したインド大乗仏典の成立史の結論は、多くの点で従来のクロノロジーを否定するものとはなっていない。しかしいくつかの点では、従来の見解を修正する必要が出てきた。また研究者の間で意見が分かれる問題について、明確な結論が与えられた点もあった。

そこで著者は、これらのツールを活用して、二〇二〇年秋に東洋大学大学院で行った「大乗仏典・密教聖典成立史」の講義録をまとめ、仏菩薩の尊名に着目した新著『仏菩薩の名前からわかる大乗仏典の成立』を世に問うことにした。

著者が高田修博士の勧めで、東京大学文学部印度哲学科（現インド哲学仏教学科）に進学した時、教官から学生まで寺院や教団の関係者が半数を占めているのに、仏教美術に疎いというか、そもそも関心がない人たちばかりであるのに驚いた。これは仏教思想は哲学系の印度哲学の担当であるのに対し、仏教美術は史学系の美術史の管轄であるため、相互にほとんど交流がなかったからである。仏教美術の知識は仏教学を学ぶ上では重要であるし、仏教美術を学ぶ者にとっては、仏教思想や文献への理解が必須である。大学における研究分野の縦割りが、学問の進展を阻害していたのである。

本書のテーマとなる尊格学を用いたインド仏教史の解明は、まさにそのような仏教研究の盲点を打破し、曼荼羅に描かれる菩薩たちはどこから来たのか？　という青年時代からの疑問に、最終的な解決を与えることを目指している。またそれが、日本仏教の源流である大乗仏教の成立史を解明する一助となることを期待している。

第二章　大乗仏典は誰が作ったか？

1　はじめに

本書の冒頭で述べたように、大乗仏典は歴史的ブッダ＝釈迦牟尼《しゃかむに》が説いたことを標榜している。そのためには、いつ、どこで、誰が編集したのかを、巧妙に秘匿しなければならなかった。そこで大乗仏典を通読しても、このテキストが、いつ、どこで、誰によって編集されたのかを知ることは難しい。

このうち「いつ」という問題は、従来はクシャン帝国の治下、二世紀を想定する意見が多かったが、最初期の大乗仏典は紀元前後、さらに研究者によっては一部は紀元前まで遡るとの意見も提出されている。

これに対して「どこで」という問題は、主として本書第三章と第四章で取り上げるが、西北インドとアフガニスタンからの古写本の発見により、クシャン帝国の本拠があった西北インドからアフガニスタンにまたがる地域を、大乗仏教が最初に興起した場所と考える意見が強くなっている。

そして本章では、最後の「誰が」という問題を考察することになるが、私自身の最終的結論は本書のまとめとなる第一五章に譲るとして、ここでは日本におけるこれまでの研究の流れを紹介してみたい。

2 部派仏教と大乗仏教

かつての学界では、大乗仏教の起源を、部派仏教の中でも、上座部《じょうざぶ》より進歩的と考えられた大衆部《だいしゅぶ》に求める見解が行われていた。

大乗仏教を特徴づける思想の一つに、他土仏信仰がある。仏教では、仏教の真理（ダルマ）の普遍性を強調する。そこで釈迦牟尼以前にも、彼と同じように出家修行し、悟りを開いた仏がいたと考えて、過去仏信仰が生まれた。さらに大乗仏教では、ダルマを時間的だけでなく空間的にも普遍な原理と考え、娑婆《しゃば》以外の世界にも、釈迦牟尼と同じように出家修行し、悟りを開いた仏がいると考えるようになった。

なお近年の研究では、すでに若干の進歩的な部派が、他土仏の存在を認めていたことが明らかになっている。大衆部系の出世間部《しゅっせけんぶ》が伝えた『マハーヴァストゥ』（大事）には、大乗仏典とは尊名が異なるが、十方仏の名が列挙されている。

またタイ在住の研究者ピーター・スキリングの報告によれば、タイのテーラヴァーダ仏教にも、大乗仏教のものとは異なる十方仏の名が伝えられている。テーラヴァーダ仏教では、これら他土仏の像を造ったり、独立して信仰することはないが、最も保守的とされるテーラヴァーダ仏教でも、他土仏の存在自体は否定されていないことになり、やはりこれをもって大乗と大衆部を結びつけるのは、根拠薄弱と言わざるをえない。

また『マハーヴァストゥ』は、菩薩の修道階梯についても、『般若経《はんにゃきょう》』の共《ぐう》の十地《じゅうじ》と『華厳経《けごんきょう》』の不共《ふぐう》の十地の何れとも異なるが、やはり十地説を説いている。このような事実から、大乗の起源を大衆部に求める見解が、広く行われたのである。ところが平川彰博士は、『初期大乗仏教の研究』（春秋社、一九六八年）において、従来の大衆部起源説を批判し、大乗と部派仏教の間には断絶があり、大乗の起源を特定の部派に求めることはできないとした。

いっぽう中国・日本の仏教で広く行われた『四分律《しぶんりつ》』は、本来は上座部の一派である法蔵部《ほうぞうぶ》が伝えたものである。ところが中国唐時代の南山律師道宣《どうせん》（五九六〜六六七）は、本律の中に大乗と通じる箇所が五カ所ある（五分通大乗）として、『四分律』に基づく律宗を大成した。そこで私たちが大学で仏教を学んだ頃は、『四分律』が最も大乗と親和性があるとされていた。

いっぽう日本と同じく、大乗仏教と密教の混淆形態が信奉されるチベット仏教では、徳光

（グナプラバ）が大成した説一切有部律《せついっさいうぶりつ》が広く行われている。これは吐蕃《とばん》のティソンデツェン王が、チベットで初めての本格的大僧院サムイェー寺を創建した時、初代の住職としてナーランダーから招聘されたシャーンタラクシタが、説一切有部律を伝えたからである。

そのため自身は大衆部系の説出世部の律を伝えていたアティーシャは、弟子達にチベットで律を講説することを諌止されたといわれる。このようにチベットでは、小乗の有部律を伝えるサンガ（僧伽）が、大乗仏教・密教の混淆形態を学ぶことが一千年以上に亘って行われてきた。

また有部律の中には陀羅尼《だらに》についての言及があるため、先ほどの五分通大乗説と同じく、有部律は密教と親和性があるとの見解が提出され、さらに密教は、有部の中から発生したとまで唱える研究者も現れた。

チベット仏教では一般に、哲学的見解としては、説一切有部より経量部《きょうりょうぶ》が優れるが、経量部も大乗の唯識《ゆいしき》には及ばず、中観《ちゅうがん》は唯識よりもさらに優れている。また密教も思想的には中観と一致するという教判が、広く行われている。つまり律として説一切有部律を採用することと、教理的に説一切有部を信奉することは、全く別問題なのである。したがって密教が有部から発生したという見解は、余りにも事実を単純化したものと言わざるをえない。

このように特定の部派のサンガが大乗仏典を編集し、それが大乗の教団に発展したとは考えられないのである。

3　支婁迦識の訳経

つぎに初期大乗仏典のうち、最初期に漢訳されたものを見ることにしたい。後漢時代に仏典を漢訳した人物としては、安世高《あんせいこう》と支婁迦識《しるかせん》が有名だが、安世高が大乗仏典を訳さなかったのに対し、支婁迦識は多くの大乗仏典を訳している。その活躍期間は、「桓霊《かんれい》の間《かん》」つまり桓帝（一四六～一六八）と霊帝（一六八～一八九）の治世とされる。したがって支婁迦識の訳経と確認されるものは、遅くとも二世紀には成立していたことになる。ただし現在、『大正大蔵経』に収録される支婁迦識の訳経の中には疑わしいものがある。そこで以下には、研究者によって彼の訳経であることが、ほぼ確認されているものを挙げてみよう。

①『道行《どうぎょう》般若経』（大正二二四）＝小品《しょうぼん》系『般若経』の初訳
②『兜沙《としゃ》経』（大正二八〇）＝『華厳《けごん》経』の原初形態
③『阿閦仏国《あしゅくぶっこく》経』（大正三一三）＝他土仏経典
④『遺日摩尼宝《ゆいにちまにほう》経』（大正三五〇）＝『大宝積《だいほうしゃく》経』「普明菩薩会《ふみょうぼさつえ》」の初訳
⑤『無量清浄平等覚《むりょうしょうじょうびょうどうかく》経』（大正三六一）＝『無量寿《むりょうじゅ》経』の初訳だが、呉の支謙《しけん》訳に比して、

訳語が新しいという難がある。

⑥『般舟三昧経《はんじゅさんまいきょう》』（大正四一七、四一八）

⑦『文殊師利問菩薩署経《もんじゅしりもんぼさつしょきょう》』（大正四五八）

⑧『伅真陀羅所問如来三昧経《とんしんだらしょもんにょらいさんまいきょう》』（大正六二四）＝『大樹緊那羅王経《だいじゅきんならおうきょう》』の初訳

⑨『阿闍世王経《あじゃせおうきょう》』（大正六二六）＝『文殊支利普超三昧経《もんじゅしりふちょうさんまいきょう》』の初訳

⑩『内蔵百宝経《ないぞうひゃくほうきょう》』（大正八〇七）

4　般若経典と他土仏経典

支婁迦讖の訳経の中で最も重要なものは、『道行般若経』である。これは大乗仏教の根本思想を明らかにした『般若経』の原初形態といえる。『般若経』には文献量が異なる複数のヴァージョンがあるが、『道行般若経』は、鳩摩羅什訳『小品般若経《しょうぼんはんにゃきょう》』や梵本『八千頌般若経《はっせんじゅはんにゃきょう》』に相当する「小品系」最古の訳とされている。なお『般若経』の成立問題については、本書第六章で詳しく考察することにする。

いっぽう『阿閦仏国経』、『無量清浄平等覚経』、『般舟三昧経』は、他土仏経典の古訳とされるものである。前述のように他土仏とは、われわれの住む娑婆《しゃば》以外の世界の仏を意味する。

部派仏教では、他土仏の存在は認めても、それらを積極的に信仰することはなかった。これに対して大乗仏典には、多数の他土仏が説かれるだけでなく、有力な他土仏を崇拝する他土仏信仰が興った。

とくに初期大乗仏典には、ブッダが経典を説くに先だって眉間の白毫《びゃくごう》から光明を放つと、それが他の世界に到達し、それぞれの世界のブッダが娑婆世界に菩薩を派遣して、ブッダの説法を聴聞させるという物語が数多く語られている。大品系の『般若経』「縁起品」や、『華厳経』に説かれる十方世界からの菩薩の来詣《らいげい》は、その典型的な事例である。

このように高位の菩薩は、現代の用語でいえば数百万光年離れた世界間を、クシャナ（刹那）・ラヴァ（瞬間）・ムフールタ（須臾）の間に移動、つまり瞬間移動できる神通力《じんつうりき》をもっているとされた。そして大乗仏典では、これら他の世界から、この娑婆世界を訪れた他土の菩薩が、ブッダの説法の座に対告衆《たいごうしゅ》として列することになるのである。

そして代表的他土仏として広く信仰されたのが、東方妙喜《みょうき》世界（アビラティ）の阿閦《あしゅく》如来と西方極楽世界（スカーヴァティー）の阿弥陀《あみだ》如来である。本章3で挙げた支婁迦讖の訳経の中にも、阿閦信仰を説く『阿閦仏国経』、最初期の阿弥陀信仰を反映する『無量清浄平等覚経』が含まれており、他土仏経典は、初期大乗仏典の中でも成立が早いことが分かる。なお他土仏経典の成立の前後については、本書第七章で詳しく見ることにする。

また『般舟三昧経』は、他土仏の浄土に往生するのではなく、他の世界で現在も生きている仏を、あたかも眼前に居るかのように観想する「般舟三昧」を説く経典で、他土仏信仰の先駆経典と考えられる。

いっぽう『阿闍世王経』は、竺法護訳『文殊支利普超三昧経』の古訳とされるが、従来は余り注目されていなかった。ところが近年、スコイエン・コレクション（本書序章参照）からサンスクリット断片が発見され、定方晟教授が現代語訳を発表するなど、にわかに注目されるようになった。同経には「二十五正士《しょうじ》」と呼ばれる菩薩衆が説かれるが、彼等は一言も発しない対告衆ではなく、それぞれが一偈《げ》ずつを唱えるという役割が与えられている。

なお本書では、第五章で『般舟三昧経』、浄土経典の成立については第七章、『華厳経』の原初形態とされる『兜沙経』については第八章、『阿闍世王経』の二十五正士については第一四章で見ることにする。

5　どうしてインドには大乗の僧伽が現れなかったのか？

仏教の教団「サンガ」（僧伽）は、比丘《びく》・比丘尼《びくに》・式叉摩那《しきしゃまな》・沙弥《しゃみ》・沙弥尼《しゃみに》・優婆塞《うばそく》・優婆夷《うばい》の七衆建立《こんりゅう》とはいいながら、実際にサンガを形成していたのは、出家の比丘・比丘尼だけで、在家の優婆塞、優婆夷は、出家の教団を外護《げご》することで、教団に参画するに過ぎなかった。

ところが大乗の実践者である菩薩《ぼさつ》には、在家と出家があり、在家を含む菩薩の集団は、サンガを称することができなかった。そこで大乗仏典では、菩薩の集団は、サンガではなく「ガナ」gaṇa（衆）と呼ばれ、大乗仏典の対告衆の列挙においても、あくまで比丘が先であり、大乗の菩薩は後にするのが通例であった。

私はインドや東南アジアで、仏教の国際会議に何度も参加した経験があるが、これらの会議でも、通常の国際会議では、司会者が参加者に Ladies and Gentlemen と呼びかけるところが、まずは聖なる比丘・比丘尼、在家の優婆塞・優婆夷、そして教団外の Ladies and Gentlemen の順で呼ばれ、席次も前の特等席は、すべて比丘・比丘尼に割り当てられるのが通例である。外国から招待された高名な大学教授や研究者でも、出家者でない場合は、在家信徒か教団外からの参加者と同じ扱いになった。とくに日本の場合、たとえ伝統教団の僧籍を有する大学教授でも、出家の具足戒《ぐそくかい》を受けていないため、在家者と同じ扱いになるのである。

インドでは大乗の信徒が部派のサンガで出家するようになっても、大乗独自のサンガが現れなかったのは、このような理由によると思われる。

ところが日本では、最澄《さいちょう》による大乗戒壇《かいだん》創設以来、寺は一向大乗、出家の要件は大乗戒（菩薩戒）のみとすることが一般的になった。そのためインドの事情は、なかなか理解されなかったのである。

6　大乗仏典の編者は誰か？

本書の序章で見たように、大乗仏典が誰によって編集されたかについては、種々の説が並び立ち、いまだに決着がついていない。平川彰・静谷正雄らの先学は、仏塔崇拝を鼓吹する在家の法師（ダルマバーナカ）**Dharmabhānaka** が、大乗仏教の成立に重要な役割を果たしたと唱え、一時は学界を席巻したが、現在ではこの説を採る者は少数になっている。

これに対して、今日の学界では、出家の僧伽の中から大乗経典を編集する者が現れたとする意見が有力になっている。しかし出家教団起源説を唱える研究者の中でも、佐々木閑、下田正弘、辛嶋静志、G・ショーペン、ブシェー各氏の説は異なっており、意見の一致を見ていない。

このうち佐々木説については、本書第一五章で簡単に紹介する。また辛嶋静志氏は、『法華《ほけ》経』「勧持品《かんじ》」の偈を再検討し、阿蘭若（アラニャ）住と村住の比丘のうち、村住の比丘が『法華経』の編者であると結論づけた。著者は「勧持品」を見る限りでは、辛嶋説は妥当だと考えるが、「安楽行品」など、より遁世的な章節にまで当てはまるかについては、議論の余地があるだろう。

なお比丘を阿蘭若住と村住の比丘に分ける場合、多くの研究者は、スリランカのテーラヴァーダ仏教の事例を参照して立論している。インド亜大陸に残存する仏教のうち、大乗を奉じるのはネパール仏教だけであるが、ネパール仏教は在家仏教で出家教団をもたないため、この場合は参考にならない。ところがチベット仏教には出家教団があり、阿蘭若に相当する施設もあるが、これはほとんど研究者の視野に入っていなかった。

チベット仏教の寺院はグンパ dgon pa と呼ばれるが、これはインドの僧院（ヴィハーラ）ではなく、阿蘭若（アラニャ）の訳語である。ところがこのグンパが都市部や平坦地にある場合、奥まった山間に阿蘭若に相当する修行場が設けられることがある。日本でいえば「奥の院」に相当し、欧米のチベット仏教では、英語でリトリート retreat と呼んでいる。

しかしこのリトリートで修行する者は、必ずしも出家者ではなく、在家の信徒が多く含まれる。欧米の場合、チベット仏教が伝播したといっても出家者の数は多くないので、特殊な事情と思っていたが、チベット本土でも、やはり具足戒を受けていない在家の行者が「関閉修行」（チベット語でツァム mtshams という。一定期間、閑静な修行場で面会謝絶で修行すること）を修した例は多い。これらのことから考えて、大乗仏教が興起した時代の阿蘭若住者と村住者が、果たして具足戒を受けた比丘だったのかについて、著者は疑問を抱いている。

これから本書で詳しく見るように、著者は、初期大乗仏典における対告衆の菩薩名の比較から、少なくとも大乗仏教の最初期にあっては、在家の居士《こじ》（菩薩）が、その成立に一定の役割を果たしたと考えている。

ただし後には、本書第三章で見るように、タキシラやナーランダーなどの大僧院が、大乗仏典の成立に中心的役割を果たすようになったと思われる。この問題は、本書の根幹をなすテーマなので、個別的な問題は次章以後で検討し、最終的な結論を第一五章で提示することにしたい。

第三章　タキシラからナーランダーへ

1　国際学会「ナーランダーの遺産」

二〇〇六年、かつてインド仏教の中心地であったナーランダーで、「ナーランダーの遺産」The Heritage of Nalanda と題する国際学会が開催された。

これはニューデリーに本拠を置く Asoka Mission が主催し、インド政府観光局などの協賛を得て、世界各国から研究者を集め、ナーランダーが世界の精神文化に果たした歴史的役割と、その遺産について考察するものであった。初日はナーランダー遺跡に建てられた玄奘三蔵記念堂に、インドに亡命中のダライラマ一四世を招き、開会式典と基調講演が行われた。二日目以降は、新ナーランダー寺 Nava Nalanda Mahavihara に会場を移し、研究発表と討論が行われた。

聞くところによれば、インド政府は、インド仏教復興に大きな足跡を残したジャガッディーシュ・カーシャプ（一九〇八〜一九七六）が創設した新ナーランダー寺が、テーラヴァーダ仏教とパーリ語に偏っているのを是正するため、新たにナーランダーに一般人も学べる総合大学を建設し、ここからインド文化全般を世界に向けて発信する計画であり、今回の学会は、その第一歩だという触れ込みであった。

なお著者は、「密教のセンターとしてのナーランダー」Nalanda as a Centre of Esoteric Buddhism と題する発表を行い、最終日には締めくくりとなる全体会議の司会を務めたが、インド側のあまりにも杜撰な大会運営に悩まされた。ナーランダーは、インドでも最も開発が遅れたビハール州にあるため、しばしば停電が発生し、発表に使用するパソコンやスライド・プロジェクターなども、満足に動いたためしがなかった。しかも最終日に著者が司会を務めることすら事前には一切知らされず、会場の貼紙によってはじめて知ったのであった（写真）。ただ会場に展示されていたポスターの一つに、「四四〇年、タキシラからナーランダーへ」というスローガンがあったことが、記憶に残っている。大乗仏教のセンターは、長らくクシャン帝国の本拠地であった西北インドにあったが、五世紀初頭に中央アジアからエフタルが侵入し、ガンダーラやタキシラの寺院を破壊してから、西北インドの仏教は衰退に向かったといわれる。

さらにエフタルは、西北インド占領の余勢を駆って、ガンジス河流域にも侵入したが、グプタ王朝のスカンダグプタ王（四五五〜四七〇頃在位）に敗れて、北インド全域の制覇は成らな

国際学会「ナーランダーの遺産」

かった。

なお学会初日の夜、会議に参加していたチベット難民の大学教授から、ダライラマ法王の基調演説のうち、大乗仏教の巨匠ナーガールジュナ（龍樹）がナーランダーに止住していたというのは、誤りではないかとの指摘が参加者からあったと問い合わせがあった。

後述のように、法顕《ほっけん》がナーランダーを訪れた五世紀の初頭、ナーランダーに僧院は存在していなかった。したがって二世紀から三世紀に活躍したナーガールジュナがナーランダー僧院に止住したというのは、時代錯誤になる。

しかしインドには中観《ちゅうがん》派《は》のナーガールジュナの後も、ナーガールジュナを名乗る人物が複数存在した。そして『秘密集会《ひみつしゅうえ》』「聖者《しょうじゃ》流《りゅう》」の祖とされるナーガールジュナがナーランダーに止住したという伝承が、チベットの仏教史書には記されている。ところがチベット仏教では、中観派のナーガールジュナと密教のナーガールジュナを同一人物と見なすため、このような問題が起きるのである。

そこでダライラマ法王の基調演説は、現代の科学的仏教史からは誤りではあるが、チベット仏教の伝統的見解であると答えておいた。

なお「タキシラからナーランダーへ」というスローガンに反して、学会はナーランダーに関する発表ばかりで、タキシラを取り上げたものは一件もなかった。これは政治的事情で、パキスタンからの参加者がなかったからと思われる。

2 タキシラの地理的位置

タキシラは現在、パキスタンのパンジャブ州とカイバル・パクトゥンクワ州の境界近くに位置する地方都市であるが、かつては西北インドの政治・文化・通商の中心地として栄えていた。タキシラは古代、三つの重要な交易路の交差点に位置していた。一つはマガダ国の首都パータリプトラへと続く「北道」(ウッタラーパタ)の起点とされていた。いま一つは、ガンダーラの中心都市プルシャプラ(現在のペシャワール)を経てカイバル峠からシルクロードに至る道であり、かつて玄奘三蔵《げんじょうさんぞう》がたどった経路である。最後の一つはスワートのミンゴラ、ギルギットを経てバロギル峠を越えてシルクロードに出る短絡路である。

四〇二年に現地を訪れた法顕《ほっけん》三蔵は、当時のタキシラについて、つぎのように記録している。

「ここ（ガンダーラ）から東行すること七日、「一つの」国があり、タキシラ〈竺刹尸羅〉国という。タキシラとは中国語で截頭（頭を切る）の意である。仏が菩薩だった時、ここで頭を人に施したので、このように名づけている。また東行二日、身を投げて餓虎に喰わせた処に到る。この二ヵ所にもまた大塔を起て、ともにもろもろの宝で校飾してある。」

（長沢和俊訳注『法顕伝・宋雲行紀』［東洋文庫一九四］三九〜四一頁）

いっぽう七世紀前半にタキシラを訪れた玄奘三蔵は、つぎのように記録している。

「呾叉始羅国は周囲二千余里あり、国の大都城は周囲十余里である。豪族たちが力を競いあい、王族は後継者が絶えている。以前は迦畢試国に隷属していたが、最近はまた迦湿弥羅国に臣従している。地味は肥えており農業は盛んである。湧泉・河流が多く花・果が繁茂している。気候は温和で、風俗は身のこなし軽く勇敢で、篤く三宝を敬っている。伽藍は多いけれども荒廃はすでに甚だしい。僧徒は少なく、みな大乗を学んでいる。」

（水谷真成訳『大唐西域記』〔東洋文庫六五三〕一一三頁）

法顕は、エフタルの侵入（四一〇年）直前のタキシラにおいて、仏教が盛んに信奉されていたことを記録している。このうちブッダの前世の菩薩が、頭を施した仏塔というのが、現在タキシラのランドマークとなっているダルマラージカー仏塔、捨身施虎の遺跡は、同じパンジャブ州のマンキアラ仏塔であると考えられる。

いっぽう玄奘は、「伽藍は多いけれども荒廃はすでに甚だしい」と記して、エフタルの侵入から二〇〇年ほど経過しても、仏教の復興が成らなかったことが分かる。ただし玄奘が、僧徒は少ないながらも、みな大乗を学んでいると述べたことは注目に値する。

3　タキシラの仏教遺跡

タキシラにはアケメネス朝ペルシャ時代に遡りうるビル・マウンド（紀元前六〇〇～紀元前二〇〇年）、ギリシャ系のバクトリア王デメトリオス一世が建設したシルカップ（紀元前二〇〇～紀元後二〇〇年）、そしてクシャン帝国が建設したシルスーク（紀元後二〇〇～五〇〇年）と、三つの都市遺跡がある。

なおタキシラのランドマークとなっているダルマラージカー仏塔は、ダルマラージャつまり

ダルマラージカー仏塔

アショーカ王（紀元前三世紀）が、タキシラに駐在していた王子時代に建設したものとされ、タキシラのみならず西北インドにおける最古の仏教遺跡である（写真）。

またシルカップは、マーシャルによって発掘された碁盤の目状の都市遺構がよく保存されており、多くの観光客が訪れる名所となっている。しかし第五章で述べるように、ガンダーラ様式の仏像は、ほとんど発掘されなかった。これはバクトリアのギリシャ文明と仏教が融合することにより、ガンダーラで仏像が誕生したとするギリシャ起源説には不利な考古学的知見である。

いっぽう大乗仏教の興起と関係するクシャン帝国時代の遺跡シルスークは、ほとんど発掘されておらず、観光客が立ち入ることもできない。

タキシラとナーランダーを比較した場合、ナーランダーには、一層に三〇人程度収容できる僧院が少なくとも一〇棟存在した。しかも上層に登る階段があるため、複数階が存在したことが分かっている。

これに対してクシャン帝国時代の寺院跡とされるジョウリアンやモーラモラドゥは、僧院が一棟しかなく、一層の房数も二〇程度である。ナーランダーに比肩できるほどの大学があったのなら、他にも同程度の僧院が複数存在していなければならない。ところがシルスーク遺跡は一部しか発掘されておらず、城内にどれだけの僧院が存在したのか分からない。

現在のところ最大の遺跡は、ダルマラージカー仏塔の西北にあるカラワーン僧院で、西北インド最大規模とされている。また現在のところ、クシャン帝国治下の西北インドで大乗仏教が行われていたことを示す、数少ない考古学的遺品とされるガンダーラ様式の阿弥陀《あみだ》三尊像（本書第一六章参照）が、タキシラの骨董屋の店頭で発見されたことも示唆的である。

ただしこれらは、いずれも状況証拠であり、タキシラの僧院が大乗仏典の成立や、シルクロードから東アジアへの大乗仏教の伝播に大きな役割を果たしたとする、決定的な証拠とはなりえず、今後の発掘の進展や出土資料の分析を待たねばならない。

いっぽうタキシラからマトゥラー仏（タキシラ考古博物館所蔵）が発見されたことで、タキシラの仏教徒が、ガンジス河流域の仏教徒とも交流していたことが裏づけられた。これも西北インドの交通の要衝であったタキシラの位置を反映するものであるが、タキシラで編集された大乗仏典が、ガンジス河流域にもたらされ、現地でも信奉されたとする十分な証拠とはなりえない。

4 ナーランダーの歴史

いっぽう前述の法顕は、インド巡礼の途次、ナーランダーにも立ち寄り、以下のような記録を遺している。

「ここ（帝釈窟）から西南へ一由延（ヨージャナ）行くと那羅［という］集落に到る。ここは舎利弗の本生の村である。舎利弗は［この村に］還り、この村内で般泥洹した。そこでここに塔を立てた。それは今もなお存在している。」

（長沢和俊訳注『法顕伝・宋雲行紀』［東洋文庫一九四］一〇二頁）

この記録から、法顕がナーランダーを訪れた四〇五年当時、ナーランダーには僧院はなく、舎利弗《しゃりほつ》尊者を記念する塔のみが存在していたことが分かる。後に、ナーランダー僧院が建設されたのは、アビダルマの祖とされる舎利弗ゆかりの地であったからと思われる。ただし玄奘は、舎利子つまり舎利弗の故郷を別の地としている。

いっぽうナーランダーに留学した玄奘三蔵は、ナーランダーの創建に関しても詳しい記録を遺している。

「仏の涅槃の後、まだ余り時がたたないころに、この国の先王の鑠迦羅阿逸多（唐に帝日と言う）は、一乗を篤く信じ三宝を尊重し、りっぱな土地を選んでこの伽藍を建てた。（中略）その子供である仏陀毱多王（唐に覚護と言う）が王統を承け即位し先帝の崇仏を継続して、この寺の南に並んでまた伽藍を建てた。呾他掲多毱多王（唐に如来護と言う）は代々の遺業たる仏教事業を手篤く行ない、この東に並んでまた伽藍を建てた。婆羅阿逸多（唐に幼日と言う）王が位を嗣ぐと、この東北に並んでまた伽藍を建てた。」

（水谷真成訳『大唐西域記』［東洋文庫六五三］二九六頁）

『大唐西域記』で玄奘が挙げた伽藍の建設者が、グプタ王朝のどの王に相当するのかは、いちおう付表のように考えられている。また玄奘のいう婆羅阿逸多（バーラーディトヤ）については、唯識派《ゆいしきは》を大成した世親《せしん》の伝記である『婆藪槃豆《ばすばんず》法師伝』（大正二〇四九）に、次のようなエピソードが伝えられている。

ナーランダーを外護したグプタの王名

音写	漢訳	復元名	王名	治世
鑠迦羅阿逸多	帝日	Śakrāditya	Kumāragupta I	413/415–455
仏陀毱多	覚護	Buddhagupta	Budhagupta	476–495
呾他掲多毱多	如来護	Tathāgatagupta		
婆羅阿逸多	幼日	Bālāditya	Narasiṃhagupta	495–510
伐闍羅	金剛	Vajra	Vakārākhya?	

「正勤日王の太子を婆羅袟底也と名づく。婆羅は訳して新と為す。袟底也は訳して日と為す。王本、太子をして法師に就いて受戒せしむ。王妃も出家して亦た法師の弟子となる。太子、後に王位に登りて、母子同じく法師に留まりて阿緰闍国に住し、其の供養を受けんことを請う。法師、即ち之を許す。」

（大正二〇四九、一九〇b）

史伝によると、無著《むじゃく》・世親兄弟は富婁沙富羅つまりガンダーラの中心都市プルシャプラ（現在のペシャワール）の生まれであるが、世親はアビダルマの研究のためカシミールに留学し、晩年はアヨーディヤー（現在のインド・ウッタラプラデシ州）に滞在していた。また兄の無著も、アヨーディヤーの講堂に降臨した弥勒《みろく》から唯識の教えを承けたと伝えられる。世親がナーランダーを外護したバーラーディトヤ王の師であったとしても、彼がナーランダーに止住したことはなかったようだが、無著・世親の法系は、長らくナーランダーに伝えられ、玄奘によって中国にもたらされた。

ガンダーラの中心都市、プルシャプラ出身の無著・世親兄弟が、アヨーディヤーに移ったのは、エフタル支配下のガンダーラが、仏教徒にとって安住の地ではなくなったからだと考えられる。

5　ナーランダー創建の意図

これに対してナーランダー寺院は、エフタルのガンジス河流域への侵攻を食い止めたスカンダグプタ王の父、クマーラグプタ王の治世、四四〇年頃に創建されたといわれる。

ここで注目されるのは、正則サンスクリット語によるインド古典文化の保護者を自任していたグプタ朝の王が、最盛期であったチャンドラグプタ一世、サムドラグプタ王、チャンドラグプタ二世の治世ではなく、国運が傾きかけていたクマーラグプタ王の時代になって、ナーランダーを創建したことである。

エフタルの侵攻を何とかくい止めたグプタ王朝によってナーランダーが創建されたのは、破壊されたタキシラに代わる仏教大学を創建することで、グプタ王朝の支配下にあるマガダ地方を再び仏教の中心地とし、国際的な求心力を高めるねらいがあったと思われる。

新たな仏教大学の建設に当たって、智慧第一の仏弟子とされ、アビダルマの祖といわれるシャーリプトラ（舎利弗）の入滅地と伝えられるナーランダーは、恰好の立地であったと考えられる。

このように考えると、先に紹介した国際学会「ナーランダーの遺産」の意義も、はなはだ示唆的である。同学会は、本来ヒンドゥー民族主義政党であるＢＪＰ（インド人民党）のバジパイ政権下で、ナーランダーに国際的な大学を創立し、インド文化を世界に発信するという、大きな目標を掲げて開催された。

本書刊行の時点では、バジパイ政権を継承するＮ・モディ氏が首相を務めているが、彼はより明確に、インド文化を世界に発信するためには、「ヨーガ」と仏教が最も効果的であることを自覚している。ヒンドゥー教は、インド系移民が多いシンガポールやインドネシア、フィジーなどにしか伝播しなかったのに対し、仏教は民族や言語の垣根を越えて、アジア全般に伝播し、さらに近年は欧米でも信徒を獲得しつつある。

本来はヒンドゥー至上主義を奉じていたＢＪＰが、どうして仏教関係のイベントを後援するのかも理解できる。またそれは、同じくヒンドゥー文化の保護者を自任していたグプタ朝が、ナーランダーを創建した意図とも奇しくも一致している。

６　まとめ

大乗仏教は、クシャン帝国時代に隆盛を迎え、シルクロードを通じて中国、さらに東アジア各地に伝播したといわれる。クシャン帝国の首都はガンダーラに置かれたため、当時の仏教の中心地は西北インドにあったと考えられる。

カニシカ王が第四結集《けつじゅう》を招集した時、夏安居《げあんご》期のガンダーラは酷暑となるため、涼しいカシミールに学僧を招聘して『大毘婆沙論《だいびばしゃろん》』を編纂したとされる。そのためカシミールは、長らく仏教研究の中心地となったが、その教学は説一切有部《せついっさいうぶ》であり、大乗と密教がカシミールに伝播するのは後代のことである。これに対してタキシラは西北インドにおける学芸の中心地であり、玄奘が訪れた七世紀初頭にも、多くの信徒は大乗を奉じていた。

したがってタキシラが、大乗仏典の成立と伝播に、一定の役割を果したことが推定される。タキシラのシルカップからは多くの仏塔や寺院が発掘され、その年代は紀元前二世紀から紀元後二世紀頃なので、大乗仏教が興起した時代に相当するが、考古学的にそれらを大乗仏教と結びつけることは難しい。

またクシャン帝国が建設したシルスークは、一部しか発掘されていないため、大乗仏教の存在を確認する遺物は発見されていない。

そして五世紀のエフタルの侵攻によって、タキシラ(シルスーク)が破壊されると、仏教の中心地は、エフタルの侵攻をくい止めたグプタ朝が創建したナーランダーに移ったと考えられる。

第四章　綴られている言語・文字から成立地を推定する

1　大乗仏典は何語で綴られていたか？

大乗仏典の原典は、梵語つまりサンスクリット語で書かれ、梵字つまりインドの文字で記されていた。江戸時代に衰えていた梵学を復興した浄厳《じょうごん》律師（一六三九〜一七〇二）や慈雲尊者飲光《おんこう》（一七一八〜一八〇五）に至るまで、日本人はおよそこのように考えていた。しかし明治に入って、ヨーロッパから科学的な仏教文献研究が伝来すると、事態はそう単純ではないことが分かってきた。

本章では、大乗仏典が綴られた言語と記された文字について、簡単に紹介することにする。それは大乗仏典が、いつ、どこで、誰が作ったのかという謎を解明するためにも重要になるからである。

2　ネパールのサンスクリット語大乗仏典

インドでは、一三世紀初頭に現在のアフガニスタンから侵攻したイスラム教徒により、東インドに残存していた仏教寺院が完全に破壊されてしまった。仏教徒は、その後も一五～一六世紀まで残存していたことが分かったが、その後新たな大乗仏典や密教聖典が編集されることはなく、インドから大乗仏教はほぼ消滅してしまった。

インドで姿を消した大乗仏典のサンスクリット原典が、現代にまで伝えられたのは、主としてネパールのカトマンズ盆地に残存していたネパール仏教の功績である。

ネパール仏教は、インドで仏教が滅んだ後も、チベット仏教との連携によって生き残ることができた。しかし一八世紀にグルカ王朝が成立すると、ネパール仏教の担い手であったネワール族は被征服民族に転落し、公的な場でのネワール語の使用は禁止された。この間ラジェンドラ国王が、捨身施虎のジャータカに取材したネワール語戯曲「マハーサットヴァ」を発表するという例外的な事例もあったが、グルカ支配層のネワールに対する圧迫は、概してヒンドゥー教徒より仏教徒に対して著しかった。そのため衰えを見せていたネパール仏教は、グルカ王朝の支配下で衰退の度を速め、一九世紀の初頭には消滅の危機に直面した。

そのような中、一人の英国人がカトマンズに入り、失われたインド大乗仏教の最後の末裔を発見する。彼はB・H・ホジソン（一八〇〇～一八九四）といい、カルカッタでペルシャ語を学んだ後、一八二〇年に英国のカトマンズ駐在官助手に任命され、二年に亘って現地に駐在、その後一旦外務省ペルシャ局に転出するが、一八二四年にネパールに戻り、一八三三年から一八四三年までカトマンズ駐在官をつとめた。

彼は都合二一年に亘る駐在の期間中、グルカ兵の採用やダージーリンの開発など、大英帝国の植民地経営に有益な献策をしただけでなく、長年にわたるイスラムの統治によりインドから失われたヒンドゥー文化が、この地に保存されていることを知り、ネパールの政治経済社会の全般について幅広い調査を行った。

とくにパタンの仏教徒のパンディット、アムリターナンダからネパール仏教の基礎を学び、ネパールの仏教とサンスクリット語の仏典を広く世界に紹介したことは、ホジソンの名を不朽にした偉大な業績である。

彼が蒐集した三八一帙《ちつ》に及ぶサンスクリット仏典は、英仏両国と当時英国の植民地となっていたインドの大学・研究機関に寄贈され、その後の仏教研究に大きく貢献した。これまでもヨーロッパには、南伝仏教とパーリ語の仏典が知られていたが、大乗仏教の近代的な研究は、ネパール仏教の発見をもって始まるといっても過言ではない。

ネパール仏教は、かつてインド亜大陸に存在した大乗仏教と密教の混淆形態の最後の末裔であり、多数の大乗仏典を現代まで伝えたという点で、その重要性は計り知れない。

しかしネパール系写本は、一三世紀初頭にインドから組織的仏教が滅亡した後、東京でいえば山手線の内側ほどの狭いカトマンズ盆地で、何世代にも亘って書写されてきたもので、インド伝来の古写本を除けば、最古のものでも一〇世紀を遡りえない。つまりネパール写本をいくら校合しても、原本がネパールに請来された時点以前の形に復元することはできなかった。

これに対して後述のように、西北インドやアフガニスタン、シルクロード地域から出土した古写本には、大乗仏典の成立年代と、あまり時を隔てない頃に遡りうる貴重な写本（多くは断片）が発見され、学界の注目を集めている。

ただしこれらの断片も、ネパール系写本と比較することで、どの文献のどの部分なのか、どこが同じで、どこが違っているのかが分かるのである。

3　初期大乗仏典で用いられた言語は何か？

大乗仏典のサンスクリットを読んだ経験のある研究者なら、すぐに気づくことであるが、大乗仏典とくに初期のテキスト、その中でも長行《じょうごう》と呼ばれる散文ではなく、偈《げ》と呼ばれる韻文には、正則サンスクリットではなく、俗語的に転訛した語彙や語形が、しばしば現れる。

これはちょうど『新約聖書』が、ソクラテスやプラトンのような古典ギリシャ語ではなく、ローマ帝国の東部で広く用いられたコイネー（共通）ギリシャ語で綴られているようなものである。

ネパール系の仏教写本が初めてヨーロッパに紹介された当初、これらの俗語的要素は、ブッダが生涯の大半を過ごした東インドのマガダ地方の言語、マーガディーであると思われていた。同じ時期にインドで成立したジャイナ教の聖典も、正則サンスクリットではなく、アルダ・マーガディー（半マガダ語）と呼ばれる俗語で綴られている。

ところが各地の方言で記されたアショーカ王碑文が解読され、マガダ地方の方言の特色が判明すると、大乗仏典の言語は、マガダ方言と完全には一致しないことが分かった。

一例を挙げると、マガダ方言ではRとLの区別が曖昧になるが、大乗仏典の言語では、この両者は明確に区別されている。なおRとLを区別しないのは、日本語・韓国朝鮮語、インド亜大陸ではネパール仏教の担い手であったネワール族のネワール語の特徴である。そのためネパール系仏教写本では、時代が下がるにつれてRとLが混同されるようになる。大乗仏典の言語が、かつてマガダ地方の方言と考えられたのは、そのためかも知れない。

そこでインドの仏典に見られる俗語化したサンスクリットは、「仏教混成梵語」Buddhist Hybrid Sanskrit と呼ばれるようになった。

仏教混成梵語の概念を確立したF・エジャトンは、『仏教混成梵語文法』*Buddhist Hybrid*

Sanskrit Grammer の序論で、仏教の聖典は、少なくとも四種類の言語で保存されたとしている。①正則サンスクリット（例：アシュヴァゴーシャの『ブッダチャリタ』）、②パーリ語。南伝仏教では②パーリ語こそ、ブッダの語った金口仏説《こんくぶっせつ》の言葉であるというが、各地の方言で記されたアショーカ王碑文との比較では、インド中西部方言に近い特徴がある。③『ダルマパダ』が書かれていた西北インド方言（ガンダーラ語）、そして④仏教混成梵語である。大乗仏典の多くは④仏教混成梵語で記されているが、その起源が、どの地域の方言にあるのかを確定することは困難である。またパーリ語と同じく、正則サンスクリットからの影響を受けており、サンスクリットの影響は、時代が下がるについて顕著になると述べている。

いっぽうエジャトンは、初期仏教における仏典の言語の問題について、パーリや漢訳の律蔵に見える以下の記述に注目している。

「その時、夜婆瞿婆と名づくる二比丘あり、兄弟にして婆羅門に生れ、言語善美、音声善美なりき。彼等は世尊の在す処に詣れり。詣りて世尊を敬礼して一面に坐せり。一面に坐して彼等比丘は世尊に白して言へり。「今、比丘等は名を異にし姓を異にし生を異にし族を異にして出家す。彼等は各自の言詞を以て仏語を汚す。願はくば我等仏語を雅語に転ぜん。」仏世尊は呵責《かしゃく》したまへり。「愚人等よ、汝等は如何ぞ、願はくば我等仏語を雅語に転ぜんと言うや。愚人等よ、此は未信者をして……呵責し説法をなして比丘等に告げて言ひたまへり。比丘等よ。仏語を雅語に転ずべからず、転ずる者は悪作《あくさ》に堕す。比丘等よ。各自の言詞を以て仏語を習ふことを許す。」

（『南伝大蔵経』律小品　三三二―二）

「二の婆羅門比丘有り。一は字は烏嗟呵。二は字は散摩陀。往いて仏所に到り、世尊に白して言さく。仏弟子中に、種種の性、種種の国土の人、種種の郡縣の人有り。言音《ごんおん》同じからず、語既に正しからざれば、皆な仏の正義《しょうぎ》を壊《え》す。唯だ願わくは世尊、我れ等闡陀至の持論に依り、仏経を撰集し文句を次比することを聴《ゆる》したまえ。言音をして辯了せしめば、義も亦た顕れることを得んと。仏、比丘に告げたまわく、吾が仏法の中は、美言を与えるを是と為さず。但だ、義理をして失わざらしむ、是れ吾が意なり。諸もろの衆生の、応に何の音を与えて得、受悟すべきに随って応に為に之を説くべしと。是の故に国に随って応に作すべしと名づく。」

（『毘尼母経』大正一四六三、二四巻、八二二a）

このようにブッダは、説法の言語――それが後に聖典の言語になる――をサンスクリット化することには否定的だった。これはブッダ自身が、バラモンではなくクシャトリア出身の新興思想家だったからである。

また当時は、北インドに普及していたアーリヤ系の言語は、今日ほど分化が進んでおらず、異なった方言の話者の間でも、相互に理解することが可能だった。そこでバラモンにしか理解できない正則サンスクリットではなく、それぞれの地方の方言を使うことは、四姓平等を唱えるブッダの教えにも適っていた。

ところが時代が下がるにつれ、インド各地の方言的差異が大きくなり、聖典の言語を標準化する必要が出てきた。それが、サンスクリットの影響を受けた仏教混成梵語であると考えられる。南伝仏教の②パーリ語や、ジャイナ教のアルダ・マーガディーにも、同じような背景が考えられる。

つまり明治維新後、標準語が制定された時も、首都である東京の言葉が基準となったが、紐を「ひも」ではなく「しぼ」と読むような江戸方言は採用されなかった。英国でも標準語は王室が使用する話し言葉であり、ロンドンの下町で話されるコクニーCockneyではない。仏教混成梵語も、当時のインドの俗語の中から標準的で理解者が多い、最大公約数的な話し言葉から発展したと思われる。

これに対して③西北インド方言（ガンダーラ語）は、エジャトンの時代には南伝仏教の『ダンマパダ』に相当する『ウダーナヴァルガ』しか知られていなかったが、本書の序章で見たように、最近、初期大乗仏典に対応するガンダーラ語のテキストが発見されたため、俄然注目を集めるようになった。

そこで初期大乗仏典は、本来はガンダーラ語で書かれていたと主張する研究者も現れた。しかしこれがすべての場合に当てはまるかは、今後慎重に検討しなければならない。

いっぽう仏教混成梵語についても、近年の学界では、これを「中期インド語」や「インド語」と言い換える傾向が強くなっている。前述のF・エジャトンは、米国の言語学者だったため、ヨーロッパの文献学者からは批判を受けることが多かった。そのため仏教混成梵語という用語を廃して、「中期インド語」さらには「インド語」と言い換える研究者が現れたのである。

しかし一般社会で「インド語」といった場合は、ヒンディー語（現在のインドの公用語）かウルドゥー語（ムガール帝国時代の公用語で、現在はパキスタンの国語）になるし、パーリ語やアルダ・マーガディーも広義の「中期インド語」となるため、中期インド語＝大乗仏典の言語とはいえない。本書で、これらの用語を用いなかったのは、そのような誤解を避けるためである。

4　ブラフミー文字とカローシュティー文字

つぎに大乗仏典を記した文字について、簡単に見ることにしよう。

いまだ解読されていないインダス文明の文字を除くインド系文字の起源は、古代インドのブラフミー文字にあるが、その起源については、いまだ解明されていない。最古の現存例は、インド各地に遺されたアショーカ王碑文であるが、この段階ですでに完成の域に達していたので、すでに数世代に亘って使用されていたと推定される。

しかしアショーカ王碑文のブラフミー文字（アショーカン・ブラフミー）は、すでに中世には読めなくなっていた。一三五六年にトゥグルク朝のフィーローズ・シャーが、アショーカン・ブラフミーの書かれたアショーカ王の石柱を、トープラーからデリーに運ばせた時、バラモンの学者に碑文の文字を解読させせようとしたが、バラモンは文字を熟視した後、「この柱はフィーローズ・シャー以前には何人も動かしえない」と書いてあると答えたといわれる。

アショーカン・ブラフミーの解読は、英国植民地時代の官吏ジェームズ・プリンセプ（一七九九〜一八四〇）の登場を待たねばならなかった。彼はサーンチーなどの古代遺跡に見られる銘文の末尾が、特徴的な二文字で終わっていることに気づき、これを施物を意味する dānaṃ に比定した。これは古代エジプト文字を解読したJ・F・シャンポリオンが、王名のカルトゥーシュの末尾が特徴的な二文字で終わることに気づき、これをラーメスやトトメスなどの王名の末尾 mes-s に比定したことに比せられる大発見であった。これがきっかけとなり、古代ブラフミー文字の解読は一挙に進展することになったのである。

ブラフミー文字の起源については、ギリシャ文字や、フェニキアなどのセム系文字起源説と、インドのオリジナルとする説が併存しているが、両説ともに決定的な証拠は見出されていない。

サーンチー大塔欄楯銘文（Bajigutasa dānaṃ）

セム系の文字は、子音字のみで母音字を欠く点で、インド系文字の構成法に近いが、文字を右から左に書く点が異なっている。これに対してギリシャ文字は、文字を左から右に書くが、子音字と母音字が独立している点で、インド系文字とは異なっている。これに対して失われたインダス文明の文字こそ、ブラフミー文字の原形であるとの説もあるが、インダス文字自体が未解読なので、これも仮説の域に留まっている。

いっぽう西北インドでは、カローシュティー文字が広く用いられていた。そのためガンダーラ語で書かれたガンダーラ彫刻の銘文や碑文等にも、カローシュティーが用いられた。『マハーヴァストゥ』にも、菩薩が学習すべき文字として、ブラフミーやギリシャ文字（ヤヴァニー）とならんで、カローシュティーが言及されている。

しかしカローシュティー文字は、アラム文字などのセム系の文字で、有声帯気音の系列がなく、母音の長短の区別がないなど、サンスクリットを書写するには適さなかった。そこで仏典の書写には、西北インドでもブラフミー文字が用いられた。カローシュティーは、西北インドでは紀元後三世紀には用いられなくなり、その後のインドの文字は、すべてブラフミー系に統一されるが、中央アジアでは七世紀頃まで用いられた。カローシュティーの解読に重要な役割を果たした人物も、アショーカン・ブラフミーと同じく、ジェームズ・プリンセプである。

5　対告衆の尊名に見られるカローシュティーの痕跡

なお本書の主題である初期大乗仏典に見られる対告衆の尊名にも、このようなカローシュティー文字の痕跡が見られる。

不休息《ふくそく》菩薩 **Anikṣiptadhura** は、常精進《じょうしょうじん》菩薩 **Nityodyukta** とともに、初期大乗仏典にしばしば登場する対告衆の菩薩であるが、この不休息菩薩を、西晋の竺法護《じくほうご》（二三九〜三一六）は常に「不置遠」と訳している。**A-nikṣipta-dhura** は、重荷 **dhura** を投げ出す **nikṣipta** に否定の **A**

がついて「重荷を投げ出さない」↓「不休息」という意味になるのだが、竺法護は、これを遠くdūraに置くnikṣiptaに否定のAがついた語形と解釈して、「不置遠」と訳したのである。

これは明らかな誤訳であるが、重荷dhuraと遠くdūraは、語頭子音がdh-とd-で異なり、母音のuも長短が異なっている。このような誤解が生じた原因は、竺法護が訳した原典が、カローシュティー文字で書かれていたからと考えざるをえない。つまりカローシュティーには有声帯気音の系列がなく、有声帯気音dh-と有声無気音d-が同じ文字で表記され、母音の長短にも区別がなかったからである。

また竺法護は、『般舟三昧経《はんじゅさんまい》』の八人の在家菩薩の筆頭である賢護《けんご》菩薩Bhadrapālaを「解縛」と訳している。これはBhadra（めでたい）をBaddha（束縛）と解し、解縛Baddhavāra（束縛からの解放）と訳したものと思われる。これも竺法護の訳した原典には、有声帯気音bh-と有声無気音b-の区別がなかったことを示唆している。

そして現在までのところ、カローシュティーで書かれた仏典は、ほとんどがガンダーラ語のテキストである。つまり西北インドでも、仏教混成梵語のテキストはブラフミー系の文字で書かれていたから、竺法護の訳した『正法華経《しょうほっけ》』などの原典は、サンスクリットではなくガンダーラ語で書かれていたという推定が成り立つ。竺法護の時代、西北インドではすでにカローシュティー文字は廃れはじめていた。しかしシルクロード地域では、まだ流通していたため、竺法護は、そのような古い原典を用いて漢訳したのかも知れない。

6　漢訳仏典における避諱の問題

二〇一一年二月、デリーのインディラガンディー・ナショナルセンターで「Kumārajīva, Philosopher and Seer」と題する国際学会が開催された。著者は、鳩摩羅什《くまらじゅう》親子がインドから中国に請来したとされる栴檀瑞像《せんだんずいぞう》伝説について発表したが、到着翌日から風邪のような症状に悩まされた。他にも、同じようなアレルギー症状を訴える参加者がいたので、どうやらデリーで深刻になっていたPM2・5にやられたらしい。そこで自分の発表以外は宿舎に籠もっていたが、司会を依頼された部会のみは出席することにした。

同部会では中国の若手研究者が、大正大学が出版した『維摩経《ゆいま》』の梵本に基づいて、支謙《しけん》訳の「仏国品」に見られる「興隆三宝　能使不絶」を、鳩摩羅什が「紹隆三宝　能使不絶」と改訳した意義について論じていた。原語のtriratnānuppachetṛは、「三宝の相続を断絶させない者」を意味するから「興隆」より「紹隆」の方が妥当といえるが、「興」の字は、鳩摩羅什の庇護者だった後秦《こうしん》の皇帝、姚興《ようこう》の名前でもある。中国では「避諱《ひき》」といい、皇帝の諱《いみな》の使用を避ける慣行がある。これは皇帝の絶対的権力が確立する唐以後は厳格になり、北宋時代に勅命によって訳された経典では、北宋二代目の太宗の諱が「匡義」だったため、「義」の字が使えなくなってしまった。そこでサンスクリットのアルタarthaを「義」と訳すべきところが、ほとんどの場合「儀」に変換されている。

そこで鳩摩羅什が「興」を「紹」に変更したのは、「避諱」の影響があるかも知れないと指摘しておいた。

なお念のため、同じ鳩摩羅什訳の『妙法蓮華経《みょうほうれんげ》』を調べてみたが、『妙法蓮華経』全篇を通じて「興」の字は二回しか出現しない。そのうちの一回は有名な「普門品《ふもん》」偈の「仮使興害意《けしこうがい》」推落大火坑《すいらくだいかきょう》」であるが、「普門品」の偈は竺法護訳の『正法華経』にはなく、『添品法華《てんぽん》』の序によれば、羅什訳の偈も後から補われたものである。問題は「方便品《ほうべん》」の偈に、もう一つ出現例があることだが、とにかく漢訳の訳出者と年代を知る上で、「避諱」の問題は念頭に置くべきことと思われる。

7　まとめ

大乗仏典が、いつ、どこで、誰によって作られたかを解明するカギの一つに、言語と文字がある。ネパールで発見された大乗仏典のサンスクリット写本により、私たちははじめて日頃親しんでいた大乗仏典の原典を見られるようになった。しかしそれらは、何世代にも亘ってネパールで書写されてきたものが多かった。

これに対して西北インドやアフガニスタン、シルクロード地域から出土した古写本には、ネパール系写本より、はるかに古い読みを提供するものがあるが、発掘されたものばかりで、その多くは断片化していた。

初期大乗仏典は、インドの古典語であるサンスクリット語と俗語が混淆した仏教混成梵語とよばれる言語で書かれていた。しかも散文部分に比して、韻文部分に俗語的な要素が多く認められる。

いっぽう仏典の書写には、インド古来のブラフミー系の文字が用いられたが、最近になって西北インドのみで用いられたカローシュティー文字を用い、ガンダーラ語で書かれた初期の大乗仏典が発見された。この発見は、これまでの大乗仏典の成立史を書き換えるほどのインパクトをもっているが、すべての初期大乗仏典が、ガンダーラ語で書かれていたとするには、いまだ十分とはいえない。

第五章　『般舟三昧経』と八人の在家菩薩

1　大乗仏教と他土仏信仰

第二章で見たように、大乗仏教を特徴づけるものに他土仏信仰がある。

大乗仏教では、アインシュタインの相対性理論のように、衆生が生活する世界の時間経過は相対的であると説く。『六十華厳《けごん》』の「寿命品」によれば、娑婆《しゃば》世界の一劫《こう》は、阿弥陀《あみだ》如来の極楽世界の一昼夜であり、さらに極楽の一劫は、金剛如来の聖服幢《しょうふくどう》世界の一昼夜であるという。つまり宇宙（十方世界）には、現在も多数の仏が存在するが、それぞれの仏の寿命は、それぞれの世界の相対的時間に比例すると考えられたのである。

我々は、娑婆世界の賢劫《げんごう》と呼ばれる時代を生きており、娑婆世界には千人の仏が現れるとされる。このうち釈迦牟尼《しゃかむに》は第四、弥勒《みろく》は第五とされるが、まだ九九〇人以上の仏は、出現していない。ところが娑婆世界に千仏が現れる賢劫が終わっても、極楽浄土では一昼夜しか経過していないことになる。
『大宝積《だいほうしゃく》経』の「密迹金剛力士会《みっしゃくこんごうりきしえ》」によれば、ブッダのボディーガードを務めた金剛力士（ヴァジュラパーニ）は、釈迦牟尼だけでなく、賢劫の千仏すべてのボディーガードを務めた後、東方阿閦《あしゅく》如来の妙喜《みょうき》世界に生まれ変わり、そちらで成仏すると授記《じゅき》（予言）されている。

これが可能になるためには、阿閦如来の寿命は娑婆世界の賢劫全体よりも長くなくてはならない。このように大乗仏教では、数多い他土仏の中でも、寿命が著しく長く、事実上、涅槃《ねはん》に入らない他土仏が信仰されるようになった。

このような他土仏の代表が、東方妙喜世界の阿閦如来と、西方極楽浄土の阿弥陀如来である。なお著者は、事実上の処女出版である『曼荼羅イコノロジー』（平河出版社、一九八七年）以来、東方阿閦如来の信仰は、西方阿弥陀如来の信仰に先行するとしてきたが、これには疑問を呈する研究者もいるので、本書では第七章で、さらなる検討を加えることにする。

本章で取り上げる『般舟三昧《はんじゅさんまい》経』は、現在する他土の仏を眼前に観想し、その仏から直接、教えを聴聞する般舟三昧pratyutpannasamādhiを説いている。これは死後、他土に現在する仏の浄土に往生するという『阿閦仏国《あしゅくぶっこく》経』や浄土三部経よりも古い他土仏信仰の形態と考えられる。なお『般舟三昧経』には、わずかではあるが、阿弥陀仏への言及が見られる。これに対して阿閦如来への言及はないので、これを浄土経典の系列に位置づける意見がある。これについては、本章4で考察を加えることにしたい。

2　『般舟三昧経』の諸訳と時代背景

第二章で見たように、『般舟三昧経』の初訳は後漢の支婁迦讖《しるかせん》によるものである。ところが『大正大蔵経』には一巻本（大正四一七）と三巻本（大正四一八）が収録されており、どちらが支婁迦讖訳の原本に近いのか議論がある。また失訳の『抜陂菩薩経《ばつはぼさつきょう》』（大正四一九）は、三巻本の一部に対応するが、こちらの方を支婁迦讖訳の原型と考える説もある。最も新しい隋の闍《じゃ》那崛多《なくった》訳『大方等大集経賢護分《だいほうとうだいじっきょうけんごぶん》』（大正四一六）は、支婁迦讖訳に説かれた八人の在家菩薩のうち二人の名を欠いているなど、当初の形態を損なった部分もある。

これらの異訳は、すべて『大正大蔵経』では「大集部《だいしゅうぶ》」（本書第九章参照）に収録されているが、『大方等大集経』（大正三九七）自体には含まれていない。

なお「大集部」所収の経典には、サンスクリット原典が残存しているものが少なく、チベット訳も漢訳から重訳されたものが含まれる。これに対して『般舟三昧経』は、中央アジアからサンスクリット写本の断片が発見され、原典から翻訳されたチベット訳も現存している。

そこで本書では、主として支婁迦讖訳の三巻本によって、『般舟三昧経』を見ることにしたい。

『般舟三昧経』「授決品《じゅけつ》」には、「我、般泥洹《はつないおん》の後に是の三昧は当《まさ》に現在すること四十歳なるべし。其の後、復た現ぜず。却って後、乱世に仏経、且《しばら》く断ぜんと欲する時、諸の比丘復た仏教を承用せず。然して後に乱世の時、国国相伐《あいう》たん。是の時に於いて是の三昧は当に復た閻浮利（閻浮提に同じ＝著者註）の内に現ずべし。仏の威神を用っての故に、是の三昧経、復た出《しゅつ》をなす」（一三巻、九一一a六―一〇）とある。いっぽう隋の闍那崛多訳では、「後五百年の末一百歳の中」となっている。

なお「仏滅後五百年にして大乗仏典が出現する」との表現は、他の経典にも頻出するので、これを歴史的事実の反映とは見なせないという意見もある。しかし他の経典では「正法滅せんと欲《ほっ》して」等の表現はよく出るが、「乱世の時、国国相伐たん」は出てこない。つまり大乗仏教が興起したクシャン帝国の全盛期、紀元後二世紀の北インドではカニシカ王による大統一がなっていたので、「国国相伐たん」という状況ではなかった。

これに対して、クシャン帝国が北インドを制圧する前の西暦紀元前後は、北インドに統一王朝が存在せず、バクトリアのギリシャ系王侯、サカ族などが、相継いでインドに侵攻し、まさに国国相伐つ時代であった。これに対して南インドでは、アンドラ王国（シャータヴァーハナ朝）が全盛期を迎えており、「乱世」とはいいがたい状況であった。この記述からも『般舟三昧経』の成立は、仏滅後ほぼ五〇〇年の西暦紀元前後、その成立地も、南インドではなく北インドと見るのが妥当と思われる。

3 般舟三昧の性格

般舟三昧の性格については、『般舟三昧経』の「行品」に以下のように説かれている。

「是の菩薩摩訶薩、天眼《てんげん》を持って徹視せず、天耳《てんに》を持って徹聴せず、神足《じんそく》を持って其の仏刹《ぶっせつ》に到らず、是の間に於いて終って、彼の間の仏刹に生じて乃《すなわ》ち見るにあらず、便ち是の間に於いて坐《いなが》らに阿弥陀仏を見たてまつり所説《しょせつ》の経を聞いて悉《ことごと》く受得《じゅとく》す。三昧の中に従って悉く能く具足して、人の為めに之を説く。」（一三巻、九〇五a二三―二七）

右の記述から、般舟三昧の性格は、現在する他土仏――経典では阿弥陀仏――を、その浄土に往詣したり、往生したりせずに、居ながらに目の当たりに観想する三昧であることが分かる。つまりこの三昧は、第二章で見たような何百万光年離れた世界を瞬間移動したり、遠く離れた世界の有様を見聞きできるような神通力《じんつうりき》が無くても、この娑婆世界に居ながらにして実践することができる。また極楽のような浄土に往生しなくても、娑婆に居ながらにして実践することができるとされている。

般舟三昧の正式名称が、pratyutpannabuddha-sammukhāvasthita-samādhi（現在のブッダを目の当たりにする三昧）と呼ばれるのは、そのためである。また「所説の経を聞いて悉《ことごと》く受得す。三昧の中に従って悉く能く具足して、人の為めに之を説く」とあり、三昧に入ってブッダから聴いた説法を、他人に説いてもよいとされていることは、大乗仏典の成立という問題にも示唆的である。

4 『般舟三昧経』と阿弥陀信仰

『般舟三昧経』の成立年代を考える上で問題とされてきたのが、『無量寿経《むりょうじゅ》』や『阿弥陀経』などの浄土経典との前後関係である。本書第七章で論じることになるが、現行の『無量寿経』では、対告衆《たいごうしゅ》に『般舟三昧経』の八人の在家菩薩を増広した十六正士を列しており、明らかに『般舟三昧経』より後であることが分かる。ところが支婁迦讖訳や支謙《しけん》訳などの原『無量寿経』には対告衆の列挙がなく、『般舟三昧経』との前後関係が判断できない。

これに対して『般舟三昧経』には、現在する他土仏の代表者として阿弥陀仏が説かれている。その登場回数は、支婁迦讖訳一巻本に一回、同三巻本に三回、失訳『抜陂菩薩経』に一回である。そこで原『無量寿経』の方が、『般舟三昧経』よりも古いとする意見もあった。

ところが今回、私が調べたところ、『般舟三昧経』には「阿弥陀如来の仏刹」とか「仏刹の諸菩薩」という表現は出るが、極楽とか観音《かんのん》・大勢至《だいせいし》という固有名詞は出てこない。支婁迦讖の『無量清浄平等覚《むりょうしょうじょうびょうどうかく》経』（第二章参照）には極楽に相当する安楽国や、盧楼亘（＝観音）や摩訶那鉢（＝大勢至）という固有名詞が出るにもかかわらず、これらに言及がないのは、原『無量寿経』に説かれていた極楽に関する情報が、『般舟三昧経』の編者には知られていなかったことを暗示している。

さらに私は、チベット訳『般舟三昧経』で、阿弥陀如来の出現箇所の訳語が、すべて「無量寿仏」**tshe dpag med** となっていることに注目している。よく知られているように、阿弥陀如来の原語には無量寿 Amitāyus と無量光 Amitābha の両者がある。

ところが般舟三昧は極楽に往生するのではなく、他土に現在する仏を眼前に観想し、そこから啓示を受ける三昧であった。そのためには観想対象の他土仏は、娑婆世界の釈迦牟尼仏に比して、途方もないほど寿命が長くなくてはならない。そのような他土仏の例として、無量寿という尊名はふさわしい。

つまり『般舟三昧経』は、すべての他土仏経典に先行しており、そこに挙げられた代表的な他土仏の名前＝無量寿から原『無量寿経』が派生し、それとは別途に『阿閦仏国《あしゅくぶっこく》経』が成立したと見られる。『般舟三昧経』は、極楽浄土と阿弥陀如来に特化した他土仏経典ではなく、すべての現在する他土仏を対象とする三昧を説くからである。

5 『般舟三昧経』の八人の在家菩薩

『般舟三昧経』の冒頭には、ブッダが羅閲祇（ラージャグリハ）の摩訶桓迦憐（竹林精舎）に在った時、この経典の主要な対告衆となる①颰陀和（バドラパーラ）は五〇〇人の菩薩とともに参集し、さらに②羅隣那竭（ラトナーカラ）、③憍曰兜（グハーグプタ）、④那羅達（ナラダッタ）、⑤須深（スシーマ）、⑥摩訶須薩和（マハースサールタヴァーハ）、⑦因坻達（インドラダッタ）、⑧和倫調（ヴァルナデーヴァ）の七人も、インド各地から参集した。

このうちバドラパーラはラージャグリハ、ラトナーカラがヴァイシャーリーというように、彼等はインド各地に住む在家居士であった。とくにシュラーヴァスティーに住む⑥マハースサールタヴァーハが、阿難邠坻迦羅越つまりブッダに祇園精舎《ぎおんしょうじゃ》を布施した在家居士、アナータピンディカとともに参会したと説かれることは注目される。同じ表現は、『般舟三昧経』に次いで古い観仏経典『念仏三昧経』（大正四一四）にも出るが、在家菩薩の伝統に属する観仏経典を、何とかブッダ在世当時の在家居士に結びつけようとする意図が認められる。

『般舟三昧経』の八菩薩について、平川彰博士は、「これらの長者がそのまま歴史的実在であったのではなかろうが、しかし長者が経典の中で大きな役割を果たしていることは、在家菩薩で深い悟りに達した人びとが実際に存在したためであろう」と述べている。

なおブッダ成道後の一二年に亘る雨安居地をまとめた原始仏典『十二遊経』（大正一九五）に、バドラパーラ等の八人が説かれている。同経で七年目の夏安居《げあんご》地とされる「拘耶尼国」の項に、「七年。拘耶尼国。婆陀和（バドラパーラ）菩薩等八人に、般舟経を説く」とあるが、『般舟三昧経』に説かれる説処の王舎城の竹林精舎と一致しない。

なお「拘耶尼」は、須弥山《しゅみせん》世界説の西の大陸である西牛貨洲《さいごけ》（ゴーダーニーヤ）Godānīya の音写字として使用されるが、ブッダが想像上の西の大陸で説法したというのは、ありそうな話ではない。ただし須弥山世界の四大洲の名は、実際のインド亜大陸の地名がモデルになっている。北倶盧洲《ほっくる》の倶盧（クル）は、現在のニューデリーの北のクル・クシェートラ周辺を指した。いっぽう東勝身洲《とうしょうしん》の勝身（ヴィデーハ）も現在のミティラーあるいはベンガル地方を指していた。したがってゴーダーニーヤも、インド亜大陸西部の地名だったのかも知れない。

『十二遊経』には、この他にも『私呵昧経』や『屯真陀羅王経』など、支婁迦讖や支謙が訳した初期大乗仏典への言及が出るので、『般舟三昧経』の八人の在家菩薩が、原始仏典にまで遡れるとまではいえないが、この八人が当時の仏教徒によく知られていたことは確認できる。

この八人の在家菩薩は、初期大乗仏典の対告衆として頻出するが、テキストによって種々に訳されるので、同一であることが分かりにくい。一例を挙げると、③憍曰兜は、チベット訳から見ると「洞窟に隠れる」phug sbas=Guhā(/Guha)gupta が正しいと思われるが、『二万五千頌

『般舟三昧経』の八人の在家菩薩

『般舟三昧経』	『大集経賢護分』	『抜陂菩薩経』	チベット訳	梵名
1. 颰陀和	1. 賢護	1. 抜陂	1.bzaṅ skyoṅ	1.Bhadrapāla
2. 羅隣那竭	2. 離車子　宝生（宝徳）	2. 羅檀迦籑	2.licchabī gźon nu dkon mchog 'byun gnas	2.Ratnākara
3. 憍日兜（Guhāgupta）	3. 星蔵（星徳）	3. 迦休頭	3.tshoṅ dpon gyi bu phug sbas	3.Guhyagupta
4. 那羅達	4. 摩那婆　那羅達多	4. 那達頭	4.bram ze 'dam bus byin (Naladatta)	4.Naradatta
5. 須深		5. 須深無	5.byaṅ chub sems dpa' mtshams bzaṅs	5.Susīma
6. 摩訶須薩和	5. 大善商主（善商主）	6. 大導衆	6.khyim bdag ded dpon che bzaṅ	6.Susārthavāha
7. 因坻達	（偉徳）	7. 尊達	7.byaṅ chub sems dpa' dbaṅ pos byin	7.Indradatta
8. 和倫調	6. 水天（水天長者）	8. 譢論調	8.khyim bdag chu lha	8.Varuṇadeva

般若経』（ダット本、木村本）ではŚubhagupta（善の守護者）、『法華経』の梵本ではGuhyagupta（秘密の守護者）となっている。ŚubhaとGuhaは現在のデーヴァナーガリー文字では全く似ていないが、悉曇梵字などのグプタ系文字では字形が酷似している。したがってこの誤りは五〜六世紀に始まり、現代まで引き継がれているのである。また『大集経賢護分』では星蔵と訳されるが、これはGuhaを字形が似るGraha（惑星）と取り違えたためである（表参照）。

いっぽう『八陽神呪経《はちようじんじゅきょう》』（大正四二八）では、経典末尾に、これらの「八菩薩名」が唐突に挙げられ、「是の八人は求道《ぐどう》以来、其の劫無数《むしゅ》なり。今《いま》未だに仏を取らず。是の八人は本倶《もととも》に学道の時。倶に八方上下人民《にんみん》皆共に得仏せしめんと願う」、『灌頂経《かんじょうきょう》』（大正一三三一）巻八にも

「此の諸菩薩に大誓願有り。我が滅後に於いて五濁世《ごじょくせ》の中、諸《もろもろ》の厄人《やくにん》を救う」と説かれ、『般舟三昧経』では在家居士であった八菩薩が、衆生を救済するまで涅槃に入らない大悲闡提《だいひせんだい》の菩薩（本書第一二章参照）へと昇格したことを示している。

それはラージャグリハの竹林精舎で『般舟三昧経』の説法を聴いた八人が、仏滅五〇〇年の後、「般舟三昧」を復興するためには、神通力で寿命を延ばすことが必要だったからであろう。そしてこの八菩薩（八正士《しょうじ》）が、「十六正士」と呼ばれる在家の菩薩群（本書第六章参照）へと発展するのである。

しかしながら対告衆に八正士や十六正士を挙げる大乗経典は、第二次大乗仏典以後にはほとんど見られず、大乗仏教における在家居士の影響力が、しだいに低下したことを示唆している。

6 『般舟三昧経』と仏像

『般舟三昧経』の成立年代に関する議論で問題になるものに、仏像との関係がある。『般舟三昧経』（三巻本）の「四事品」には、「菩薩、復《ま》た四事あって疾《と》く是の三昧を得。何等を四となす。一には仏の形像《ぎょうぞう》を作り、若《も》しくは画を作る（以下略）」とあり、仏像・仏画を般舟三昧の補助手段として用いることが説かれている。

なお仏像に関する言及は、この一箇所だけであるが、これは『般舟三昧経』の成立時点で、すでに仏像の製作が始まっていたことを示している。念のため私は、『般舟三昧経』の一巻本と『抜陂菩薩経』、さらにチベット訳も調べたが、仏像・仏画に関する言及はすべてに認められ、『般舟三昧経』が成立当初から、仏像への言及を含んでいたことは動かしがたい。

なお平川博士は仏教美術に関しては専門外であったが、同窓の高田修博士の所論を参照し、『般舟三昧経』の成立を一世紀末とした。これは美術界では広く知られたことであるが、インドでは紀元前二世紀頃に仏教美術が現れても、ブッダは菩提樹や法輪などの象徴物で代置され、人間の姿では表現されなかった。これを「仏像不表現」という。

高田博士は、仏像不表現の伝統を破り、仏像が誕生した経緯を考察した『佛像の起源』（岩波書店、一九六七年）で有名だが、同書の刊行から二〇年後に、その後の欧米やインドにおける研究の進展を踏まえて『仏像の誕生』（岩波新書、一九八七年）を発表した。高田博士の最終的な見解を知る上では同書が便利であるので、本書ではそちらを参照した。

すでに高田博士も指摘しているが、仏像に関する言及は、同じ支婁迦讖訳で最古の般若経典とされる『道行《どうぎょう》般若経』にも出る。また『増一阿含《ぞういつあごん》経』には、我が国の清涼寺《せいりょうじ》釈迦如来像の源流となったコーサンビーのウダヤナ王（優塡王）の造像伝説が出てくる。したがって同じ論法を用いれば、『道行般若経』だけでなく『増一阿含経』の成立も紀元後まで下げなくてはならなくなる。

高田博士は、仏像の起源については、A・フーシェ（一八六五〜一九五二）にはじまるギリシャ起源説と、B・ローランドにはじまるローマあるいはグレコ・ローマ起源説があり、ギリシャ起源説では、仏像誕生の年代を紀元前まで上げる傾向がある。ギリシャ的作風を示すビーマラーンの舎利容器（大英博物館蔵）が、サカ族（本書第一章参照）の王アゼス一世（前一世紀中葉）の貨幣とともに出土したからである。これに対してローマ起源説では、最古の仏像でも紀元後一世紀、大半のガンダーラ彫刻は、カニシカ王の治世と重なる紀元後二世紀以後となる。

学問的に慎重な性格だった高田博士は、ギリシャ起源説、ローマ起源説の何れを支持するかを明言していないが、マーシャルによるタキシラのシルカップ発掘（一九一三〜一九三四）以後、ローマ起源説が優勢になったとしている。

第三章で見たように、紀元前二〇〇年から紀元後二〇〇年頃まで栄えたタキシラのシルカップ遺跡からは、ガンダーラ仏がほとんど出土しなかった。これは仏像の起源を西暦紀元前まで上げるギリシャ起源説には不利となる。

そこで二〇〇八年から二〇一〇年まで、ドイツとスイスを巡回した大規模なガンダーラ美術展の図録でも、おおむねローマ起源説に従った年代比定がなされている。

なお私は、ガンダーラ美術の専門家ではないが、シルカップからガンダーラ仏が出土しなかったことに関しては、以下のように考えている。

クシャン帝国によるシルカップからシルスークへの移転は、シルカップが手狭になったために行われた平和的な移転であり、寺院も仏塔などの遺構を除いては、シルスークに移転した可能性がある。我が国でも、藤原京から平城京への遷都に際しては、多くの寺院が寺僧や仏像ごと新京に移転している。ところが現在、シルスークの発掘が進んでいないため、移転先のシルスークにどれだけの仏像が遺されているのかが分からない。

またシルカップと異なり、シルスークはエフタルの侵入により破壊されたため、シルカップのように良好な状態で遺構が出土するかも分からない。したがって現段階では、『般舟三昧経』の成立年代も紀元前まで上げることは難しいが、「仏滅後五百歳」や「国国相伐つ」の記述から、紀元前後に置くことは可能ではないかと思われる。

7　まとめ

支婁迦讖が訳した最初期の大乗仏典の一つ『般舟三昧経』は、他土の十方世界に現在する仏を目の当たりに観想する「般舟三昧」を説き、大乗仏典の一つのジャンルを形成する他土仏経典の先駆けと考えられる。『般舟三昧経』の成立年代は、西暦紀元前後と考えられる。

また同経で重要な役割を果たす八人の菩薩（八正士）は、初期大乗で活躍した在家菩薩の典型例と考えられる。八正士や、それを増広した十六正士を対告衆に列する経典は、初訳が支婁迦讖、竺法護《じくほうご》、鳩摩羅什《くまらじゅう》によってなされたものが多く、従来の範疇でいえば第一次大乗仏典に含まれる。

第六章　『般若経』の成立と増広過程

1　はじめに

著者と『般若経』の関わりは、東京大学文学部印度哲学科（現インド哲学仏教学科）に進学した時、高崎直道教授から『八千頌般若経《はっせんじゅはんにゃ》』の「一切相智品《いっさいそうち》」と「常啼品《じょうたい》」の演習を受けたことに始まる。

その後、同大学大学院を満期退学後、文化交流研究施設に助手として奉職すると、山口瑞鳳教授の下で大英図書館所蔵の敦煌出土チベット語文献の解題目録を編集することになった。その中でも最も厄介だったのが、尨大な『十万頌般若経』の断片の整理であった。きわめて小さな断片の同定は、砂丘の中から一つの貝殻を見つけるのにも比すべき気の遠くなるような作業であった。

しかし『十万頌般若経』は、『二万五千頌般若経』所説の教理命題を代入法によって四倍に増広したものであり、同じ構文の教理命題が執拗に繰り返されるという特徴をもっていた。そこで、このような構文が出てくる断片は「初分讃般若品《しょぶんさんはんにゃほん》」、これは「初分難信解品《しょぶんなんしんげほん》」というように、慣れるにしたがって小さな断片でも同定できるようになった。このように『般若経』は、梵篋《ぼんきょう》一帙に収まる『八千頌般若経』から、すべての大乗仏典の中で最も長大な『十万頌般若経』まで、伸縮自在である。さらにその内容をまとめた短編の『般若経』もあり、その最も圧縮されたものが有名な『般若心経』に他ならない。

そしてこのような各種の『般若経』をまとめた叢書が、『大般若波羅蜜多経《だいはんにゃはらみったきょう》』六〇〇巻である。これはすべての大乗仏典の中で、最も文献量が多く、一つの経典だけで『大正大蔵経』の三巻を占めている（表1参照）。

このようにして私は、しだいに世界でも類を見ない、この聖典の面白さに興味を引かれるようになっていった。

『般若経』は、ブッダと須菩提《しゅぼだい》・舎利弗《しゃりほつ》のような仏弟子、あるいは帝釈天《たいしゃくてん》や恒河天女《ごうがてんにょ》といった神々との問答という体裁を取ってはいるが、大乗仏教が真であると考える教理命題の羅列が全巻の大半を占めている。同じ大乗仏典でも、『法華経《ほけきょう》』や『華厳経《けごんきょう》』のようなドラマチックな戯曲的構成がないのである。

しかもその内容は、紀元後一世紀頃から徐々に形成されてきただけに、当初から一つの首尾

表１　『大般若経』の各会

玄奘訳『大般若経』	漢訳（別行しているもの）	チベット訳（東北 No.）
①初会	（『十万頌般若経』）	東北 No.8
②第二会	『大品般若経』ほか	東北 No.9
③第三会	（『一万八千頌般若経』）	東北 No.10
④第四会	『小品般若経』ほか	東北 No.12
⑤第五会		
⑥第六会	『勝天王般若経』	
⑦曼殊室利分	『文殊般若経』	東北 No.24
⑧那伽室利分	『濡首般若経』	
⑨能断金剛分	『金剛般若経』ほか	東北 No.16
⑩般若理趣分	『般若理趣経』ほか	東北 No.17
⑪布施波羅蜜多分		東北 No.181
⑫浄戒波羅蜜多分		
⑬安忍波羅蜜多分		
⑭精進波羅蜜多分		
⑮静慮波羅蜜多分		
⑯般若波羅蜜多分	（『善勇猛般若経』）	東北 No.14

一貫した体系的説示とはなっていない。それにも関わらず、『般若経』が大乗仏教の根本聖典として尊重されてきたのは、それが大乗仏教の根本思想を、端的に説いたものであったからに他ならない。

2 基本的『般若経』の成立

『大般若波羅蜜多経』所収の経典のなかで、初会から第五会までは『般若経』の主系列を形成するので、これを基本的『般若経』と呼ぶ。

『大品《だいぼん》般若経』「問持品《もんじ》」には、「舎利弗、是の深《じん》般若波羅蜜は仏の般涅槃の後、当《まさ》に南方国土に至るべし。(中略)舎利弗、是の深般若波羅蜜は南方より当に転じて西方に至るべし。(中略)舎利弗、是の深般若波羅蜜は西方より当に転じて北方に至るべし」とあり、『般若経』が南方に興り、北方に至って盛んになると予言している。これは『般若経』が、ナーガールジュナによって龍宮から齎《もたら》されたとする伝承と、クシャン帝国支配下の西北インドで隆盛を迎えたという歴史的事実を反映するものとも見られる。しかし対応する玄奘《げんじょう》訳『大般若波羅蜜多経』では、東南方から四五度ずつ回転して、最終的に東北方に至るとされ、これでは歴史的事実とは一致しなくなる。

また部派仏教のアビダルマの集大成である『阿毘達磨大毘婆沙論《あびだつまだいびばしゃ》』巻百二十六に、十二部教の「方広」に関して、「脇尊者言《きょうそんじゃ》わく。此の中、般若を説きて方広と名づく。事用《じゆう》大なるが故に」とあるのが注目されてきた。大乗の存在を無視してきた部派のアビダルマに、『般若経』が言及されるのは稀なことだからである。なお脇尊者（パールシュヴァ）は、カニシカ王が第四結集《けつじゅう》を主催した時、中心的役割を果たしたとされる人物である。このように二世紀には、『般若経』の存在は――支持するかどうかは別にして――部派仏教の側にも知られるようになっていたのである。

いっぽう『般若経』に対する科学的研究に眼を転じると、干潟龍祥博士（一八九二～一九九一）は、『大品般若経』（二万五千頌）から『小品般若経』（八千頌）が略出されたと考えたが、今日では『小品般若経』が先に成立し、それから『大品』『十万頌』の順に増広されたとするのが定説となっている。

さらに梶芳光運博士（一九〇四～一九八四）は『道行《どうぎょう》般若経』の「道行品」、『八千頌般若経』（梵本）「一切相智行品」Sarvākārajñatā-caryā-parivarta に相当する部分が、『般若経』の中で、最も早く成立した部分であるとして、『原始般若経』と呼んだ。この部分は、般若波羅蜜に基づく大乗の実践を説くが、文献量では『八千頌般若経』全体の一割にも満たない。また現行の『八千頌般若経』では、「一切相智行品」と呼ばれるが、これは『現観荘厳論《げんかんしょうごんろん》』の八現観・七十義の体系で、「一切相智」に相当する部分だからである。

なおインドでは、『二万五千頌般若経』に基づく『現観荘厳論』の解釈学を、ハリバドラ（八世紀後半）が『八千頌般若経』にも当てはめたため、小品系から十万頌までの『般若経』を、『現観荘厳論』に基づいて解釈することが一般的になった。そしてチベットで、大乗仏教の教理学として広く学ばれる般若学は、『現観荘厳論』に基づく『般若経』の解釈学なのである。

しかし小品系の『般若経』には一切相智・道種智・一切智の三智の概念はなく、玄奘訳の『大般若波羅蜜多経』（七世紀）も『現観荘厳論』の分科には一致しないので、その解釈学を『原始般若経』に当てはめることは、時代錯誤といえる。

そこで『原始般若経』の範囲については、冒頭から須菩提《しゅぼだい》と舎利弗の問答を中心に展開してきた部分が終わるまでと考えるのがよいと思われる。

小品系から大品系の『般若経』への発展は、必ずしも直線的ではなく、『八千頌』には存在しなかった部分が数章に亘って挿入されたり、『八千頌』の末尾に、『二万五千頌』の第七・第八現観に相当する部分が付加されたりしている。

ところが『二万五千頌』から『十万頌』への増広は非常に機械的で、『二万五千頌』の教理命題の主語を、五蘊《うん》・十二処・十八界・六触《そく》・六受・五界等に順次置換すれば、何十倍もの文献量になる。このように『十万頌般若経』は、きわめて繰り返しが多く、『大正大蔵経』でも数頁に亘って、同じ構文が反復される箇所がある。そこで『国訳一切経』（大東出版社）では、これらの反復を「通関法」によって省略し、『大正大蔵経』二冊分を、全四巻に収めているのである。

大品・小品系の『般若経』では、主要な対告衆は解空《げくう》第一とされる須菩提であり、特定の菩薩が重要な役割を果たすことはない。

冒頭の対告衆に列する菩薩衆（後述）も、本編ではほとんど活躍の場が与えられていない。その中にあって末尾に付された常啼《じょうたい》菩薩と法上《ほうじょう》菩薩の物語は、『般若経』において、在家菩薩が活躍する唯一の章節である。

なお呉の康僧会《こうそうえ》が訳した『六度集経《ろくどじっきょう》』には、常啼菩薩の物語に酷似する「常悲《じょうひ》菩薩本生」が説かれている。そのためこの物語は、別途流布していたジャータカから取り入れられたものと考えられるが、『六度集経』では、常悲菩薩が禅定から醒めると、眼前に現れていた諸仏は見えなくなり、菩薩は復た涙を流したとあって、必ずしもハッピーエンドとはなっていない。これは『般若経』以前の、『般舟三昧経』などに説かれる観仏三昧の限界を示すものと思われる。

なお「常啼品」「法上品」の二品は、小品系・大品系を問わず、最初期の漢訳（後半がない『光讃経』と『般若鈔経』を除く）にも含まれている。したがってこの物語は、すでに二世紀には『般若経』に取り入れられていたと考えられる。

3　基本的『般若経』以外のテキスト

長らく『般若経』の研究を進めてきた渡辺章悟教授は、「般若経の形成と展開」（『シリーズ大乗仏教』4、春秋社、二〇一三年所収）のなかで、『小品般若経』から『大品般若経』までの基本的『般若経』が成立した後に、「教説の個別化と韻文化の時期」を想定した。

このうち『ラトナグナサンチャヤ・ガーター』*Ratnaguṇasaṃcayagāthā* は、『八千頌般若経』の内容を偈文にまとめたもので、渡辺教授のいう「韻文化」を代表するテキストと見なされる。ただし渡辺教授は、『ラトナグナサンチャヤ・ガーター』の成立問題については、ほとんど論じていない。

本文献については、漢訳が北宋の『仏母宝徳蔵般若経』（大正二二九）まで下がることから、成立年代を下げる意見がある。ところが本偈は、典型的な仏教混成梵語で綴られており、韻律もトリシュトゥブ系の Vasantatilakā となっている。これは初期大乗経典の偈文に似ている。『ラトナグナサンチャヤ・ガーター』の成立時期については、今後慎重に検討することが必要であろう。

これに対して『金剛《こんごう》般若経』は、基本的『般若経』の系列外では『般若心経』に次いで普及したテキストであり、禅宗など東アジアの仏教に与えた影響も大きかった。渡辺教授は、これも「教説の個別化と韻文化の時期」に分類し、その成立年代も、四世紀まで下がるとした。『金剛般若経』については、鳩摩羅什《くまらじゅう》以前の漢訳が、失われたものを含めて存在しないなど、四世紀以後の成立と見る説もあるが、中村元博士は、岩波文庫版『般若心経・金剛般若経』の解題において、①『金剛般若経』は空《くう》思想を説いていながら、その中では「空」という語を用いていない。②この経典においては「小乗」に対する「大乗」という意識も明確ではない。③経典の形式が極めて簡潔で古形を示している。等の論拠を挙げて、本経が他の般若経典に先行する古いテキストであると述べている。また中村博士が、「普通の大乗経典では説法の会座に集った者どもを、ものものしく述べ立てるのが常であるが（中略）これは原始仏教聖典一般の書き出しかたと全く同じであり、大乗経典らしいところが少しもない」と述べているのは、注目に値する見解である。

これに対して『般若心経』には、日本で広く普及している小本の他に、大本と呼ばれるテキストがあり、チベット仏教圏では大本が読誦されている。その根幹部分は両者共通であるが、鳩摩羅什訳『大品般若経』「習応品《しゅうおうほん》」から抽出されたことが明らかになっている。しかし玄奘訳『大般若波羅蜜多経』の対応部分とは、かなり異なることが分かっている。現行の『般若波羅蜜多心経』は、玄奘が唐の太宗《たいそう》の冥福を祈って、鳩摩羅什の旧訳を急きょ改訳したものといわれる。そのため玄奘訳であるにもかかわらず、鳩摩羅什の『大品般若経』によく一致するという矛盾が生じたのであろう。

4　対告衆から見た『般若経』の成立

いっぽう対告衆から『般若経』を見ると、小品系の『般若経』には、対告衆として菩薩名の列挙が見られない。これに対して大品系の『般若経』には、比丘と菩薩の対告衆の列挙と、十方世界からの菩薩の来詣《らいげい》が説かれる。

これはブッダが『大般若経』を説くに先立って、眉間の白毫《びゃくごう》から光明を放つと、その光が十方世界に至り、十方世界の仏は、それぞれ一人の菩薩を娑婆《しゃば》世界の霊鷲山《りょうじゅせん》に遣わして、金色の蓮華を奉献し、『大般若経』を聴聞させたという物語である。十方世界の仏と菩薩の名は、表2の通りである。

いっぽう対告衆としては、『般舟三昧経』のバドラパーラ等の八人の在家菩薩（スシーマを欠く七尊）をはじめとする二三人から二四人の菩薩が説かれ、『十万頌般若経』では、これがさらに増広されている（表3参照）。

いっぽう『大品般若経』の註釈である『大智度論《だいちどろん》』は、対告衆の中で、なぜ在家菩薩のバドラパーラが最初に言及されたのかを、つぎのように説明している。

表２　大品系『般若経』の十方仏

		『大般若経』「第二会」	『大品般若経』	『二万五千頌般若経』梵本
東	如来	宝性如来	宝積如来	Ratnākara
	菩薩	普光菩薩	普明菩薩	Samantaraśmi
南	如来	無憂徳如来	無憂徳如来	Aśokaśrī
	菩薩	離憂菩薩	離憂菩薩	Vigataśoka
西	如来	宝焔如来	宝山如来	Ratnārcis
	菩薩	行慧菩薩	儀意菩薩	Cāritramati
北	如来	勝帝如来	勝王如来	Jāyendra
	菩薩	勝授菩薩	徳勝菩薩	Jayadatta
東北	如来	定象勝徳如来	欠	Samādhihastyuttamaśrī
	菩薩	離塵勇猛菩薩	欠	Vijayavikrāmin
東南	如来	蓮華勝徳如来	欠	Padmottamaśrī
	菩薩	蓮花手菩薩	欠	Padmahasta
西南	如来	日輪遍照勝徳如来	欠	Sūryamaṇḍalapratibhāsottamaśrī
	菩薩	日光明菩薩	欠	Sūryaprabhāsa
西北	如来	一宝蓋勝如来	欠	Ekacchatra
	菩薩	宝勝菩薩	欠	Ratnottama
下	如来	蓮華徳如来	善徳如来	Padmaśrī
	菩薩	蓮花勝菩薩	花上菩薩	Padmottara
上	如来	喜徳如来	喜徳如来	Nandaśrī
	菩薩	喜授菩薩	徳喜菩薩	Nandadatta

「問うて曰《いわ》く。是の如き等の菩薩は衆多なり。何を以てか独《ひと》り二十二菩薩の名を説くや。答えて曰く。諸《もろもろ》の菩薩は無量千万億にして説き尽くす可《べか》らず。若《も》し都《すべ》て説くも。文字の載《の》すること能《あた》はざる所なり。復次《また》に是の中に二種の菩薩あり。居家《こけ》と出家となり、善守（＝バドラパーラ）等の十六の菩薩は、是れ居家の菩薩なり。颰陀婆羅（＝バドラパーラ）居士菩薩は、是れ王舎城の旧人《くにん》、宝積王子菩薩は、是れ毘耶離国の人。星得長者子菩薩は、是れ瞻波国の人。導師居士菩薩は、是れ舎婆提国の人。那羅達婆羅門菩薩は、是れ弥梯羅国の人。水天は、優婆塞《うばそく》の菩薩なり。慈氏妙徳菩薩等は、是れ出家の菩薩なり。観世音菩薩等は、他方の仏土より来《きた》れり。若し居家を説かば、一切の居家の菩薩を摂《せっ》す。出家他方も亦《また》是の如し。問うて曰く。善守菩薩は何の殊勝なること有りてか、最も前に在って説くや。若し最大なるものを前に在《お》かば、応《まさ》に遍吉・観世音・得大勢菩薩等を説くべし。若し最小なるものを前に在かば、応に肉身初発意《しょほっち》菩薩等を説くべし。答えて曰く。大を以《もっ》てせず、小を以てせず、善守菩薩は是れ王舎城の旧人《くにん》、白衣《びゃくえ》の菩薩の中にて最大なるを以て、仏、王舎城に在《いま》して、般若波羅蜜を説きたまはんと欲《ほっ》す。是を以ての故に最も前に在って説くなり。復次《また》に、是の善守菩薩は無量の種種の功徳あり。般舟三昧の中の如き。仏自《みづか》ら現前《げんぜん》に其《その》功徳を讃じたまふ」（読み下しは『国訳大蔵経』論部一［第一書房］を参照した）

19. 現音声	19. 光世音	18. 観世音	18.Avalokiteśvara	25.Avalokiteśvara
			19.Mahāsthāmaprāpta	26.Mahāsthāmaprāpta
20. 哀雅威？	20. 漸首	19. 文殊師利	20.Mañjuśrī	27.Mañjuśrī
				28.Mārabalapramardin
			21.Vajramati	29.Vajramati
21. 宝印手	21. 宝印首	20. 執宝印	22.Ratnamudrāhasta	30.Ratnamudrāhasta
22. 常挙手	22. 常挙手	21. 常挙手	23.Nityotkṣiptahasta	31.Nityotkṣipta
	23. 常下手	22. 常下手		
				32.Mahākaruṇācintin
				33.Mahāvyūha
				34.Graharāja
				35.Merukūṭa
23. 慈氏	24. 慈氏	23. 弥勒	24.Maitreya	36.Maitreya

表3　大品系『般若経』の対告衆

『放光経』	『光讃経』	『大品般若経』	『二万五千頌般若経』	『十万頌般若経』
1. 護諸繋	1. 颰陀和	1. 颰陀婆羅	1.Bhadrapāla	1.Bhadrapāla
2. 宝来	2. 羅隣那竭	2. 剌那伽羅	2.Ratnākara	2.Ratnākara
				3.Ratnadatta
3. 導師	3. 摩訶須菩和	3. 導師(Sārthavāha)	3.Sārthavāha	4.Susārthavāha
4. 龍施	4. 那羅達	4. 那羅達	4.Naradatta	5.Naradatta
5. 所受則能説	5. 嬌日兜	5. 星得(Grahagupta)	6.Śubhagupta	6.Guhagupta
6. 雨天	6. 和輪調	6. 水天	5.Varuṇadatta	7.Varuṇadeva
7. 天王	7. 因坻	7. 主天	7.Indradatta	8.Indradeva
8. 賢護	8. 賢守			9.Bhadrapāla（重出）
9. 妙意	9. 妙意	8. 大意	8.Uttaramati	10.Uttaramati
10. 有持意	10. 持意	9. 益意	9.Viśeṣamati	11.Viśeṣamati
11. 増益意	11. 増意	10. 増意	10.Vardhamānamati	12.Vardhamānamati
				13.Anantamati
12. 現無癡	12. 不虚見	11. 不虚見	11.Amoghadarśin	14.Amoghadarśin
				15.Anāvaraṇamati
13. 善発	13. 立願？	12. 善進	12.Susaṃprasthita	16.Susaṃprasthita
14. 過歩	14. 周旋	13. 勢勝	13.Suvikrāntavikrāmin	17.Suvikrāntavikrāmin
				18.Anantavīrya
15. 常応	15. 常精進応	14. 常懃	14.Nityodyukta	19.Nityodyukta
				20.Nityaprayukta
16. 不置遠	16. 不置遠	15. 不捨精進	15.Anikṣiptadhura	21.Anikṣiptadhura
17. 懐日蔵	17. 日盛	16. 日蔵	16.Sūryagarbha	22.Sūryagarbha
				23.Candragarbha
18. 意不缺減	18. 無吾我	17. 不缺意	17.Anupamacintin	24.Anupamamati

このように『大智度論』は、『大品般若経』の在家菩薩が『般舟三昧経』に由来することを自ら認めている。しかも観音《かんのん》・文殊《もんじゅ》・弥勒《みろく》等の大菩薩を差し置いて、先にバドラパーラ等の在家菩薩を列したのは、彼らが娑婆世界の菩薩であり、『般若経』の正機であることを示すものといえる。

なお『大智度論』は、『大品般若経』の二二尊の対告衆のうち、バドラパーラをはじめとする一六尊を在家菩薩と見なしている。

いっぽう他の大乗仏典には、バドラパーラを初めとする「十六正士《しょうじ》」あるいは「十六大士《だいし》」「十六賢士《けんじ》」「十六丈夫衆《じょうぶしゅ》」「十六在家菩薩」と呼ばれる一連の菩薩群が説かれている。

このうち漢訳仏典で十六正士の一々の尊名を列挙するのは、鳩摩羅什訳『思益梵天所問経《しやくぼんてんしょもんきょう》』と、その異訳である竺法護《じくほうご》訳『持心《じしん》梵天所問経』、菩提流支《ぼだいるし》訳『勝思惟《しょうしゆい》梵天所問経』の三本だけであるが、サンスクリットでは、『法華経』『悲華《ひけ》経』の原典が、十六正士の名を列挙している。そのリストには若干の出入があるが、何れも『般舟三昧経』の八菩薩のうち、スシーマを除く七人に、九名を増補したものになっており、大品系『般若経』の二三人から二四人の対告衆のうち、最初の一六人にほぼ一致することが分かる（表4参照）。

つまりバドラパーラ等の十六正士とは、『般舟三昧経』の八菩薩を、ほぼ二倍に拡張したものである。

表4　十六正士

『大品般若』	『光讃経』	『般若経』(梵本)	『法華経』(梵本)	『持心』	『思益』	『勝思惟』
1. 颰陀婆羅◎	1. 颰陀和	1) Bhadrapāla	1) Bhadrapāla	1. 賢護	1. 跋陀婆羅	1. 跋陀婆羅
2. 刺那伽羅◎	2. 羅隣那竭	2) Ratnākara	2) Ratnākara	2. 宝事	2. 宝積	2. 宝積
3. 導師◎	3. 摩訶須菩和	3) Sārthavāha	3) Susārthavāha	14. 善導	14. 導師	3. 善将導
4. 那羅達◎	4. 那羅達	4) Naradatta	4) Naradatta			4. 人徳
5. 星得◎	5. 嬌日兜	6) Guhagupta	5) Guhyagupta	3. 恩施	3. 星徳	5. 善護徳
6. 水天◎	6. 和輪調	5) Varuṇadatta	6) Varuṇadatta	5. 水天	5. 水天	6. 大海徳
7. 主天◎	7. 因坻	7) Indradatta	7) Indradatta	4. 帝天	4. 帝天	7. 帝釈王徳
	8. 賢守					
8. 大意	9. 妙意	8) Uttaramati	8) Uttaramati	7. 上意	7. 大意	8. 上意
9. 益意	10. 持意	9) Viśeṣamati	9) Viśeṣamati	8. 持意	8. 殊勝意	9. 勝意
10. 増意	11. 増意	10) Vardhamānamati	10) Vardhamānamati	9. 増意	9. 増意	10. 増上意
11. 不虚見	12. 不虚見	11) Amoghadarśin	11) Amoghadarśin	11. 不虚見	11. 不虚見	11. 不空見
12. 善進	13. 立願？	12) Susaṃprasthita	12) Susaṃprasthita	10. 善建	10. 善発意	12. 善住
	14. 周旋					
14. 常懃	15. 常精進応	14) Nityodyukta				
15. 不捨精進	16. 不置遠	15) Anikṣiptadhūra		12. 不置遠	12. 不休息	15. 不休息
13. 勢勝		13) Suvikrāntavikrāmin	13) Suvikrāntavikrāmin	6. 賢力	6. 善力	13. 善奮迅
		17) Anupamacintin	14) Anupamamati	13. 不損意	13. 不少意	14. 無量意
16. 日蔵	17. 日盛	16) Sūryagarbha	15) Sūryagarbha	15. 日蔵	15. 日蔵	16. 日蔵
			16) Dharaṇīṃdhara	16. 持地	16. 持地	17. 持地

◎を付したのは『般舟三昧経』の八人の在家菩薩に対応する者

またチベット訳とサンスクリット原典が残存するテキストを参照すると、「正士」「大士」「賢士」など、漢訳の訳語は異なっているが、その原語は何れもサトプルシャ sat-puruṣa（善き人）であることが分かる。

なお前述のF・エジャトンは sat-puruṣa について、「彼等は明らかに在家の部類に属しており、菩薩のリストの直後に言及されている。ポール・ミュス Paul Mus 教授（口頭による情報）によれば、彼等は、居士 gṛhapati の生活を送る一種の在家菩薩である。またミュス教授は、中国仏教で有名な維摩居士に、在家菩薩の典型例を見いだしている（以下略）」と述べている。また岩本裕博士も、『法華経』（岩波文庫）の中で、sat-puruṣa を「在俗のまま、さとりを求める人を意味する」と注記している。

さらに『大宝積経』「無盡慧菩薩会《むじんえぼさつえ》」で、菩提流志が sat-puruṣa を「十六在家菩薩」と訳したのも、『大智度論』と同じく、sat-puruṣa が単なる「善き人」ではなく、在家の菩薩とする伝統があったからと思われる。

『般舟三昧経』の在家菩薩に増広された九人の菩薩を見ると、不空見《ふくうけん》（不虚見）Amoghadarśin は『念仏三昧《ねんぶつさんまい》経』の対告衆であり、『文殊支利普超三昧経』の二十五正士にも含まれる。いっぽう善勇猛《ぜんゆうみょう》（勢勝）菩薩 Suvikrāntavikrāmin は、渡辺教授が「発展的般若経」に分類した『善勇猛般若経』の対告衆である。しかも不空見と善勇猛に相当する菩薩は、鳩摩羅什以前の古訳から対告衆に列している。したがって大品の編集者は、『念仏三昧経』『善勇猛般若経』を知っていた可能性が高い。

5 『般舟三昧経』の八菩薩のその後

このように、『般舟三昧経』の八人の在家菩薩を増広した十六正士は、「十六大士」「十六丈夫衆」「十六賢士」「十六善大丈夫」「十六在家菩薩」等、訳語は様々であるが、少なくとも二四篇の漢訳仏典（同本異訳を含む）に説かれている（表5参照）。

しかもこれらには一定の傾向があり、後漢から五胡十六国までに初訳された初期大乗・陀羅尼経典が多く、『華厳経』類を含まないという特徴がある。『華厳経』は仏成道の直後に説かれたとされ、まだ娑婆世界に在家信徒は存在しなかった。またその後は天界に説処を移すが、『般舟三昧経』の八菩薩は生身の人間であり、『華厳経』の説処に列するには相応しくないと考えられたからであろう。

『般舟三昧経』の八人の在家菩薩は、初期大乗経典にも「八正士」あるいは「颰陀和等八人」として言及されている。『賢劫経《げんごうきょう》』は「跋陀和等八大正士」、『如幻三昧経《にょげんさんまいきょう》』は「解縛之等八正士」と、十六正士に増広される前の古形を留めている。とくに『賢劫経』は、初期大乗の中でも古層に属するとされるが、なお『般舟三昧経』の影響が認められるのは注目に値する。いっ

思益梵天所問経（No.586） 跋陀婆羅等十六賢士。跋陀婆羅菩薩・宝積菩薩・星徳菩薩・帝天菩薩・水天菩薩・善力菩薩・大意菩薩・殊勝意菩薩・増意菩薩・善発意菩薩・不虚見菩薩・不休息菩薩・不少意菩薩・導師菩薩・日蔵菩薩・持地菩薩（大正 Vol.15, 33b8-13）
勝思惟梵天所問経（No.587） 跋陀婆羅等上首十六大賢士。其名曰跋陀婆羅菩薩・宝積菩薩・善将導菩薩・人徳菩薩・善護徳菩薩・大海徳菩薩・帝釈王徳菩薩・上意菩薩・勝意菩薩・増上意菩薩・不空見菩薩・善住菩薩・善奮迅菩薩・無量意菩薩・不休息菩薩・日蔵菩薩・持地菩薩（大正 Vol.15, 62b12-17）
海龍王経（No.598） 解縛等十六正士（大正 Vol.15, 132a5-6）
観仏三昧海経（No.643） 跋陀婆羅十六賢士（大正 Vol.15, 645c7-646a1）
菩薩瓔珞経（No.656） 十六大聖颰陀和等（大正 Vol.16, 1b8）
華手経（No.657） 跋陀婆羅菩薩・宝積菩薩・導師菩薩・星得菩薩・那羅達菩薩・因陀達菩薩・水天菩薩・梵天菩薩（大正 Vol.16, 127a19-22）
宝雲経（No.658） 跋陀婆羅等十六賢士（大正 Vol.16, 209）
大乗宝雲経（No.659） 十六大士賢護菩薩以為上首（大正 Vol.16, 241b10-11）
宝雨経（No.660） 十六善大丈夫。賢護菩薩而為上首（大正 Vol.16, 283c26）
大方広如来秘密蔵経（No.821） 賢護等十六大士（大正 Vol.17, 838a7）
請観世音消伏毒害陀羅尼呪経（No.1043） 跋陀婆羅菩薩。与其同類十六人（大正 Vol.20, 34b18-19）
勝幢臂印陀羅尼経（No.1363） 跋陀波羅。十六大士而為上首（大正 Vol.21, 882c8-9）
妙臂印幢陀羅尼経（No.1364） 并賢護等十六丈夫。（大正 Vol.21, 883b7）

表５　八正士・十六正士を説く経典

大般若波羅蜜多経第六分（No.230） 賢首菩薩等。十六賢菩薩（大正 Vol.7, 921b26）
勝天王般若波羅蜜経（No.231） 十六賢士跋陀婆羅菩薩為上首（大正 Vol.8, 678b5）
大方広菩薩十地経（No.308） 跋陀波羅等十六正士（Vol.10, 963b）
大宝積経無量寿如来会（No.310, 5） 賢護等十六丈夫衆（大正 Vol.11, 91c14-15）
大宝積経無畏徳菩薩会（No.310, 32） 跋陀波羅菩薩・宝相菩薩・羅睺菩薩・釈天菩薩・水天菩薩・上意菩薩・勝意菩薩。増上意菩薩摩訶薩（大正 Vol.11, 550b20-22）
大宝積経浄信童女会（No.310, 40） 十六大士賢護菩薩而為上首（大正 Vol.11, 623b13-14）
大宝積経無盡慧菩薩会（No.310, 45） 十六在家菩薩。跋陀婆羅而為上首（大正 Vol.11, 648a15-16）
大宝積経宝髻菩薩会（No.310, 47） 解縛菩薩等。十六正士（大正 Vol.11, 657b13）
護国尊者所問大乗経（No.321） 賢護菩薩摩訶薩等十六人（大正 Vol.12, 1a16-17）
阿闍貰王女阿術達菩薩経（No.337） 颰陀和等八人。皆如颰陀和類。颰陀和菩薩・宝満菩薩・福日兜菩薩・因提達菩薩・和倫調菩薩・常念菩薩・念益於世間菩薩・増益世間功徳菩薩（大正 Vol.12, 84a11-12）
如幻三昧経（No.342） 解縛之等八正士（大正 Vol.12, 134b14）
無量寿経（No.360） 賢護等十六正士（大正 Vol.12, 265c17）
大阿弥陀経（No.364） 賢護等十六正士（大正 Vol.12, 327b21-22）
賢劫経（No.425） 跋陀和等八大正士（大正 Vol.14, 1b19-20）
除蓋障菩薩所問経（No.489） 賢護等十六大士（大正 Vol.14, 704c24）
持心梵天所問経（No.585） 賢護之等十六正士。賢護・宝事・恩施・帝天・水天・賢力・上意・持意・増意・善建・不虚見・不置遠・不損意・善導・日蔵・持地（大正 Vol.15, 1a14-17）

ぽう『如幻三昧経』では、最古の竺法護訳のみに「解縛之等八正士」が出るが、それ以後の毘《び》目智仙《もくちせん》訳（北魏）と達摩崛多《だつまぎゅうた》訳（隋）では、同様の対告衆を列するにも拘わらず八正士は削除されている。

いっぽう『華手経《けしゅ》』では、カピラヴァストゥ出身のスシーマが梵天菩薩に変化し、『大宝積経』「無畏徳菩薩会《むいとくぼさつえ》」では、⑥摩訶須薩和、⑦那羅達、⑧須深が上意、勝意、増上意に入れ替わっている。なおこれら三菩薩は、大品系『般若経』の十六正士において、『般舟三昧経』の八菩薩の次に挙げられた菩薩である。したがって『大宝積経』「無畏徳菩薩会」の編者は、明らかに大品系の十六正士を知っていたことになる。このように『般舟三昧経』の八人の在家菩薩は、次第に他の対告衆の菩薩衆に吸収されていく。これは『般舟三昧経』の地位の低下とともに、大乗仏教の草創期において、在家菩薩が果たした役割が忘れられたことを暗示している。

6 『般若経』と文殊菩薩

大乗仏教の代表的な菩薩である文殊《もんじゅ》は、般若の智慧を象徴する菩薩とされている。文殊菩薩が左手に持つ経典は『般若経』の梵篋《ぼんきょう》であるし、インド・ネパールの『八千頌般若経』の写本にも、文殊がしばしば描かれている。さらに『大般若波羅蜜多経』の第七会も文殊が主人公となる『文殊般若』であるが、基本的『般若経』には、文殊菩薩がほとんど登場しない。

小品系の『道行般若経』では冒頭に弥勒と文殊、『大明度経《だいみょうどきょう》』では敬首、つまり文殊のみが対告衆として言及されるが、鳩摩羅什訳『小品般若経』や『八千頌般若経』梵本では、それすら削除されている。

いっぽう大品系では冒頭の対告衆の中に文殊が出るが、それ以外の出現例は一箇所だけである。それは「序品」で、普花仏の花積《けしゃく》世界に居る菩薩として言及されるが、これを鳩摩羅什は「妙徳」と訳して、文殊師利としていない。つまり鳩摩羅什は、冒頭の対告衆に出る文殊師利と、他土菩薩のマンジュシュリーを別の尊格と考えたのである。

なお著者がローマ字化テキストを刊行した密教的な文殊菩薩＝文殊金剛の成就法『文殊金剛口伝』*Mañjuvajramukhyākhyāna* では、文殊の浄土をコーカンディー Kokandī 世界としている。これは『華厳経』「如来名号品」（本書第八章参照）で文殊の本国とされる東方不動智如来の金《こん》色《じき》世界の原語ではないかと思われる。

いっぽう竺法護訳『文殊師利浄律経《もんじゅしりじょうりつきょう》』（大正四六〇）では、文殊の本国は東方宝英如来の宝氏世界とされている。竺法護の訳例では宝英の原語は宝幢《ほうどう》 Ratnaketu である可能性が高いので、胎蔵《たいぞう》四仏の東方宝幢如来の先駆的出現例として注目される。しかし初期密教経典『文殊師利根本儀軌経』（大正一一九一）では、文殊の本国は開華王《かいけおう》如来の東北方開華世界とされており、胎蔵曼荼羅では文殊は東方宝幢如来ではなく、南方開敷華王如来と関係づけられている。

このように初期大乗仏典では、観音《かんのん》・大勢至《だいせいし》は極楽浄土、香象《こうぞう》菩薩は阿閦《あしゅく》如来の妙喜《みょうき》世界と、本国の名が定まっているのに対し、文殊については本国の名も、浄土の仏の名も一定していない。

また派生的『般若経』では文殊が大活躍するのに、どうして基本的『般若経』には、文殊がほとんど登場しないのかも謎である。さらに後述の『諸法無行経《しょほうむぎょうきょう》』では、煩悩即菩提の先駆的思想を説いた喜根《きこん》法師を誹謗した罪で地獄に堕ちた勝意《しょうい》菩薩は、文殊の前世とされている。これはおそらく文殊が出家菩薩、あるいは具足戒を受けないまでも梵行優婆塞《ぼんぎょううばそく》の代表者とされたからと思われる。

つまり『大智度論』の所説のように、基本的『般若経』は当初、バドラパーラをはじめとする娑婆世界の在家菩薩を正機《しょうき》としていたのである。

7 まとめ

『般若経』は、大乗仏教の基本的聖典であるが、それには内容や文献量が異なる複数の経典が存在する。これらの成立過程は謎に包まれていたが、現在では『八千頌般若経』の一割方に相当する『原始般若経』から、小品系『般若経』→大品系『般若経』→『十万頌般若経』の順に発展したと見るのが通説となっている。これら一連の『般若経』類を叢書化したのが、玄奘訳

『大般若波羅蜜多経』（六〇〇巻）であるが、『チベット大蔵経』の「般若部」に含まれる経典群と比較すると、漢訳にあってチベット訳にないもの、チベット訳にあって漢訳にないものがある。

なお大品系の『般若経』では二〇名を超える対告衆を列するが、その冒頭に挙げられるのは、『般舟三昧経』に説かれた八人の在家菩薩（スシーマを欠く）である。そして『般舟三昧経』の在家菩薩を二倍に増広した「十六正士」は、初期大乗仏典において、代表的な在家菩薩の対告衆として、しきりと言及されるようになった。

第七章　浄土経典、『法華経』『維摩経』の対告衆と参照関係

1　はじめに

インドに興った大乗仏教は、シルクロードを経て中国に伝えられ、さらに朝鮮半島・日本・ヴェトナムなどの東アジア全域に伝播した。

東アジアの仏教では、大乗仏教の基本聖典である『般若経《はんにゃ》』よりも、浄土経典や『法華経《ほけ》』など、初期大乗仏典に属するが、個別のトピックを扱った仏典が歓迎され、多くの信徒を獲得した。

東アジアにおいて、大乗仏教が広く民衆の間に根を下ろしたのは、これらの大乗仏典と、鳩《く》摩羅什《まらじゅう》をはじめとする訳経家の名訳があったからに他ならない。

そこで本章では、日本仏教の根幹をなす浄土経典と『法華経』、そして在家居士《こじ》の維摩《ゆいま》（ヴィマラキールティ）が活躍する『維摩経』の対告衆《たいごうしゅ》を見ることにしたい。

2　浄土経典の成立

日本仏教は、浄土系・法華系・禅系・密教系に大別されるが、そのうち最大勢力を誇るのは浄土系である。その根本聖典は『無量寿経《むりょうじゅ》』、『阿弥陀経《あみだ》』、『観無量寿経《かんむりょうじゅ》』の浄土三部経であるが、このうちサンスクリット原典・チベット訳が存在し、インド成立が確実なのは『阿弥陀経』と『無量寿経』であるから、その成立問題を考えてみよう。

なお私は、他土仏信仰の中では東方阿閦《あしゅく》如来が先に成立し、阿弥陀如来と極楽浄土の信仰は、阿閦信仰を参照しつつも、それをさらに超えるものとして構想されたと説明してきた。『阿弥陀経』の六方段には、東方阿閦鞞仏《あしゅくび》、つまり阿閦如来が出るのに対し、『阿閦仏国経《あしゅくぶっこく》』には阿弥陀如来への言及が見られないからである。しかし、これについては異論もあるので、もう一度、この問題について考えてみよう。

『阿弥陀経』の対告衆の菩薩名列挙は人数が少なく、ネパール系梵本で五名、鳩摩羅什訳が四名、玄奘《げんじょう》訳も四名に過ぎない。チベット訳に至っては、弥勒《みろく》を挙げるのみである（表1参照）。しかしその中に、乾陀訶提すなわち香象《こうぞう》**Gandhahastin**が含まれるのが注目される。この菩薩は『阿閦仏国経』に、東方妙喜《みょうき》世界の菩薩として言及されている。つまり『阿弥陀経』の編集者が、『阿閦仏国経』を参照していたことは、この事実からも裏づけられるのである。

表1 『阿弥陀経』の対告衆

『阿弥陀経』	『称讃浄土仏摂受経』	Sukhāvatīvyūha（梵本）	チベット訳
1. 文殊師利法王子	1. 妙吉祥菩薩	1.Mañjuśrī	
2. 阿逸多菩薩	2. 無能勝菩薩	2.Ajita	1.byams pa
3. 乾陀訶提菩薩		3.Gandhahastin	
4. 常精進菩薩	3. 常精進菩薩	4.Nityodyukta	
	4. 不休息菩薩	5.Anikṣiptadhura	

これに対して『無量寿経』では、事情が複雑になる。そこで以下では、『無量寿経』の成立事情と参照経典について考えてみよう。

康僧鎧《こうそうがい》訳とされる現行の『無量寿経』には、多数の対告衆の菩薩名列挙があるが、先行する支婁迦讖《しるかせん》訳と支謙《しけん》訳には、対告衆の列挙が見られない。つまり『無量寿経』では、現行テキストの成立前に、より原初的な『無量寿経』が存在したのである。現行テキストと同様の対告衆の列挙は『大宝積経《だいほうしゃくきょう》』「無量寿如来会」にも見られるが、ネパール系梵本やチベット訳にも欠けている。

つまり『金光明経《こんこうみょうきょう》』（本書第一一章参照）と同じく、現行の『無量寿経』に見られる対告衆の列挙は、成立当初には存在せず、その後のインドでも普及していたとは言いがたいということになる。この事実を踏まえながら、現行テキストの成立について考えてみよう。

現行の『無量寿経』の対告衆の列挙には、「賢護等十六正士《しょうじ》」が含まれる。この事実から、現行テキストは、八正士を説く『般《はん》舟三昧経《じゅさんまいきょう》』だけでなく、十六正士とほぼ同じ対告衆が現れる『大品般若経《だいぼんはんにゃきょう》』より後であることが分かる。いっぽう対告衆には、香象と宝英《ほうえい》が連続して現れる。このうち香象は『阿弥陀経』の乾陀訶提と同じ『阿閦仏国経』由来の菩薩である。これに対して宝英は、「無量寿如来会」では宝幢《ほうどう》となっており、原語はラトナケートゥ Ratnaketu と推定される。Ratnaketu という名の菩薩は多くの大乗仏典に登場し、その起源は一つではないが、『阿閦仏国経』にも同名の菩薩が出てくる。**Gandhahastin** と **Ratnaketu** を並んで対告衆に列する現行の『無量寿経』の編者は、『阿閦仏国経』を参照していたと考えられる（表2）。

以上の考察から、『阿弥陀経』の編者は『阿閦仏国経』を参照していたことが確認できる。いっぽう現行の『無量寿経』には、東方阿閦如来についての直接の言及はないが、前述のように香象 **Gandhahastin** と宝英 **Ratnaketu** を連続して対告衆に列しており、やはり『阿閦仏国経』を参照していたことを示唆している。これに対して支婁迦讖訳と支謙訳は、冒頭に対告衆の菩薩を列しておらず、『阿閦仏国経』を参照したことを示唆する箇所は見いだせない。

そのため原『無量寿経』の成立年代を、対告衆などの登場人物から推定することは不可能と思われるが、ここに一つの興味深い事実がある。支婁迦讖訳と支謙訳には、遠い未来に阿弥陀如来が涅槃《ねはん》に入った後、廬楼亘（＝観音《かんのん》）が成仏して極楽浄土を引き継ぎ、さらに観音が涅槃に入った後は、摩訶那鉢（＝大勢至《だいせいし》）が成仏して極楽浄土を継承すると説かれている。

表２『無量寿経』の対告衆

『無量寿経』	「無量寿如来会」	『大阿弥陀経』(王日休)	梵本
1. 普賢菩薩	1. 普賢菩薩	1. 普賢菩薩	
2. 妙徳菩薩	2. 文殊師利菩薩	2. 妙徳菩薩	
3. 慈氏菩薩等	3. 弥勒菩薩等	3. 慈氏菩薩等	1.Maitreya
此賢劫中一切菩薩	及賢劫中諸菩薩摩訶薩	此賢劫中一切菩薩	
4. 賢護等十六正士	4. 賢護等十六丈夫衆	4. 賢護等十六正士	
5. 善思議菩薩	5. 善思惟菩薩	5. 善思議菩薩	
6. 信慧菩薩	6. 慧辯才菩薩	6. 信慧菩薩	
7. 空無菩薩	7. 観無住菩薩	7. 空無菩薩	
8. 神通華菩薩	8. 善化神通菩薩	8. 神通華菩薩	
9. 光英菩薩	9. 光幢菩薩		
10. 慧上菩薩	10. 智上菩薩		
11. 智幢菩薩	11. 智幢菩薩		
12. 寂根菩薩	12. 寂根菩薩		
13. 願慧菩薩	13. 慧願菩薩		
14. 香象菩薩	14. 香象菩薩		
15. 宝英菩薩	15. 宝幢菩薩		
16. 中住菩薩			
17. 制行菩薩			
18. 解脱菩薩			

なお『阿閦仏国経』では、阿閦如来が涅槃に入った後、香象菩薩が妙喜世界を継承するとされており、この方が他土仏経典の古形を保存するものと思われる。ところがこの一節は、阿弥陀如来が永遠の寿命をもつとする思想に反するため、現行の『無量寿経』では削除されてしまった。

ところが劉宋の曇無竭《どんむかつ》訳『観世音菩薩授記経《かんぜおんぼさつじゅき》』も、阿弥陀如来が涅槃に入った後、観音・得大勢（＝大勢至）が極楽浄土を継承すると説いている。同経の冒頭には対告衆の菩薩を列する（表3参照）が、それを見ると、『般舟三昧経』の八菩薩のうちナラダッタからバドラパーラまでの五人が含まれている。さらに対告衆には現無礙（痴）菩薩（＝不空見《ふくうけん》）が含まれるが、これは観仏経典のうち『般舟三昧経』についで古い『念仏三昧経《ねんぶつさんまい》』の主要な対告衆である。また経典の本文にも「念仏三昧」の語が現れるから、『観世音菩薩授記経』の編者は、『般舟三昧経』や『念仏三昧経』の存在を知っていたことになる。

原『無量寿経』に存在するが、現行の『無量寿経』では削除されてしまった記述を含む『観世音菩薩授記経』の編者が、『般舟三昧経』や『念仏三昧経』の存在を知っていた以上、原『無量寿経』の成立も、『般舟三昧経』までは上げられないと思われる。これは本書第五章の結論に一致する。

したがって浄土経典の相対的前後関係は、一一五頁の図のようになる。阿閦と阿弥陀という

表３　『観世音菩薩授記経』の対告衆

『観世音授記経』	『如幻三摩地無量印法門経』	チベット訳(東北 No.130)	『十万頌般若経』
1. 師子菩薩	1. 師子菩薩	1.seṅ ge'i seṅ ge	
2. 師子意菩薩	2. 師子意菩薩	2.seṅ ge'i blo gros	
3. 安意菩薩	3. 善住意菩薩	3.legs par gnas pa'i blo gros	
4. 無喩意菩薩	4. 勝思惟菩薩	4.dpe med blo gros	24.Anupamamati
5. 持地菩薩	5. 持世菩薩	5.sa 'dzin	
6. 般(那)羅達菩薩	6. 人授菩薩	6.mes (=mis) byin	5.Naradatta ◎
7. 神天菩薩	7. 水天菩薩	7.chu lha	7.Varuṇadeva ◎
8. 実(宝)事菩薩	8. 宝積菩薩	8.dkon mchog 'byuṅ gnas	2.Ratnākara ◎
9. 伽睺多菩薩	9. 隠密菩薩	9.phug sbas	6.Guhagupta ◎
10. 賢力菩薩	10. 賢護菩薩	10.bzaṅ skyoṅ	1.Bhadrapāla ◎
11. 明天菩薩	11. 電天菩薩	11.glog lha	
12. 愛喜菩薩	12. 遍照菩薩	12.rnam par snaṅ byed	
13. 文殊師利菩薩	17. 妙吉祥童真菩薩	13.'jam dpal gźon nur gyur pa	27.Mañjuśrī
14. 智行菩薩	13. 智積菩薩	14.ye śes 'byuṅ gnas	
15. 専行意菩薩	14. 不休息菩薩	15.brtson pa mi gtoṅ	21.Anikṣiptadhura
16. 現無礙(痴)菩薩	15. 不空見菩薩	16.mthoṅ ba don yod	14.Amoghadarśin
17. 弥勒菩薩	16. 慈氏菩薩	17.byams pa	36.Maitreya

◎を付したものは『般舟三昧経』の八人の在家菩薩と重複している菩薩。

浄土経典の相対的前後関係

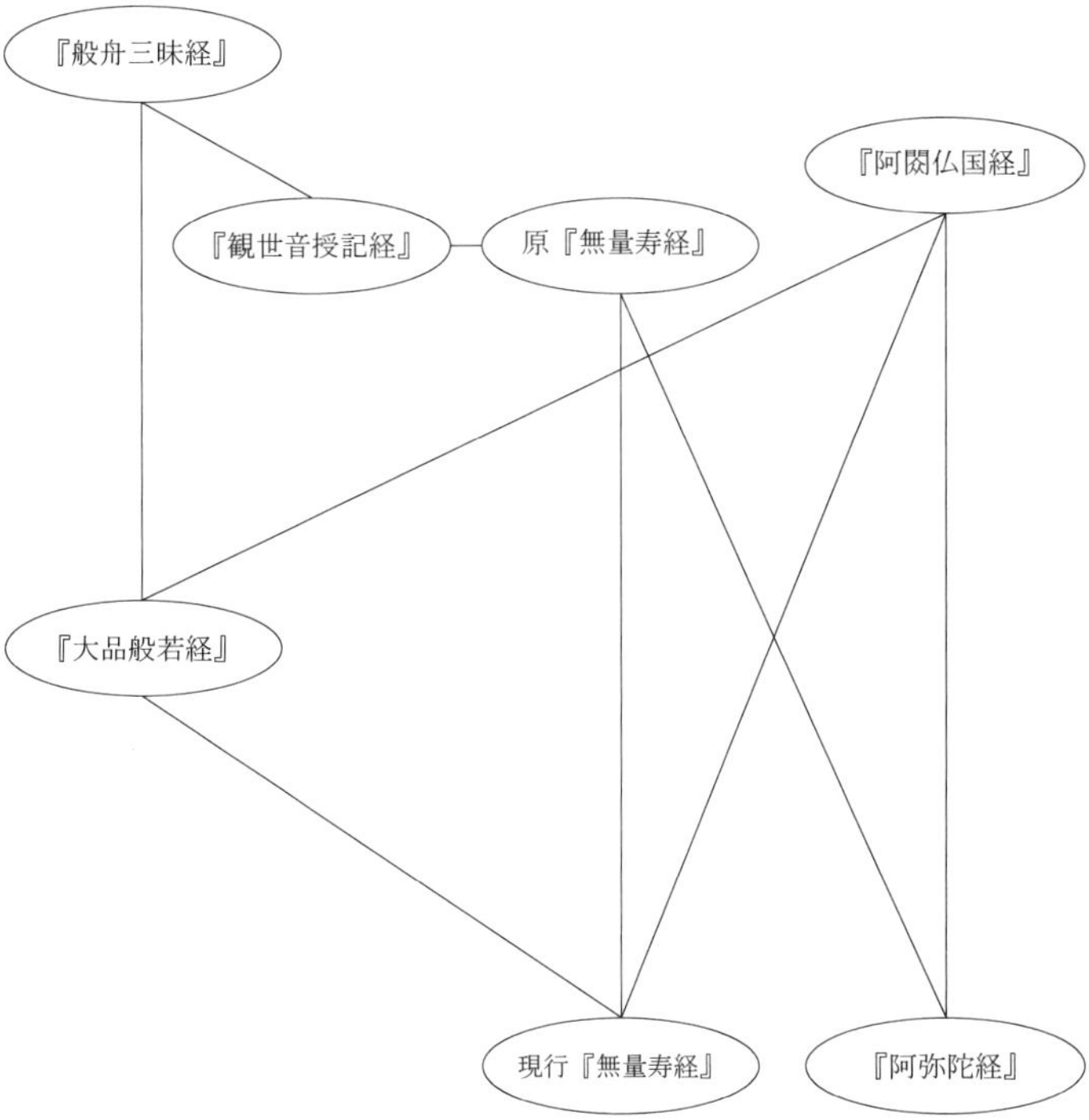

初期大乗を代表する他土仏信仰の前後関係については、さらなる検討が必要であるが、私は、『阿閦仏国経』は『阿弥陀経』や現行の『無量寿経』より古く、さらに原『無量寿経』よりも古かったと考えている。

3 『法華経』の対告衆

それではつぎに、日本仏教において浄土信仰と勢力を二分する法華信仰の原典、『法華経』の対告衆について見ることにしたい。

まず『法華経』と、『般舟三昧経』の八菩薩と、その増広形態である十六正士の関係を見ることにしよう。『法華経』（完本）の初訳である竺法護《じくほうご》『正法華経《しょうほっけきょう》』では、文殊・観音等の大菩薩の後に、解縛《げばく》つまりバドラパーラ等の『般舟三昧経』の八正士のうちスシーマを除く七名が列せられ、最後に慈氏《じし》つまり弥勒で締めくくられていた。これに対して鳩摩羅什訳『妙法蓮華経《みょうほうれんげきょう》』では、『般舟三昧経』起源の八人の在家菩薩が削減され、バドラパーラ、ラトナーカラ、スサールタバーハの三名を残すのみとなった（表4参照）。

ところが現行のネパール系梵本やチベット訳では、「バドラパーラ等の十六正士」が、通常の対告衆とは別に言及されている。なお『法華経』では、ギルギット写本や中央アジア系のカシュガル写本も参照できるが、カシュガル本では十六正士として一八名が言及されていることを除いては、大きな差異はない。その人選も、漢訳で十六正士の名前を列挙する『思益梵天《しやくぼんてん》請問《しょうもん》経』などと、ほぼ同一である。なお十六正士には、アモーガダルシン（不空見）が含まれるから、現行梵本の成立は『念仏三昧経』より後ということになる。

なおサンスクリット本では、大菩薩の末尾を飾る弥勒と十六正士の間に、師子《しし》菩薩 Siṃha が挿入されるが、この菩薩は『賢劫経《げんごう》』などで、娑婆《しゃば》世界で弥勒の次に成仏するとされている。大乗仏典では、対告衆の列挙に際して弥勒だけでなく、「弥勒を上首とする賢劫菩薩」を説くようになるが、『法華経』梵本における師子菩薩の挿入は、その先駆をなすものと思われる。

それからサンスクリット本では、「薬王菩薩本事品《やくおうぼさつほんじ》」の主人公であり、「法師品《ほっし》」「陀羅尼品《だらに》」の対告衆を務める薬王菩薩 **Bhaiṣajyarāja** の次に、薬上菩薩 **Bhaiṣajyasamudgata** を列している。この菩薩は『観薬王薬上二菩薩経』に説かれる薬王菩薩の弟で、『法華経』自体には登場しないにも関わらず、薬王菩薩との関係で対告衆に加えられたと思われる。なお『観薬王薬上二菩薩経』自体は、賢護（バドラパーラ）を対告衆に列するだけでなく、経典の説処ヴァイシャーリーの長者子、宝積が登場する。これは八正士でバドラパーラの次に挙げられるラトナーカラと同名であるばかりでなく、出身地や出身部族（リッチャビ）まで一致している。

『観薬王薬上二菩薩経』は『観無量寿経』と同じ畺良耶舎《きょうりょうやしゃ》の訳であり、『般舟三昧経』にはじまる観仏経典の一種である。大乗仏典の対告衆が観仏経典と関連することは、この事実から

23.Nakṣatrarāja			22.Nakṣatrarājasaṃkusumita
24.Maitreya	16. 弥勒菩薩	24. 慈氏菩薩	23.Maitreya
25.Siṃha			24.Siṃha
1) Bhadrapāla	15. 跋陀婆羅菩薩	16. 解縛菩薩	1) Bhadrapāla
2) Ratnākara	17. 宝積菩薩	17. 宝事菩薩	2) Ratnākara
3) Susārthavāha	18. 導師菩薩	22. 大導師菩薩	3) Susārthavāha
4) Naradatta		19. 雄施菩薩	4) Nāladatta
5) Guhyagupta		18. 恩施菩薩	5) Gṛhagupta
6) Varuṇadatta		20. 水天菩薩	6) Varuṇadatta
7) Indradatta		21. 帝天菩薩	7) Indradatta
8) Uttaramati			8) Udāramati
9) Viśeṣamati			9) Viśeṣamati
10) Vardhamānamati			10) Vardhamānamati
11) Amoghadarśin			11) Amoghadarśin
12) Susaṃprasthita			12) Susaṃprasthita
13) Suvikrāntavikrāmin			13) Suvikrāntavikrama
			14) Atikramavikrama
14) Anupamamati		23. 妙意菩薩	15) Anupamamati
15) Sūryagarbha			16) Sūryagarbha
			17) Candragarbha
16) Dharaṇīṃdhara			
			18) Dharaṇīśvararāja

表４　『法華経』の対告衆

ネパール系梵本	『妙法蓮華経』	『正法華経』	中央アジア系梵本(戸田)
1.Mañjuśrī-kumārabhūta	1. 文殊師利菩薩	1. 溥首菩薩	1.Maṃjuśrī-kumārakabhūta
2.Avalokiteśvara	2. 観世音菩薩	2. 光世音菩薩	2.Avalokiteśvara
3.Mahāsthāmaprāpta	3. 得大勢菩薩	3. 大勢至菩薩	3.Mahāsthāmaprāpta
4.Sarvārthanāma			4.Sarvārthanāma
5.Nityodyukta	4. 常精進菩薩	4. 常精進菩薩	5.Nityodyukta
6.Anikṣiptadhura	5. 不休息菩薩	5. 不置遠菩薩	6.Anikṣiptadhura
7.Ratnapāṇi	6. 宝掌菩薩	6. 宝掌菩薩	7.Ratnapāṇi
		7.[宝]印手菩薩	
8.Bhaiṣajyarāja	7. 薬王菩薩	8. 薬王菩薩	8.Bhaiṣajyarāja
9.Bhaiṣajyasamudgata			9.Bhaiṣajyasamudgata
10.Vyūharāja			10.Viyūharāja
11.Pradānaśūra	8. 勇施菩薩	9. 妙勇菩薩	11.Pradānaśūra
12.Ratnacandra	9. 宝月菩薩	10. 宝月菩薩	
13.Ratnaprabha	10. 月光菩薩	11. 月光菩薩	12.Ratnaprabha
14.Pūrṇacandra	11. 満月菩薩	12. 月満菩薩	13.Pūrṇaca [ṃ] dra
15.Mahāvikrāmin	12. 大力菩薩	13. 大度菩薩	14.Mahāvikrama
16.Anantavikrāmin	13. 無量力菩薩	14. 超無量菩薩	15.Anantavikrama
17.Trailokyavikrāmin	14. 越三界菩薩	15. 越世菩薩	16.Trailokyavikrama
18.Mahāpratibhāna			17.Mahāpratibhāna
19.Satatasamitābhiyukta			18.Nityābhiyukta
20.Dharaṇīṃdhara			19.Dharaṇiṃdhara
21.Akṣayamati			20.Akṣayamati
22.Padmaśrī			21.Padmaśrī

も裏づけられる。

すでに指摘されたことであるが、『法華経』では、「授学無学人記品《じゅがくむがくにんきほん》」までの各章では、舎利弗《しゃりほつ》、摩訶迦葉《まかかしょう》のような仏弟子が対告衆となるのに対し、後半部では菩薩が対告衆になる。その中には、文殊・弥勒のように、冒頭の対告衆に列している者もあるが、「見宝塔品《けんほうとうほん》」の大楽説《だいぎょうせつ》菩薩や、「妙音品《みょうおんほん》」の華徳《けとく》菩薩、「普門品《ふもんほん》」の無盡意《むじんに》、持地《じじ》菩薩など、冒頭の対告衆に列していない菩薩が含まれる。

なお現行の梵本やチベット訳には、これらが対告衆の列挙に含まれており、首尾の整合性を取るため、羅什訳の成立以後に付加されたことを示している。

いっぽう「法師功徳品《ほっしくどくほん》」の対告衆は、不休息《ふくそく》菩薩Aniksiptadhuraとセットで初期大乗仏典の対告衆に頻出する常精進《じょうしょうじん》菩薩Nityodyuktaであるが、『ラリタヴィスタラ』や『大品般若経』など、『法華経』より古いと思われる初期大乗経典にも出るため、「法師功徳品」が初出であるとは認められない。

さらに『法華経』とほぼ同じ対告衆は、『悲華経《ひけきょう》』の梵本にも出るが、漢訳・チベット訳の『悲華経』には一致しないので、『法華経』の梵本を参照して差し替えられたのではないかと思われる（表5参照）。

また『法華経』「化城喩品《けじょうゆほん》」には、過去に釈迦牟尼と兄弟だった十六王子が、『法華経』を弘めた功徳によって十方世界で成仏したと説かれ、その中には東方阿閦如来と西方阿弥陀如来が含まれる。初期大乗仏典では、『般若経』『維摩経』等は阿閦信仰と関係が深く、阿弥陀如来への言及はないとされるが、『法華経』が阿閦・阿弥陀の両者を説くのは注目される。

4 『維摩経』の対告衆

『維摩経』は、『般若経』『法華経』と並ぶ代表的な大乗仏典であるが、在家居士の維摩が名だたる仏弟子をやり込めるという、在家菩薩の優位を強調する構成をとっている。浄土経典や『法華経』のように、一宗一派を興すことはなかったが、聖徳太子《しょうとくたいし》が『維摩経』を講じて以来、日本仏教でも重視され、藤原鎌足《ふじわらのかまたり》ゆかりの興福寺《こうふくじ》「維摩会《ゆいまえ》」は、南京三会《なんきょうさんえ》の一つに数えられた。さらに近代では、禅門や知識人の間で珍重され、今も根強い人気を誇っている。

また同経は、智度《ちど》つまり般若を菩薩の母、方便《ほうべん》を父と呼び、有名な「不二法門《ふにほうもん》」を説くなど、後の密教の先駆をなす一面をもっている。その冒頭には、五〇数名の菩薩名の列挙があるが、他の初期大乗経典とは異なり、『般舟三昧経』起源の八正士や、その増広形態である十六正士への言及はない（表6参照）。ところがその直後には、前節で言及した『観薬王薬上二菩薩経』にも登場したヴァイシャーリーの長者子、宝積が登場する。これも出身地や出身部族（リッチャビ）を含めて、『般舟三昧経』のラトナーカラに一致する。

			22.Śāntamati
			23.Nakṣatrarāja
			24.Ratnavairocana
1. 弥勒菩薩	1. 弥勒菩薩	1.byams pa	25.Maitreya
			26.Siṃha

			bhadrapālapūrvaṃgamaiś ca ṣoḍaśabhiḥ satpuruṣaiḥ sārdhaṃ
			1) Bhadrapāla
			2) Ratnākara
			3) Susārthavāha
			4) Naradatta
			5) Guhagupta
3. 水天菩薩	3. 水天菩薩	3.chu lha	6) Varuṇadatta
			7) Indradatta
			8) Uttaramati
			9) Viśeṣamati
			10) Vardhamānamati
2. 無痴見菩薩	2. 無礙見菩薩	2.mthoṅ ba don yod	11) Amoghadarśin
			12) Susaṃprasthita
			13) Suvikrāntavikramin
			14) Anupamamati
			15) Sūryagarbha
			16) Dharaṇiṃdhara

表５『悲華経』の対告衆

『悲華経』	『大乗悲分陀利經』	チベット訳(東北No.112)	『悲華経』（梵本）
			1.Mañjuśrī-kumārabhūta
			2.Avalokiteśvara
4. 師子意菩薩	4. 師子意菩薩	4.seṅ ge'i blo gros	
5. 日光菩薩	5. 照明菩薩	5.rnam par snaṅ byed blo gros	
			3.Mahāsthāmaprāpta
			4.Sarvārthanāma
			5.Nityodyukta
			6.Anikṣiptadhura
			7.Ratnapāṇi
			8.Bhaiṣajyarāja
			9.Bhaiṣajyasamudgata
			10.Vyūharāja
			11.Pradānaśūra
			12.Ratnacandra
			13.Pūrṇacandra
			14.Mahāvikrāmin
			15.Anantavikrāmin
			16.Trailokyavikrāmin
			17.Mahāpratibhāna
			18.Satatasamitābhiyukta
			19.Dharaṇiṃdhara
			20.Akṣayamati
			21.Mahāmati

28.Jālinīprabha	25. 水光	25. 明網	25. 光網	28.dra ba can gyi 'od
29.Anārambaṇadhyāyin		26. 無縁観	26. 無障静慮	29.dmigs pa med pa'i bsam gtan
30.Prajñākūṭa	27. 智積	27. 慧積	27. 慧峯	30.śes rab brtsegs
31.Ratnajāha		28. 宝勝		31.rin chen gtoṅ
32.Mārapramardin	29. 制魔	30. 壊魔	29. 壊魔	32.bdud 'joms
33.Vidyuddeva		31. 電徳	30. 電天	33.glog gi lha
34.Vikurvvaṇarāja		32. 自在王	31. 現神変王	34.rnam par 'phrul pa'i rgyal po
35.Lakṣaṇakūṭa				
36.Lakṣaṇakūṭasamatikrānta	33. 相積厳	33. 功徳相厳	32. 峯相等厳	35.mtshan brtsegs yaṅ dag 'das
37.Siṃhaghoṣābhigarjitasvara	34. 師子雷音	34. 獅子吼	33. 獅子吼	36.seṅ ge'i ṅa ro mṅon par bsgrags pa'i dbyaṅs
38.Śailaśikharasaṃghaṭṭanarāja	35. 石磨王	36. 山相擊音	35. 山相擊王	37.ri'i rtse mo kun tu 'joms pa'i rgyal po
39.Gandhahastin	36. 衆香手	37. 香象	36. 香象	38.spos kyi glaṅ po che
40.Gajagandhahastin	37. 衆手	38. 白香象	37. 大香象	39.spos kyi glaṅ glaṅ po che
41.Satatodyukta	38. 常応	39. 常精進	38. 常精進	40.rtag tu 'bad
42.Anikṣiptadhura	39. 不置遠	40. 不休息	39. 不捨善軛	41.brtson pa mi 'dor
43.Sumati	40. 善意諫		40. 妙慧	42.rab kyi blo gros
44.Sujāta		41. 妙生	41. 妙生	43.mdzes par skyes
45.Padmaśrīgarbha			42. 蓮花勝蔵	44.pad mo'i dpal gyi sñiṅ po
46.Padmavyūha	41. 蓮華浄	42. 華厳	44. 蓮花厳	45.pad mo bkod pa
47.Avalokitesvara(sic)	43. 闚音	43. 観世音	45. 観自在	46.spyan ras gzigs kyi dbaṅ phyug
48.Mahāsthāmaprāpta	42. 大勢至	44. 得大勢	46. 得大勢	47.mthu chen thob
49.Brahmajālin	44. 梵水	45. 梵網	47. 梵網	48.tshaṅs pa'i dra ba can
50.Ratnayaṣṭi	46. 宝幢	46. 宝杖	48. 宝杖	49.rin chen gdan dkar can
		47. 無勝	49. 無勝	
51.Mārajita	47. 勝邪		50. 勝魔	50.bdud las rgyal
52.Kṣetrāṅkṛta	48. 厳土	48. 厳土	51. 厳土	51.źiṅ sñoms brgyan
53.Maṇiratnacchatra			56. 珠宝蓋	52.nor bu rin chen gdugs
54.Suvarṇṇacūḍa	49. 金結	49. 金髻	52. 金髻	53.gtsug na gser
55.Maṇicūḍa	50. 珠結	50. 珠髻	53. 珠髻	54.gtsug na nor bu
56.Maitreya	51. 慈氏	51. 弥勒	54. 慈氏	55.byams pa
57.Mañjuśrī	52. 濡首	52. 文殊師利	55. 妙吉祥	56.'jam dpal gźon nur gyur pa

表6 『維摩経』の対告衆

梵本	支謙訳	羅什訳	玄奘訳	チベット訳(北京 No.843)
1.Samadarśin	1. 正観	1. 等観	1. 等観	1.mñam par lta ba
2.Samaviṣamadarśin	2. 見正邪	2. 不等観	2. 不等観	2.mñam mi mñam lta ba
		3. 等不等観	3. 等不等観	
3.Samādhivikurvaṇarāja	3. 定化王	4. 定自在王	4. 定神変王	3.tiṅ ṅe 'dzin rnam par sprul pa'i rgyal po
4.Dharmeśvara	4. 法自在	5. 法自在	5. 法自在	4.chos kyi dbaṅ phyug
5.Dharmaketu	5. 法造	6. 法相	6. 宝幢	5.chos kyi tog
6.Prabhāketu	6. 光造	7. 光相	7. 光幢	6.'od kyi tog
7.Prabhāvyūha	7. 光浄	8. 光厳	8. 光厳	7.'od bkod pa
8.Mahāvyūha	8. 大浄	9. 大厳	9. 大厳	9.bkod pa chen po
9.Ratnakūṭa	10. 宝積	10. 宝積	10. 宝峯	11.rin po che brtsegs pa
10.Pratibhāṇakūṭa	9. 辯積	11. 辯積	11. 辯峯	10.spobs pa brtsegs pa
(Ratnapāṇi)	11. 宝掌	12. 宝手	12. 宝手	12.lag na rin po che
11.Ratnamudrāhasta	12. 宝印手	13. 宝印手	13. 宝印手	13.lag na phyag rgya rin po che
12.Nityotkṣiptahasta	13. 常挙手	14. 常挙手	14. 常挙手	14.rtag tu lag brkyaṅ
13.Nityotpalakṛtahasta	14. 常下手	15. 常下手	15. 常下手	15.rtag tu lag bteg
14.Nityotkaṇṭhita	15. 常惨	16. 常惨	16. 常延頸	16.rtag tu gduṅ
15a.Nityaprahasita-	16. 常笑			17a.rtag tu dga'
15b.Pramuditendriya	17. 喜根	17. 喜根	17. 常喜根	17b.dgod dbaṅ po
16.Prāmodyarāja	18. 喜王	18. 喜王	18. 常喜王	18.mchog tu dga' ba'i rgyal po
17.Devarāja	28. 灯王?	29. 天王	28. 天王	19.lha'i rgyal po
18.Praṇidhiprayātaprāpta	19. 正願至			20.smon lam la źugs pas phyin pa
19.Pratisaṃvitpraṇādaprāpta		19. 辯音	19. 無屈辯	21.so so yaṅ dag par rig pa rab tu bsgrub pa thob pa
20.Gaganagaṃja	20. 虚空蔵	20. 虚空蔵	20. 虚空蔵	22.nam mkha'i mdzod
21.Ratnolkādhārin	21. 宝甚持	21. 執宝炬	21. 執宝炬	23.rin chen sgron ma 'dzin
22.Ratnavīra		22. 宝勇		24.rin chen dpa'
23.Ratnaśrī	22. 宝首		22. 宝吉祥	26.rin chen dpal
26.Ratnanandin	24. 宝水			25.rin chen dga' ba
27.Indrajālin		24. 帝網	24. 帝網	27.mig 'phrul can

本書第六章で見たように、ポール・ミュスは、維摩居士にサトプルシャと呼ばれる在家菩薩の典型例を見いだした。彼が、この事例に気づいていたとは思われないが、『維摩経』の編者の念頭に、維摩居士のモデルとして『般舟三昧経』の在家菩薩があったことは確実と思われる。なお添田隆昭師は、金剛界曼荼羅の金剛笑《こんごうしょう》菩薩（常喜悦《じょうきえつ》菩薩）の起源を、『維摩経』の対告衆に見られる常喜根《じょうきこん》菩薩に比定した。この菩薩は、経典の本文では一言も発しない対告衆であり、当時はまだ『維摩経』の梵本も発見されていなかったので、私も添田説には、かなり懐疑的であった。

金剛界曼荼羅の金剛笑菩薩は、本来の尊名を常喜悦あるいは常喜悦根という。サンスクリット原典によれば、その原語はニトヤプリーティ・プラムディテーンドリヤ Nityaprītipramuditendriya である。その後チベットで『維摩経』のサンスクリット写本が発見され、ローマ字化テキストが刊行された。それによれば、『維摩経』の常喜悦菩薩のサンスクリット尊名は、Nityaprahasitapramuditendriya であることが分かった。なお『維摩経』の初訳である支謙訳では、この菩薩の名は常笑 Nityaprahasita と喜根 Pramuditendriya の二人に分割されていたが、鳩摩羅什訳では常笑が欠けて、喜根菩薩だけになり、玄奘訳では常喜根と二人が合体して一人になっている。いっぽうチベット訳でも、タクトゥガ（常喜）・グーワンポ（悦根）rtag tu dga' dgod dbaṅ po と一つの尊名として訳されている。

さらに注目すべきなのは、玄奘訳とチベット訳では、常笑の笑prahasitaに対応する文字が、いずれも喜やdga'など、歓喜を意味する語に置き換えられていることである。つまり玄奘訳やチベット訳『維摩経』の底本では、この菩薩の名は常笑喜根Nityaprahasitapramuditendriyaではなく、常喜悦根Nityaprītipramuditendriyaであったと推定できる。しかも置き換えられる前の語が、笑いを意味するprahasitaであったことも示唆的である。

いっぽう『諸法無行経《しょほうむぎょうきょう》』には、後の密教の煩悩即菩提に通じる教えを説く喜根法師という人物が登場する。そこで栂尾祥雲博士は、『諸法無行経』を『理趣経《りしゅきょう》』の先駆経典と考えた。なおスコイエン・コレクションから『諸法無行経』の断片が同定されたが、残念ながら喜根法師の段は原文が残存していない。そのため原語が確認できないが、チベット訳はrab tu dga' ba'i dbaṅ poなのでPramuditendriyaの可能性が高い。もしこの喜根法師が『維摩経』の喜根菩薩と同一なら、『維摩経』では一言も発しない菩薩が『諸法無行経』では一段の主人公となっているので、むしろ『諸法無行経』の方が先行していた可能性がある。

また『大宝積経《だいほうしゃくきょう》』「密迹金剛力士会《みっしゃくこんごうりきしえ》」など複数の大乗経典で、対告衆に常笑Nityaprahasita/Nityaprītiと喜根という二人の菩薩が連続して現れる。「密迹金剛力士会」のサンスクリット写本はコルカタのベンガル・アジア協会の一本だけ所蔵されるが、残念ながら巻頭を欠いており、サンスクリット尊名を確認することができない。しかし「密迹金剛力士会」

でも、竺法護《じくほうご》訳（西晋）で常笑と喜根となっていた尊名が、法護訳（北宋）では常喜と喜根に変化しており、奇しくも『維摩経』に一致している。

以上の考察から、添田説には一定の説得力があり、『金剛頂《こんごうちょう》経』の編者が『維摩経』を参照していたことは、確実であろうと思われる。それはまた、胎蔵や金剛界曼荼羅が、初期大乗仏典に説かれた対告衆を、多く取り入れていることと相まって、中期密教が、中後期の大乗仏典を飛び越して、直接初期大乗仏典を参照していたことを示唆すると言えるであろう。

なお私は、常精進と不休息、常笑と喜根など、初期大乗仏典の対告衆にセットとして登場する菩薩は、常啼《じょうたい》菩薩と法上《ほうじょう》菩薩のように、本来は何かの仏教説話（アヴァダーナ）の登場人物だったのではないかと考えている。前述の『諸法無行経』は喜根法師だけで、常笑菩薩は登場しない。したがって『維摩経』『諸法無行経』の両者が、共通のソースを参照していた可能性は否定できない。

いっぽう高崎直道博士は、『維摩経』のチベット語訳が、本経の別名として「対句と逆説（あるいは対句の逆倒）の示現」という名をもつことに注目し、「論理的にいえば、対立するような一対のことば、たとえば縛と解とか、我と無我とかの矛盾概念を共に否定して、より高い立場を超論理的に表現する、この経の論調をさすもの」と考えた。チベットから梵本が発見されたことで、その原語は yamakapuṭavyatyastanir[r]hāra であることが分かった。ここで想起されるのは、『初会金剛頂経』の根幹をなす「十六大菩薩出生のウダーナ」が、まさにそれと同じ論理構造をもつことである。このように考えると、『維摩経』と『初会金剛頂経』の間には、明らかな参照関係が成り立つように思われる。

また金剛界曼荼羅の十六大菩薩の中には、金剛愛《こんごうあい》菩薩（摩羅《まら》菩薩）が含まれる。『ラリタヴィスタラ』を見ても分かるように、初期大乗においてもマーラつまり悪魔は仏教の敵対者である。さらに中期大乗仏典でも、『宝星陀羅尼経《ほうしょうだらにきょう》』では、仏教と悪魔の抗争が全編の最大のテーマになっている。ところが『維摩経』「不思議品」では、魔王は多く不可思議解脱に住する菩薩が、衆生教化《きょうけ》のために魔王となったものであるという。つまり『金剛頂経』の編者は、『維摩経』のこの所説を参照して、マーラを菩薩としたと思われる。このように『維摩経』では、登場する菩薩名だけでなく、その教理内容もまた初期大乗と中期密教が密接に関連することを示唆している。

5 まとめ

大乗仏典には様々の仏菩薩が説かれるが、大乗仏典に対告衆として頻出する菩薩は、特定の経典にルーツがあると考えられる。中には複数の大乗仏典に同時多発的に登場し、特定のルーツを明らかにしえない菩薩もあるが、これらは初出の経典が早く失われ、ルーツが分からなくなってしまった可能性が考えられる。本章では、初期大乗を代表する『阿弥陀経』『無量寿経』『法華経』『維摩経』を取り上げ、そこに説かれる仏名・菩薩名をヒントに、相互の参照関係を考えてみた。

とくに浄土経典においては、『阿閦仏国経』の阿閦如来と香象菩薩・宝幢菩薩が、『阿弥陀経』や現行の『無量寿経』に他土の仏や対告衆として説かれ、『阿閦仏国経』が初期大乗の中でも、古い層に属することが改めて確認された。いっぽう『法華経』では、『般舟三昧経』の八正士を、対告衆として大菩薩の後に列していたが、現行の梵本やチベット訳では、それが『大品般若経』以後一般化する十六正士に増広され、一括して列挙されるようになった。いっぽう『維摩経』では、登場する菩薩だけでなく、教理内容の点でも、後の密教、とくに『金剛頂経』系の中期密教に影響を与えたことが確認された。

第八章　『華厳経』の成立

1　はじめに

『華厳経《けごん》』は、数多い大乗仏典の中でも、仏教が説く真理＝ダルマの普遍性の強調や、他の世界から娑婆《しゃば》世界への菩薩たちの来詣《らいげい》など、大乗の特色が最もよく表れている聖典といえる。

その舞台を、ブッダが悟りを開いた直後のブッダガヤの寂滅道場《じゃくめつどうじょう》に設定し、ブッダは一切、言葉を発することなく、他の世界から来詣した菩薩が、ブッダの威神力《いじんりき》を受けて、代わりに法を説くという独自のスタイルをもっている。

その根底をなす思想は「因分可説《いんぶんかせつ》・果分不可説《かぶんふかせつ》」といい、ブッダの悟り自体は言葉では表現できないが、ブッダが悟りを得るに至った修道階梯は、言語によって説明することができる。そこで菩薩の修道階梯の説示をもって、仏の悟りの世界を表現しようと試みたのが『華厳経』である。

『華厳経』では、菩薩の修道階梯に十信・十住・十行・十廻向《えこう》・十地および等覚《とうがく》・妙覚《みょうかく》の五十二位を立て、修道階梯が上がるにしたがって、それを説く経典の説処も、地上から天界へと上昇する。そして欲界の最高処にある他化自在天宮《たけじざいてんぐう》で、菩薩の最高の修道階梯である十地が説かれるという構成になっている。

『華厳経』に基づく華厳宗は、中国の国力と文化が頂点に達した唐時代に賢首《げんじゅ》大師法蔵《ほうぞう》（六四四～七一二）によって大成され、その後の中国仏教に大きな影響を及ぼした。華厳宗は、日本にも奈良時代に伝播し、今日でも東大寺に伝えられるが、そのあまりにも壮大な思想体系は、広く民衆の間に普及するには至らなかった。

本章では『華厳経』の成立について、本書の特徴である経典に説かれる仏菩薩の尊名をヒントに考えてみたい。

2　『華厳経』の構成

現在『大正大蔵経』には、『華厳経』の正式名称である『大方広仏華厳経』と題する経典が、三篇収録されている。全編の初訳である仏駄跋陀羅《ぶっだばっだら》訳は六〇巻からなるので、『六十華厳』と通称されている。なお仏駄跋陀羅自身は、ブッダの故郷カピラヴァストゥの出身とされるが、『六十華厳』の原本は、彼がインドから齎《もたら》したものではなく、支法領がシルクロードのオアシス都市コータン（于闐）で入手したものであった。上述の法蔵は、『六十華厳』に基づいて華厳宗を大成したので、これが基本的テキストと見なされている。

二番目の訳は、唐の実叉難陀《じっしゃなんだ》（六五二〜七一〇）訳で、仏駄跋陀羅訳よりも増広されており、八〇巻あるので『八十華厳』と通称される。実叉難陀はコータンの出身で、則天武后《そくてんぶこう》に招かれて長安に至り、新たにコータンから請来した原典に基づいて『八十華厳』を訳出した。

最後の訳は、弘法大師空海《くうかい》のサンスクリット語の師でもある般若《はんにゃ》三蔵が翻訳したテキストで、四〇巻からなるので『四十華厳』と通称される。その原本は、インド東海岸の烏茶国、現在のオリッサの王が唐の徳宗《とくそう》皇帝に、自ら書写した『華厳経』の写本を献上したので、それに基づいて訳されたものである。

当時のオリッサは、熱心な大乗仏教徒であったバウマカラ王朝が支配しており、その王が唐との親交を求めて仏典を贈ったと考えられる。他の二訳と異なり、『四十華厳』は『六十華厳』『八十華厳』の最後の章「入法界品《にゅうほっかいぼん》」を増広したうえ、他の二訳にはない『普賢行願讃《ふげんぎょうがんさん》』を付加した構成となっている。

つぎに『華厳経』全体の構成に目を転じると、『四十華厳』を除く大『華厳経』は、説処が異なる複数の経典の集成であり、伝統的に『六十華厳』は「七処八会《しちしょはちえ》」、つまり七つの異なった説処で説かれた八種の経典の集成と呼ばれる。これに対して『八十華厳』は、「七処九会《くえ》」

と称される（表1・表2参照）。

いっぽう大『華厳経』には、チベット訳もある。全体的には『八十華厳』に近いが、『八十華厳』が三九品からなるのに対し、チベット訳には四五品ある。ただし、このうちの五品は『八十華厳』の「華蔵世界《けぞうせかい》品」を五つに開いたものであり、その他は「十地《じゅうじ》品」と「十定《じゅうじょう》品」の間に「普賢所説《ふげんしょせつ》品」が挿入されている。

なおチベット訳にしかない「普賢所説品」については、従来から『大正大蔵経』「華厳部」に含まれる実叉難陀訳『大方広普賢所説経』（大正二九八）に相当する可能性が指摘されていたが、今回、対告衆の一〇尊の菩薩名を比較したところ、ほぼ一致することが分かった（表3参照）。

さらに注目されるのは、漢訳では『四十華厳』にしかない『普賢行願讃』が末尾に付加されていることである。

3　原始『華厳経』

文婁迦讖《しるかせん》訳『兜沙《としゃ》経』（大正二八〇）は、『六十華厳』の「如来名号《にょらいみょうごう》品」と「如来光明覚《こうみょうかく》品」に相当し、『華厳経』の最古の訳として、その原初形態ではないかと言われてきた。ジャン・ナティエは、これと西晋・聶道真訳『諸菩薩求仏本業《しょぼさつぐぶつほんごう》経』（大正二八二）、西晋・竺法護《じくほうご》訳

表1 『六十華厳』の七処八会

八会	七処	品数	品名
第一会	寂滅道場	2	1. 世間浄眼品～ 2. 盧舎那仏品
第二会	普光法堂	6	3. 如来名号品～ 8. 賢首菩薩品
第三会	忉利天	6	9. 仏昇須弥頂品～ 14. 明法品
第四会	夜摩天	4	15. 仏昇夜摩天宮自在品～ 18. 菩薩十無盡蔵品
第五会	兜率天	3	19. 如来昇兜率天宮一切宝殿品～ 21. 金剛幢菩薩十廻向品
第六会	他化自在天	11	22. 十地品～ 32. 宝王如来性起品
第七会	普光法堂	1	33. 離世間品
第八会	重閣講堂	1	34. 入法界品

表2 『八十華厳』の七処九会

九会	七処	品数	品名
第一会	寂滅道場	6	1. 世主妙厳品～ 6. 毘盧遮那品
第二会	普光明殿	6	7. 如来名号品～ 12. 賢首品
第三会	忉利天	6	13. 昇須弥山頂品～ 18. 明法品
第四会	夜摩天	4	19. 昇夜摩天宮品～ 22. 十無盡蔵品
第五会	兜率天	3	23. 昇兜率天宮品～ 25. 十廻向品
第六会	他化自在天	1	26. 十地品
第七会	普光明殿	11	27. 十定品～ 37. 如来出現品
第八会	普光明殿	1	38. 離世間品
第九会	重閣講堂	1	39. 入法界品

表３『普賢所説経』の対告衆

大方広普賢所説経	チベット訳『華厳経』「普賢所説品」（東北 No.44）
1. 普光蔵菩薩	1.kun tu snaṅ ba'i mdzod kyi sñiṅ po
2. 甚深蔵菩薩	2.zab mo'i mdzod kyi sñiṅ pos byuṅ ba
3. 威徳光明蔵菩薩	3.dpal gyi gzi brjid kyi mdzod kyi sñiṅ pos byuṅ ba
4. 雲音蔵菩薩	4.sprin sgra zab mo rnam pa tha dad pa'i mdzod kyi sñiṅ pos byuṅ ba
5. 金剛蔵菩薩	5.rdo rje mi phyed pa'i gtsug gi mdzod kyi sñiṅ pos byuṅ ba
6. 普音不動威光蔵菩薩	6.ṅag gi lam mi g-yo bar kun tu 'gro ba'i 'od zer snaṅ ba'i gzi brjid kyi mdzod kyi sñiṅ pos byuṅ ba
7. 普名称威光蔵菩薩	7.grags pa sñan par kun tu rnam par grags pa'i 'od kyi gzi brjid kyi mdzod kyi sñiṅ pos byuṅ ba
8. 山王不動威光蔵菩薩	8.ri'i rgyal po mi g-yo ba'i 'od zer snaṅ ba'i gzi brjid kyi mdzod kyi sñiṅ pos byuṅ ba
9. 普現衆像威光蔵菩薩	9.kun nas blta ba'i gzugs rnam par dmigs pa'i 'od zer gyi rgyal po snaṅ ba'i gzi brjid kyi mdzod kyi sñiṅ pos byuṅ ba
10. 十力清浄威光蔵菩薩	10.stobs bcu rnam par dag pa thub pa med pa'i 'od zer snaṅ ba'i gzi brjid kyi mdzod kyi sñiṅ pos byuṅ ba

表４　ナティエ説による原始『華厳経』

1	2	3
呉・支謙訳『菩薩本業経』（大正 281）		
後漢・支婁迦讖訳 『兜沙経』（大正 280）	西晋・聶道真訳 『求仏本業経』（大正 282）	西晋・竺法護訳 『十住行道品』（大正 283）
『六十華厳』「如来名号品」「如来光明覚品」	「浄行品」「仏昇須弥頂品」「菩薩雲集妙勝殿上説偈品」	「菩薩十住品」
『八十華厳』「如来名号品」「光明覚品」	「浄行品」「昇須弥山頂品」「須弥頂上偈讃品」	「十住品」

『菩薩十住行道品《ぼさつじゅうじゅうぎょうどうぼん》』（大正二八三）を比較し、これら三本を接合すると呉・支謙《しけん》訳『菩薩本業経《ぼさつほんごうきょう》』（大正二八一）に、ほぼ相当することに気づいた。そして『諸菩薩求仏本業経』と『菩薩十住行道品』は本来の序分を欠いていること、訳語が他の支婁迦讖訳経に近似することから、これら二経は、本来は支婁迦讖訳『兜沙経』の後続部分であり、支謙訳『菩薩本業経』とともに、『華厳経』の原初形態に当たると主張した（表４参照）。

康僧鎧《こうそうがい》訳『無量寿経《むりょうじゅきょう》』の例で見たように、鳩摩羅什以前の古訳には訳者名が失われた失訳経典が多く、後世の経録の編者が、訳語などを勘案して訳者を推定したため、『大正大蔵経』に載っている訳者名が、必ずしも正しくないという事例がある。ところが従来は、『大蔵経』に記載された訳者名を前提に研究を進めていたために、経典の原初形態を突きとめることができなかったのである。

これによって「七処八会」の②普光法堂会《ふこうほうどうえ》から③忉利天宮《とうりてんぐう》

会《え》の前半までが、『華厳経』の中で最も古く、この部分を根幹として、『十地経《じゅうじ》』や「入法界品」など、別行していた経典を編入して、大『華厳経』が成立したことが明らかになってきた。

4 『華厳経』の対告衆

『華厳経』では、巻頭の「世間浄眼品《せけんじょうげん》」だけでなく、七処八会の冒頭のそれぞれに、対告衆の列挙が見られる。表5では『十地経』の対告衆を対照させたが、そこでは主要な対告衆である金剛蔵《こんごうぞう》菩薩をはじめ、三七～三九人の菩薩が列挙されている。それを見ると、最後に挙げられる解脱月《げだつがつ》 **Vimukticandra**（金剛蔵に質問をするという役割が与えられている）を除く、すべての菩薩の名が蔵 **garbha** で終わっている。なお地蔵《じぞう》菩薩 **Kṣitigarbha** は梵本にのみ現れるが、これは地蔵信仰が、第一次大乗仏典の時代には存在せず、後になって付加されたことを示している。

このように『華厳経』の各会の対告衆は、名前の前分か後分が揃っていることが多く、他の初期大乗仏典の対告衆とは著しく異なっている。

また『般舟三昧経《はんじゅさんまい》』の八人の在家菩薩も全く登場しない。唯一の例外は、「入法界品」で文《もん》殊《じゅ》菩薩が福城の荘厳幢娑羅林に滞在していた時に来詣した優婆塞《うばそく》の中に、賢護《げんご》優婆塞が含まれることであるが、ネパール系の梵本によればサンスクリット名はバドラパーラではなくラーフラバドラとなっており、一致しない。

『華厳経』は仏成道の直後に説かれたとされ、まだ娑婆世界に在家信徒は存在しなかった。またその後は天界に説処を移すが、『般舟三昧経』の八菩薩は生身の人間であり、『華厳経』の説処に列するには相応しくないと考えられたのであろう。これに対して「入法界品」では説処が地上に戻るので、比丘衆や在家居士が説処に連なっていても矛盾しない。ところが「入法界品」では、説処に連なった比丘衆は、仏がどのような神変《じんぺん》を示現しても、それを見ることができなかったとされている。これらの比丘も、最終的には文殊菩薩の導きによって悟りの世界に入ることができたとされるが、『華厳経』が、あくまで菩薩を対象とする経典であることは明確に示されている。

いずれにしても『華厳経』各会の対告衆は、他の初期大乗経典とは異なっており、菩薩名をもって他の経典との参照関係を解明するのは困難である。

5 『華厳経』の成立地

『華厳経』の根幹をなす『十地経』や「入法界品」は、ネパールからサンスクリット原典が発見されており、インド成立が確実なテキストである。これらは龍樹《りゅうじゅ》以前に成立したといわれるが、現存する『六十華厳』や『八十華厳』が編纂されたのは、インドではなく中央アジアのコータン（于闐）と考えられてきた。

21. 離垢蔵	22. 離垢蔵	23.Vimalagarbha
22. 種種楽説荘厳蔵	23. 種種辯才荘厳蔵	24.Vicitrapratibhānālaṃkāragarbha
23. 大光明網蔵	24. 大光明網蔵	25.Mahāraśmijālāvabhāsagarbha
24. 浄明威徳王蔵	25. 浄威徳光明王蔵	26.Vimalaprabhāsaśrītejorājagarbha
25. 大金山光明威徳王蔵	26. 金荘厳大功徳光明王蔵	
26. 一切相荘厳浄徳蔵	27. 一切相荘厳浄徳蔵	27.Sarvalakṣaṇapratimaṇḍita viśuddhiśrīgarbha
27. 金剛焔徳相荘厳蔵	28. 金剛焔徳相荘厳蔵	28.Vajrārciḥśrīvatsālaṃkāragarbha
28. 焔熾蔵	29. 光明焔熾蔵	29.Jyotirjvalanārciḥśrīgarbha
29. 宿王光照蔵	30. 星宿王光照蔵	30.Nakṣatrarājaprabhāvabhāsa-garbha
30. 虚空無礙妙音蔵	31. 虚空無礙智蔵	31.Gaganakośānāvaraṇajñānagarbha
	32. 妙音無礙蔵	32.Anāvaraṇasvaramaṇḍalamadhura-nirghoṣagarbha
31. 陀羅尼功徳持一切世間願蔵	33. 陀羅尼功徳持一切衆生願蔵	33.Dhāraṇīmukhasarvajagatpraṇidhi-saṃdhāraṇagarbha
32. 海荘厳蔵	34. 海荘厳蔵	34.Sāgaravyūhagarbha
33. 須弥徳蔵	35. 須弥徳蔵	35.Meruśrīgarbha
34. 浄一切功徳蔵	36. 浄一切功徳蔵	36.Sarvaguṇaviśuddhigarbha
35. 如来蔵	37. 如来蔵	37.Tathāgataśrīgarbha
36. 仏徳蔵	38. 仏徳蔵	38.Buddhaguṇaśrīgarbha
37. 解脱月	39. 解脱月	39.Vimukticandra

表5 『十地経』の対告衆

『六十華厳』『十住経』	『八十華厳』	梵本
1. 金剛蔵	1. 金剛蔵	1.Vajragarbha
2. 宝蔵	2. 宝蔵	2.Ratnagarbha
3. 蓮華蔵	3. 蓮華蔵	3.Padmagarbha
4. 徳蔵	4. 徳蔵	4.Śrīgarbha
5. 蓮華徳蔵	5. 蓮華徳蔵	5.Padmaśrīgarbha
6. 日蔵	6. 日蔵	6.Ādityagarbha
	7. 蘇利耶蔵	7.Sūryagarbha
		8.Kṣitigarbha
7. 月蔵		
8. 浄月蔵	8. 無垢月蔵	9.Śaśivimalagarbha
9. 照一切世間荘厳蔵	9. 於一切国土普現荘厳蔵	10.Sarvavyūhālaṃkārapratibhāsa-saṃdarśanagarbha
10. 智慧照明蔵	10. 毘盧遮那智蔵	11.Jñānavairocanagarbha
11. 妙徳蔵	11. 妙徳蔵	12.Ruciraśrīgarbha
12. 栴檀徳蔵	12. 栴檀徳蔵	13.Candanaśrīgarbha
13. 華徳蔵	13. 華徳蔵	14.Puṣpaśrīgarbha
	14. 倶蘇摩徳蔵	15.Kusumaśrīgarbha
14. 優鉢羅華徳蔵	15. 優鉢羅華徳蔵	16.Utpalaśrīgarbha
15. 天徳蔵	16. 天徳蔵	17.Devaśrīgarbha
16. 福徳蔵	17. 福徳蔵	18.Puṇyaśrīgarbha
17. 無礙清浄智徳蔵	18. 無礙清浄智徳蔵	19.Anāvaraṇajñānaviśuddhigarbha
18. 功徳蔵	19. 功徳蔵	20.Guṇaśrīgarbha
19. 那羅延徳蔵	20. 那羅延徳蔵	21.Nārāyaṇaśrīgarbha
20. 無垢蔵	21. 無垢蔵	22.Amalagarbha

『六十華厳』『八十華厳』の原典は、いずれもコータンから請来されたものであった。中央アジアからは、『華厳経』の「十地品」や「入法界品」に相当する断片が発見されている。コータンからも、多数の仏典のサンスクリット写本が出土したにもかかわらず、これまで『華厳経』の写本は、断片を含めて一点も発見されていなかった。

しかし近年、堀伸一郎氏が、ロシア科学アカデミー所蔵のペトロフスキー・コレクションと大英図書館のヘルンレ・コレクションとスタイン・コレクションから、『華厳経』のサンスクリット写本を同定することに成功した。

このうちヘルンレ・コレクションの断片144.S.C 203は、「入法界品」の一断片に過ぎないが、三八二の葉番号をもっていることが注目される。この写本のサイズと「入法界品」全体の文献量から見て、本写本は「入法界品」だけの写本ではなく、『華厳経』全体の写本の一部と考えられるからである。さらに堀氏は、「盧舎那仏品《るしゃなぶっ》」や「離世間品《りせけん》」に相当する断片も発見した。これによって『華厳経』とコータンを結びつける考古学的証拠が、はじめて発見されたのである。

玄奘は、そのインド旅行において往路・復路ともに、バーミヤンからカイバル峠を越えてガンダーラに入るコースを選択している。しかし法顕《ほっけん》や北魏の宋雲《そううん》に同道した恵生《えしょう》は、バロギル峠から南下し、ギルギットからウディヤーナ（現在のスワート渓谷）を経て、タキシラに至る道を選択している。これは世界的な秘境バス旅行として人気を集めたカラコルム・ハイウェー（現在は政治的事情で一部しか通行できない）のルートに、ほぼ並行している。

このルートを通れば、コータンからタキシラまでの距離を大幅に短縮することができる。つまりコータンは、この短絡路を使えば、クシャン帝国時代にインド仏教のセンターがあった西北インドと直接往来することができたのである。大『華厳経』をはじめとする膨大な大乗仏典を蒐集できたのは、シルクロードにおけるコータンの地理的位置と無関係ではない。

いっぽう松田和信教授は、ダライラマ一三世からブリヤート出身のモンゴル僧ドルジエフ（一八五三〜一九三八）を通じてロシアに贈られたサンスクリット写本の中から、『華厳経』「普《ふ》賢行品《げんぎょう》」の断片一葉（第七八〜一二一偈）を発見し、ローマ字化テキストを発表した。

これは一一世紀頃のネパール系紙写本で、奥書には「『仏華厳』なる大方広経、十万〈頌〉よりなる章句のうち、「普賢行の説示」という第三〇章終わり」と書かれている。したがって本写本は、単行経典ではなく、大『華厳経』の写本の一葉であることが分かった。これによって、かつてはインド亜大陸にも、『華厳経』の完全なテキストが存在した可能性が高まった。

6 『華厳経』と四十二字門

これまで日本の学界では、『華厳経』の成立地を考える時、インドの字母《じも》論である四十二字門との関係で論じることが多かった。これは「入法界品」の四五番目の善知識であるシルパービジュニャ（善知衆藝《ぜんちしゆげい》）が、善財童子《ぜんざいどうじ》に字母の思想的意味を教える一節に出てくる。

ここで説かれる四二字のうち三九番目のysaという字は、サンスクリットにはないがコータン語には存在する。これこそ大『華厳経』がコータンで編集された証拠であると主張されたのである。ところが最近、コータンの言語はコータン・サカ語ともいい、同種の言語を話していたサカ族は、月氏《げっし》に追われてアフガニスタン南部に移り、やがて西北インドからインド西海岸に定住した。サカ族にも仏教の信奉者がいたので、ysaという字母の存在は必ずしもコータンに限定されないという意見が出た。

さらにザロモン教授は、a ra pa ca naにはじまりysaを含む字母表は、カローシュティー文字で書かれたガンダーラ語のものであると主張している。

いっぽう私は、四十二字門を説く「入法界品」は南インドと関係が深く、『四十華厳』の原本がオリッサから齎されたこと、インド東海岸と海上交易を行っていたジャワのボロブドゥール遺跡に「入法界品」の見事なレリーフが遺されていることなどから、「入法界品」の成立と流布は、南インドの東海岸が中心だったと考えている。コータンが大『華厳経』をはじめとする大乗仏典の東アジア伝播のキーステーションであったことは疑いないが、四十二字門との関係から、大『華厳経』の成立地をコータンに比定するのは、しだいに時代遅れとなりつつある。

7 『華厳経』と浄土信仰

『華厳経』は、大乗仏教の宇宙的性格を最も顕著に表す経典であり、十方世界の仏国土や、それらの仏国土からの菩薩の往詣が、数多く語られる。そのため学界でも、『華厳経』を浄土信仰と結びつける意見があった。また融通念仏宗《ゆうずうねんぶつしゅう》では、『華厳経』を宗門の正依《しょうえ》の経典に数えている。

しかし、他土仏信仰を代表する西方阿弥陀《あみだ》如来や東方阿閦《あしゅく》如来に対する言及は、長大な『華厳経』を通じて驚くほど少ない。『華厳経』に説かれる十方世界と、その仏の尊名（表6参照）を見ても、西方に阿弥陀如来が説かれている例はない。大乗仏教の理論上は、他方の仏国土は無数に存在するので、西方に阿弥陀、東方に阿閦が説かれなくても不合理ではないが、『華厳経』が浄土信仰と結びついていなかったことは明らかである。

本書第五章で見たように、玄奘訳『顕無辺仏土功徳経』や法賢《ほうけん》訳『較量一切仏刹功徳経《かくりょういっさいぶっせつくどく》』に対応する『六十華厳』の「寿命品」には、娑婆世界の一劫《こう》は、阿弥陀如来の極楽世界の一昼夜であり、さらに極楽の一劫は、金剛如来の聖服幢《しょうふくどう》世界の一昼夜であると説かれている。しかし同経には、さらに聖服幢世界より時間の経過が遅い世界が多数説かれている。つまり「寿

表６『華厳経』の十方仏

		『六十華厳』 「如来名号品」	『八十華厳』 「如来名号品」	チベット訳 (東北 No.44)
東	如来	不動智	不動智	rig byed mi g-yo ba
	菩薩	文殊師利	文殊師利	'jam dpal
南	如来	智火	無礙智	rig byed mi bskyod pa
	菩薩	覚首	覚首	saṅs rgyas dpal
西	如来	習智	滅暗智	rig byed bciṅs med
	菩薩	財首	財首	nor bu dpal
北	如来	行智	威儀智	rig byed kun spyod
	菩薩	宝首	宝首	rin chen dpal
東北	如来	明智	明相智	rig byed ñi ma
	菩薩	徳首	功徳首	yon tan dpal
東南	如来	究竟智	究竟智	rig byed mtha' rgal
	菩薩	目首	目首	mig gi dpal
西南	如来	上智	最勝智	rig byed dam pa
	菩薩	進首	精進首	brtson 'grus dpal
西北	如来	自在智	自在智	rig byed dbaṅ phyug
	菩薩	法首	法首	chos kyi dpal
下	如来	梵智	梵智	rig byed tshaṅs pa'i dbaṅ po
	菩薩	智首	智首	ye śes dpal
上	如来	伏怨智	観察智	rig byed sna tshogs
	菩薩	賢首	賢首	bzaṅ po'i dpal

命品」は、宇宙における時間的経過が相対的であることを示すことに主眼があり、とくに阿弥陀如来と極楽浄土を称揚しているわけではない。

いっぽう『六十華厳』と『八十華厳』の「入法界品」末尾の偈《げ》には、阿弥陀如来と観世音（観自在）菩薩、阿閦如来と香象菩薩が説かれており、大『華厳経』の編者が浄土経典や『阿《あ》閦仏国経《しゅくぶっこく》』を参照していたことが分かるが、『四十華厳』には、この偈は欠けている。

いっぽう『華厳経』の三本すべてで、「入法界品」の六番目の善知識に当たるムクタカ（解脱長者）が諸仏の浄土を観想する一節に、安楽世界の阿弥陀如来と妙喜世界の不動（＝阿閦）如来が出てくるが、これも多数挙げられている他土仏の一尊として説かれるに過ぎない。

それにもかかわらず、『華厳経』が浄土信仰と結びつけられたのは、『四十華厳』の末尾に『普賢行願讃』が付加されたためだと思われる。

『普賢行願讃』は、大乗仏教における菩薩の理想像＝普賢菩薩の行と願を讃える偈文で、本来は独立した読誦経典であった。初訳は、『六十華厳』と同じ仏陀跋陀羅訳の『文殊師利発願経《もんじゅしりほつがん》』（大正二九六）で、サンスクリット原典も典型的な仏教混成梵語で綴られているので、初期大乗に属することに疑いはない。

いっぽうチベット仏教圏では、『普賢行願讃』は常用読誦経典となっている。さらに中国でも、『四十華厳』の第四十巻「普賢行願品」を読誦することが多い。これに対して日本では、華厳宗総本山の東大寺などで『四十華厳』の第四十巻を読誦するが、他宗でこれを読誦することは稀である。

『四十華厳』の最終巻には、頭に『普賢行願讃』の内容をまとめた長行《じょうごう》が付されているが、これは現存する「入法界品」のサンスクリット原典やチベット訳を探しても見あたらない。

いっぽう密教では、胎蔵界法の前行として修せられる「九方便」、金剛界法の前行である「五悔《ごかい》」は、何れも『普賢行願讃』の内容を要約したものである。さらにチベット仏教でも、『普賢行願讃』の内容をまとめた「七支《しちし》」yan lag bdunを、密教修行の前行として修することが多い。

このように『普賢行願讃』は、菩薩の修行のあり方を説示した経典として、大乗仏教が普及した各地で盛んに読誦されてきた。ところが同経の末尾「願我臨欲命終時《がんがりんにょくみょうじゅうじ》」からは、『普賢行願讃』読誦の功徳により、死後極楽浄土に往生して阿弥陀如来から授記を受け、普賢菩薩の行を実現すると説かれ、これまで『華厳経』を通じて綿々と説かれてきた菩薩の自力本願の段階的な修道が、極楽往生による他力本願へと転換しているのである。

月輪賢隆教授は、「願我臨欲命終時」以後は本来、『普賢行願讃』を読誦した者が、善根を菩提に廻向するための廻向文であったが、後に本文に取り込まれたとしているが、それに対応する部分は、『文殊師利発願経』の段階で、すでに存在している。

そして『四十華厳』は、末尾に『普賢行願讃』を大団円として取り込むことで、菩薩の段階的修道論を説く『華厳経』を、浄土門の聖典へと劇的に転換させたと言いうるのである。

8　まとめ

『華厳経』は、大乗仏教の基本的聖典であるが、その成立過程は謎に包まれていた。最近になって「七処八会」の普光法堂会と忉利天宮会にほぼ相当する原始『華厳経』に、『十地経』や「入法界品」など別行していた経典群を取り入れて、大『華厳経』が成立したとする見解が提出された。

その成立については、シルクロードのオアシス都市、コータンが重要な役割を果たしていたと考えられたが、ダライラマ一三世がロシアに贈った『華厳経』「普賢行品」の紙写本が、章題から大『華厳経』の断片であることが分かったため、かつてはインドにも大『華厳経』が存在した可能性が出てきた。

いっぽう対告衆に目を転じると、『華厳経』の対告衆は、他の大乗仏典のそれとはほとんど一致しない。これは『華厳経』の舞台が、ブッダの成道直後に設定され、他土から来詣した菩薩が仏の威神力を承けて説くという構成であるからと思われる。その説処も寂滅道場から天界へと上昇するため、『般舟三昧経』の八正士のような肉身の在家菩薩には登場の機会がなかったのである。

第九章　『大宝積経』『大集経』の成立

1　はじめに

『大宝積経《だいほうしゃくきょう》』は、玄奘《げんじょう》三蔵がインド留学に際して、『大般若波羅蜜多経《だいはんにゃはらみったきょう》』の原本とともに唐に持ち帰った大乗仏典の叢書といわれる。しかし玄奘は、生前に『大宝積経』を完訳することができず、その翻訳は菩提流志《ぼだいるし》によって果たされた。

なお菩提流志は、『大宝積経』に収録される四九篇の経典のうち、すでに満足な漢訳があるものは訳さず、二六篇のみを新たに翻訳し、それ以外は旧来の訳を取り入れて『大宝積経』を完成させた。

なお『チベット大蔵経』には「宝積部」dkon brtsegsがあり、漢訳と同じ四九篇が含まれる。ただし「被甲荘厳会《ひこうしょうごんえ》第七」のみは、敦煌《とんこう》で活躍した法成《ほうじょう》が漢訳から重訳したものである。このように『チベット大蔵経』の「宝積部」は、玄奘が請来したような四九篇からなる原本を翻訳したのではなく、それぞれ別行していた経典を翻訳した後、漢訳の『大宝積経』とほぼ同じ順番（一部に前後がある）に配列したものと考えられる。

これに対して『大集経《だいじっ》』は一七篇の経典からなり、前半が曇無讖《どんむせん》（三八五〜四三三）、後半は那連提耶舎《なれんだいやしゃ》によって訳された。『大正大蔵経』には「大集部《だいしゅうぶ》」があり、二八篇の経典が収録される。その中には『大集経』所収の経典の同本異訳もあるが、本書で取り上げる『般舟三昧経《はんじゅさんまい》』や『念仏三昧経《ねんぶつさんまい》』のように、現行の『大集経』には収録されていない経典もある。

いっぽう『チベット大蔵経』には「大集部」はないが、『大集経』所収の経典の多くが、「諸経部」mdo sde に別個の大乗経典として収録されている。

2 『大宝積経』の対告衆

『大宝積経』では、各経典ごとに異なった序分が説かれている。このうち対告衆《たいごうしゅ》を列挙しない経典が全体の半数以上を占めるが、対告衆の菩薩名を列挙するものが一八篇あり、中には長大な対告衆のリストを含むものもある（表1参照）。表では、『大宝積経』四九会のうち、対告衆の列挙を含むものに○、含まないものに×を付してある。また◎を付したものは、本書で問題にしている八正士《しょうじ》や十六正士の記述を含むもの、△は対告衆の列挙はないが、本篇に『般舟三昧経』の八人の在家菩薩の上首であるバドラパーラが登場する経典である。

『大宝積経』の対告衆リストで最大のものは「密迹金剛力士会《みっしゃくこんごうりきしえ》」と「善住意天子会《ぜんじゅういてんしえ》」（如幻三昧経《にょげんざんまいきょう》）であるが、両者の対告衆の選択と配列は、驚くほど似ている。

また「密迹金剛力士会」は八正士・十六正士を説かないが、『般舟三昧経』の八人の在家菩薩のうち五人を対告衆に列している。また八篇の経典が、王舎城《おうしゃじょう》の在家菩薩、バドラパーラを説いたり、バドラパーラを初めとする八正士、十六正士を対告衆に列している。このように『華厳経《けごん》』とは異なり、『大宝積経』は、『般舟三昧経』の影響下にある初期大乗経典を多く含んでいる。そこで以下では、『大宝積経』の対告衆のうち、すでに取り上げた『無量寿経《むりょうじゅ》』以外の主なものを見てゆきたい。

「密迹金剛力士会」は、仏の身口意《しんくい》の秘密を説く大乗仏典だが、そこではブッダのボディーガードである執金剛神《しゅうこんごうしん》（ヴァジュラパーニ）に、ブッダに代わって教説を説く役割が与えられている。また同経の最後では、執金剛神は賢劫《げんごう》千仏を護衛する任務を果たした後、東方阿閦《あしゅく》如来の妙喜《みょうき》世界に往生して、衆生を済度した後、成仏すると授記されている。

なお『阿閦仏国経《あしゅくぶっこく》』によると、阿閦如来は瞋恚《しんに》（いかり）を断つ修行をして、阿閦（アクシヨービヤ）つまり「瞋りに心を震わせない者」の名を得、ついには成仏したとされている。いっぽう「密迹金剛力士会」にも「無瞋恚の法」、つまり瞋恚を断って悟りを得る道が説かれている。金剛手《こんごうしゅ》が阿閦如来の浄土に往生するとされたのは、阿閦が瞋恚を浄める仏とされていた

26. 善臂菩薩会	鳩摩羅什	×	
27. 善順菩薩会	菩提流志	×	白延訳『仏説須頼経』×
28. 勤授長者会	菩提流志	×	白法祖訳『仏説菩薩修行経』×
29. 優陀延王会	菩提流志	×	法炬訳『仏説優塡王経』×
30. 妙慧童女会	菩提流志	×	竺法護訳『仏説須摩提菩薩経』×
31. 恒河上優婆夷会	菩提流志	×	
32. 無畏徳菩薩会	仏陀扇多	◎	竺法護訳『仏説阿闍世王女阿術達菩薩経』◎
33. 無垢施菩薩応辯会	聶道真	○	竺法護訳『仏説離垢施女経』
34. 功徳宝花敷菩薩会	菩提流志	×	
35. 善徳天子会	菩提流志	×	
36. 善住意天子会	達摩笈多	○	毘目智仙等訳『聖善住意天子所問経』○
37. 阿闍世王子会	菩提流志	×	竺法護訳『仏説太子刷護経』×
38. 大乗方便会	竺難提	×	竺法護訳『慧上菩薩問大善権経』×
39. 賢護長者会	闍那崛多	△	地婆訶羅訳『大乗顕識経』△
40. 浄信童女会	菩提流志	◎	
41. 弥勒菩薩問八法会	菩提流志	×	安世高訳『大乗方等要慧経』×
42. 弥勒菩薩所問会	菩提流志	○	竺法護訳『弥勒菩薩所問本願経』○
43. 普明菩薩会	失訳	×	支婁迦讖訳『遺日摩尼宝経』×
44. 宝梁聚会	釈道龔	×	
45. 無盡慧菩薩会	菩提流志	◎	
46. 文殊説般若会	曼陀羅仙	○	
47. 宝髻菩薩会	竺法護	◎	
48. 勝鬘夫人会	菩提流志	×	求那跋陀羅訳『勝鬘師子吼一乗大方便方広経』×
49. 広博仙人会	菩提流志	×	瞿曇般若流支訳『毘耶娑問経』×

表１　『大宝積経』の構成

『大宝積経』大正 310	訳者	対告	異訳
1. 三律儀会	菩提流志	○	
2. 無辺荘厳会	菩提流志	×	
3. 密迹金剛力士会	竺法護	○	法護訳『如来不思議秘密大乗経』○
4. 浄居天子会	竺法護	×	
5. 無量寿如来会	菩提流志	◎	康僧鎧訳『無量寿経』◎
6. 不動如来会	菩提流志	×	支婁迦讖訳『阿閦仏国経』×
7. 被甲荘厳会	菩提流志	×	
8. 法界体性無分別会	曼陀羅	×	
9. 大乗十法会	仏陀扇多	×	
10. 文殊師利普門会	菩提流志	×	竺法護訳『仏説普門品経』×
11. 出現光明会	菩提流志	×	
12. 菩薩蔵会	玄奘	△	法護訳『仏説大乗菩薩蔵正法経』△
13. 仏為阿難説処胎会	菩提流志	×	竺法護訳『菩薩胞胎経』×
14. 仏説入胎蔵会	義浄	×	
15. 文殊師利授記会	実叉難陀	○	竺法護訳『文殊師利仏土厳浄経』○
16. 菩薩見実会	那連提耶舎	×	日称等訳『父子合集経』×
17. 富楼那会	鳩摩羅什	×	
18. 護国菩薩会	闍那崛多	◎	施護訳『護国尊者所問大乗経』◎
19. 郁伽長者会	康僧鎧	○	安玄訳『法鏡経』○
20. 無盡伏蔵会	菩提流志	○	
21. 授幻師跋陀羅記会	菩提流志	○	竺法護訳『幻士仁賢経』○
22. 大神変会	菩提流志	×	
23. 摩訶迦葉会	月婆首那	○	
24. 優波離会	菩提流志	○	敦煌三蔵訳『決定毘尼経』○
25. 発勝志楽会	菩提流志	×	闍那崛多訳『発覚浄心経』×

からではないかと思われる。

このように金剛力士は、未来の成仏が約束されることによって金剛手菩薩となり、後には密教の中心的尊格＝金剛薩埵《こんごうさった》へと昇格してゆく。いっぽう阿閦如来は、初期大乗仏典では有力な他土仏であったが、その信仰は阿弥陀《あみだ》如来に押されて衰えてしまった。ところが密教の時代に入ると、阿閦信仰が復活する。阿閦は金剛手を中心とする「金剛部」の部主となり、やがて『華厳経』起源の毘盧遮那仏《びるしゃなぶつ》（大日如来）を押さえて、後期密教で最も重要な仏となった。私は、その遠因が「密迹金剛力士会」にあると考えている。

いっぽう対告衆の選択を見ると、かなりの菩薩が『維摩《ゆいま》経』と重複している。しかし『維摩経』には一尊も見られなかった『般舟三昧経』の八菩薩のうち、◎を付した五尊がリストに入っている。しかし最も重要なバドラパーラが漏れているのが不思議である（表2参照）。本書第七章で見たように『維摩経』には、『金剛頂経《こんごうちょうきょう》』系の中期密教に連なる要素をもっていたが、「密迹金剛力士会」も密教に発展する要素をもっており、その両者が、対告衆の菩薩の選択でも共通点をもっているのは、注目に値する。

いっぽう「優婆離会《うばりえ》」は、三五尊の仏の名を唱えて懺悔《さんげ》する「三十五仏懺法《せんぼう》」の典拠となる経典である。この法会は、中国・日本では流行しなかったが、チベット仏教圏では盛んに行われ、三十五仏を描いたタンカ（軸装仏画）も多数の作品が伝存している。なお平川彰博士は、最古の漢訳経典の一つ後漢の安玄《あんげん》訳『法鏡経《ほうきょうきょう》』（『大宝積経』「郁伽長者会《いくがちょうじゃえ》」の初訳）に、悔過《けか》を修する経典として『三品経』が引用されていることに注目し、『三品経』は、二世紀訳出の『法鏡経』よりさらに古いとした。

なお私は、ネパール留学中に『三品経』*Triskandha* と名づけるサンスクリット写本が、ネパール・ドイツ写本保存プロジェクト（NGMPP）によって撮影されたことを知って解読した結果、『大宝積経』「優婆離会」から三十五仏懺法の部分を抽出したテキストであることを確認した。なお「優婆離会」には、サンスクリット断片もあり、P・ピトンによってローマ字化テキストが刊行されている。これらの資料により、三十五仏のサンスクリット尊名は確認することができるが、冒頭に出る菩薩名（菩薩一人一人が偈を唱える構成となっている）の列挙は、ピトンの写本に欠けていたため確認することができない（表3参照）。

対告衆を見ると、『般舟三昧経』の八人の在家菩薩の筆頭であるバドラパーラ（跋陀羅）が含まれているが、他の七人は含まれていない。月光《がっこう》菩薩が含まれるが、チベット訳を見ると月光童子 **zla 'od gźon nur gyur pa** なので、『月灯三昧経《がっとうさんまいきょう》』より後であることが分かる。また賢吉祥（バドラシュリー）や覚吉祥（ブッダシュリー）など、『華厳経』「如来名号品」起源の菩薩が含まれているのが注目される。なお「如来名号品」は前章で見た原始『華厳経』の一部なので、「優婆離会」が参照していたとしても矛盾しない。

39. 去衆蓋	40. 除蓋障菩薩	39.sgrib pa thams cad rnam par sel ba
	41. 自相持無垢光菩薩	40.śin tu rnam par sbyaṅs pa dri ma med pa'i gzi brjid 'chaṅ ba
40. 極精進	42. 勇猛精進菩薩	41.brtson 'grus 'bar ba
41. 智積	43. 慧積菩薩	42.śes rab brtsegs
42. 常觀	44. 常観察菩薩	43.rtag par lta
43. 光世音	45. 観自在菩薩	44.spyan ras gzigs dbaṅ phyug
44. 大勢至	46. 得大勢菩薩	45.mthu chen thob
45. 山頂	47. 高峯菩薩	46.lhun po brtsegs
46. 虚空蔵	48. 虚空蔵菩薩	47.nam mkha'i mdzod
47. 不眴	49. 不瞬菩薩	48.mi 'dzums pa
48. 不慕楽	50. 無悕望菩薩	49.brjod med
49. 宝上	51. 宝上菩薩	50.rin chen dam pa
50. 宝心	52. 宝思惟菩薩	51.rin chen sems pa
51. 善思	53. 善思惟菩薩	52.legs par rnam par sems pa
52. 善思義	54. 善思義菩薩	53.don legs par rnam par bsams pa
53. 珠結総		
	55. 決定義菩薩	54.śin tu ṅes pa'i blo gros
54. 豪王	56. 總持自在王菩薩	55.gzuṅs kyi dbaṅ phyug gi rgyal po
	57. 持地菩薩	56.sa 'dzin
55. 浄王	58. 荘厳王菩薩	57.bkod pa'i rgyal po
56. 厳土	59. 刹土荘厳菩薩	58.źiṅ yaṅ dag par rgyan pa
57. 宝事	60. 宝積菩薩◎	59.rin chen 'byuṅ gnas
58. 恩施	61. 秘密巌菩薩◎	60.phug sbas
59. 帝天	62. 帝釈天菩薩◎	61.dbaṅ po'i lha
60. 水天	63. 水天菩薩◎	62.chu lha
61. 帝罔	64. 梵網菩薩	63.tshaṅs pa dra ba can
62. 明罔	65. 明網菩薩	64.dra ba can gyi 'od
63. 喩天	66. 天冠菩薩	65.lha'i cod pan
64. 積快		
65. 臂善	67. 妙臂菩薩	66.lag bzaṅs
66. 白象		
	68. 妙眼菩薩	67.mig bzaṅs
67. 香手	69. 香象菩薩	68.spos kyi glaṅ po
68. 衆香手	70. 象中香象菩薩	69.bal glaṅ spos kyi glaṅ po
69. 師子	71. 師子幢菩薩	70.seṅ ge'i tog
70. 英普		
71. 利意	72. 成義慧菩薩	71.don grub blo gros
72. 妙御	74. 善調御菩薩◎	72.kha lo sgyur
	73. 海慧菩薩	
73. 大御		
74. 寂意	75. 寂慧菩薩	73.źi ba'i blo gros
75. 慈氏	76. 慈氏菩薩	74.byams pa
76. 普首童真	77. 妙吉祥童真菩薩	75.'jam dpal gźon nur gyur pa

表２　「密迹金剛力士会」の対告衆

竺法護訳	法護訳	チベット訳
1. 月施	1. 宝上菩薩	1.zla ba'i bla ma
2. 月英	2. 月幢菩薩	2.zla ba'i tog
3. 寂英	3. 清涼幢菩薩	3.ri boṅ can gyi tog
4. 首英		
5. 光英	4. 光幢菩薩	4.'od kyi tog
6. 光首	5. 吉祥光菩薩	5.'od dpal
7. 首積	6. 吉祥峯菩薩	6.dpal brtsegs
8. 首寂	7. 吉祥密菩薩	7.dpal sbas
9. 鉤鎖	8. 那羅延天菩薩	8.mthu bo che
10. 龍忻	9. 龍喜菩薩	9.klu dga'
	10. 龍上菩薩	10.klu'i bla ma
11. 龍施	11. 龍樹（授）菩薩	11.klus sbyin
12. 執像	12. 持妙色菩薩	12.gzugs 'dzin
13. 蜜天	13. 高天菩薩	13.mya ṅam gyi lha
14. 縁勝	14. 徳光王菩薩	14.yon tan sgron ma'i rgyal po
15. 縁手	15. 光明手菩薩	15.lag na sgron ma
16. 常挙手	16. 常挙手菩薩	16.rtag tu lag bteg
17. 常下手	17. 常下手菩薩	17.rtag tu lag brkyaṅ
18. 宝印手	18. 宝印手菩薩	18.lag na phyag rgya rin po che
19. 宝掌	19. 宝手菩薩	19.lag na rin po che
20. 普世	20. 普光菩薩	20.kun du snaṅ
21. 宿王	21. 星王菩薩	21.skar ma'i rgyal po
	22. 金剛手菩薩	22.lag na rdo rje
22. 金剛意	23. 金剛慧菩薩	23.rdo rje'i blo gros
	24. 金剛大慧菩薩	24.rdo rje'i blo gros chen po
23. 金剛歩	25. 金剛歩菩薩	25.rdo rjes rnam par gnon
24. 不動行迹	26. 不動跡歩菩薩	26.mi g-yo ba'i gom par 'gro ba
25. 過三世度	27. 三界跡歩菩薩	27.'jig rten gsum rnam par gnon
26. 無量迹	28. 無辺歩菩薩	28.mtha' yas blo gros
27. 無量意	29. 無辺慧菩薩	29.blo gros mtha' yas
28. 海意	30. 精妙慧菩薩	30.blo gros rgya mtsho
29. 堅意	31. 堅固慧菩薩	31.brtan pa'i blo gros
	32. 天慧菩薩	32.nor gyi blo gros
	33. 炎熾慧菩薩	
30. 上意	34. 最勝慧菩薩	33.bla ma'i blo gros
31. 持意		34.khyad par blo gros
32. 増意	35. 増長慧菩薩	35.'phel ba'i blo gros
33. 常惨	36. 常惨菩薩	36.rtag tu mos
34. 常笑	37. 常喜菩薩	37.rtag tu dgod ciṅ
35. 喜根	38. 喜根菩薩	rab tu dga' ba'i dbaṅ po
36. 善照威		
37. 離垢		
38. 棄悪趣	39. 滅悪趣菩薩	38.ṅan soṅ spoṅ

28. 断疑菩薩	26. 断疑菩薩	27.yid gñis spoṅ
29. 無畏菩薩	27. 住無畏菩薩	28.bag tsha ba med par gnas pa
30. 慧勝菩薩	28. 吉勝智菩薩	29.ye śes dpal
32. 無量菩薩	29. 住無量菩薩	30.gnas pa dpag med
33. 無畏菩薩	30. 住一切法無畏菩薩	31.chos thams cad la bag tsha ba med par gnas pa
35. 妙慧菩薩	31. 妙意菩薩	33.blo gros bzaṅ po
44. 無垢菩薩	32. 無垢炎菩薩	34.dri med gzi brjid
34. 宝勝菩薩	33. 摩尼光菩薩	32.rin chen dpal
31. 光明菩薩	34. 光徳菩薩	36.bsod nams 'od zer
24. 賢吉祥菩薩	35. 賢徳菩薩	37.dpal bzaṅ po
36. 宝蔵菩薩		
37. 宝賢菩薩		35.nor bu bzaṅ
38. 宝手菩薩	36. 宝手菩薩	38.lag na rin po che
39. 勝意菩薩	37. 最勝意菩薩	39.blo gros
8. 除障菩薩	38. 断諸纏菩薩	40.sgrib pa thams cad rnam par sel ba
41. 金剛菩薩	39. 金剛光菩薩	41.rdo rje 'od
42. 福相菩薩	40. 現(功)徳色像菩薩	42.yon tan gzugs ston
45. 法現菩薩	41. 法出曜菩薩	45.chos 'byuṅ
	42. 金剛体菩薩	44.rdo rje'i sñiṅ po
43. 法超菩薩	43. 法益菩薩	43.chos mṅon par 'phags
46. 空寂菩薩	44. 無少有菩薩	46.ci yaṅ min
47. 月勝菩薩	45. 月上菩薩	47.zla mchog
48. 師子意菩薩	46. 師子意菩薩	48.seṅ ge blo gros
49. 童子光菩薩	47. 意(童)子光菩薩	49.gźon nu 'od
50. 覚吉祥菩薩	48. 仏功徳菩薩	50.saṅs rgyas dpal
51. 金光菩薩	49. 金剛光菩薩	51.gser 'od
52. 吉祥菩薩	50. 徳吉勝菩薩	52.bsod nams dpal
53. 持世菩薩	51. 持勢菩薩	53.'gro ba 'dzin
54. 甘露菩薩	52. 持甘露菩薩	54.bdud rtsi 'chaṅ
55. 網明童子	53. 網明菩薩	55.dra ba can gyi 'od gźon nur gyur ba

表３「優波離会」の対告衆

「優波離会」	『決定毘尼経』	チベット訳
1. 弥勒菩薩	1. 弥勒菩薩	1.byams pa
2. 師子慧菩薩	2. 師子菩薩	2.seṅ ge
7. 金剛菩薩	3. 金剛菩薩	3.lag na rdo rje
5. 妙徳菩薩	4. 文殊師利法王子	4.'jam dpal gźon nur gyur pa
9. 智幢菩薩	5. 智勝菩薩	5.ye śes tog
10. 法幢菩薩	6. 法勝菩薩	6.chos kyi tog
12. 月幢菩薩	7. 月勝菩薩	7.zla ba'i tog
11. 日幢菩薩	8. 日勝菩薩	8.ñi ma'i tog
6. 無畏菩薩	9. 無畏菩薩	9.bag tsha ba med pa
4. 跋陀羅菩薩	10. 颰陀婆羅菩薩	10.bzaṅ skyoṅ
3. 無盡意菩薩	11. 無盡意菩薩	11.blo gros mi bzad pa
25. 月光菩薩	12. 月光菩薩	12.zla 'od gźon nur gyur pa
13. 善眼菩薩	13. 妙目菩薩	13.mig bzaṅ
14. 観自在菩薩	14. 観世音菩薩	14.spyan ras gzigs dbaṅ phyug
15. 得大勢菩薩	15. 得大勢菩薩	15.mthu chen thob
16. 普賢菩薩		
17. 善数菩薩	16. 善数菩薩	16.tshogs can
18. 妙意菩薩	17. 妙意菩薩	17.yid bzaṅs
19. 善順菩薩	18. 喜楽菩薩	18.des pa
20. 光積菩薩	19. 光積菩薩	19.gzi brjid phuṅ po
23. 無諍論菩薩	20. 入無諍菩薩	20.ñon moṅs pa med pa rtogs par khoṅ du chud pa
40. 喜見菩薩	21. 愛見菩薩	21.mthoṅ dga'
21. 不思議菩薩	22. 不思議菩薩	23.rnam par thar pa bsam gyis mi khyab pa la yaṅ dag par źugs pa
26. 日光菩薩	23. 日光菩薩	24.ñi 'od
27. 無垢菩薩	24. 毘摩羅鞊菩薩	25.dri ma med par grags pa
		22.dbaṅ po bzaṅ
22. 大威力菩薩	25. 大気力菩薩	26.gzi brjid stobs

3　『大集経』の対告衆

つぎに『大集経』の構成と対告衆を見ることにしよう（表4）。

本書第五章で見た『般舟三昧経』は『大集経』に含まれないが、異訳に『大方等大集経賢《だいほうとうだいじっきょうけん》護分《ごぶん》』があるため、『大正大蔵経』では「大集部」に収録されている。『大集経』の各品の序分には、対告衆の列挙がないものが多い。ところが別行している異訳には、対告衆の列挙を含むものが見られる。曇無讖が訳した前半部分では、各品の説処は、欲《よく》界《かい》・色界《しきかい》の中間にある大宝房に設定されている。これは『華厳経』の七処の最高処である他化《たけ》自在天《じざいてん》より、さらに高い天界である。

そこで曇無讖は、各品一々の序分の対告衆の列挙を省略したとも考えられる。同じ「大集部」に収録されるにもかかわらず、現行の『大集経』に『般舟三昧経』の影響を認めることは難しい。

いっぽう那連提耶舎が訳した後半の説処は、佉羅帝山《きゃらていせん》Kharadīya に設定されている。また同じ「大集部」に収録される『地蔵十輪《じぞうじゅうりん》経』（大正四一一）の説処も佉羅帝耶山とされるため、地蔵菩薩の霊場（佉羅陀山とも書く）と考えられた。佉羅帝山については、須弥山《しゅみせん》世界説で七《しち》金山《こんせん》（須弥山の七重の外輪山）の一つとする意見があるが、七金山の一つ朅地洛迦山は

表４『大集経』の構成

『大集経』大正 397	訳者	対告衆	異訳	蔵訳
1. 瓔珞品	曇無讖	○	竺法護訳『大哀経』○	147
2. 陀羅尼自在王菩薩品	曇無讖	×		
3. 宝女品	曇無讖	×	竺法護訳『宝女所問経』○	169
4. 不眴菩薩品	曇無讖	×		
5. 海慧菩薩品	曇無讖	×	惟浄訳『海意菩薩所問浄印法門経』○	152
6. 無言菩薩品	曇無讖	×	竺法護訳『無言童子経』×	
7. 不可説菩薩品	曇無讖	×		
8. 虚空蔵品	曇無讖	○	不空訳『大集大虚空蔵菩薩所問経』○	148
9. 宝幢分	曇無讖	×	波羅頗蜜多羅訳『宝星陀羅尼経』○	138
10. 虚空目分	曇無讖	×		
11. 宝髻菩薩品	曇無讖	×		
12. 無盡意菩薩品	智厳共宝雲	○	竺法護訳『阿差末菩薩経』○	175
13. 日密分	曇無讖	×		
14. 日蔵分	那連提耶舎	×		257
15. 月蔵分	那連提耶舎	×		
16. 須弥蔵分	那連提耶舎	×		230
17. 十方菩薩品	那連提耶舎	×		

Khadhiraka で原語が一致しない。

なお羽渓了諦博士は、佉羅帝山をシルクロードのオアシス都市カローシュトラ Kharoṣtra つまり現在のカシュガルに比定したが、『大集経』が、インド本土よりシルクロード地方に関係が深いことは間違いない。

なお「大集部」所収の『観虚空蔵菩薩《かんこくぞうぼさつ》経』(大正四〇九)には、『般舟三昧経』の八菩薩の名を挙げ、「是の八菩薩は、般舟中より出す。是の八人は求道以来無央数《むおうしゅ》劫。今に於いて未だ仏を取らず(以下略)」と説かれ、この八人を、本書第五章で見た『八陽神呪《はちようじんじゅ》経』や『灌頂《かんじょう》経』(大正一三三一)巻四と同じく、大悲闡提《だいひせんだい》の菩薩(本書第一二章参照)としている。

この『観虚空蔵菩薩経』は、『大集経』には含まれない。『大集経』に「虚空蔵品」が含まれるため、関連経典として「大集部」に収録されただけである。また八人の在家菩薩への記述が見られるのは、経典の本編ではなく、末尾に付加された部分であるため、これをもって『大集経』に『般舟三昧経』の影響があると認めることはできない。ただしこのような観仏経典に『般舟三昧経』の影響が見られることは興味深い。

4 『宝星陀羅尼経』について

また『大集経』所収の「宝幢《ほうどう》分」は、唐の波羅頗蜜多羅《はらはみったら》(プラバーミトラ)によって『宝星《ほうしょう》陀羅尼経《だらにきょう》』（大正四〇二）として別個に訳出されている。

　これは、舎利弗《しゃりほつ》と目犍連《もっけんれん》の帰仏という歴史的事実に取材しながら、仏教と魔王の抗争というテーマを扱った陀羅尼経典である。そのサンスクリット断片はギルギットとネパールから発見され、久留宮円秀教授によって校訂テキスト（平楽寺書店、一九七八年）が刊行された。

　そのネパール国立公文書館National Archives本（五葉）は、ネパールでは極めて稀な樺皮写本である。さらにスコイエン・コレクションにも多量の断片が含まれており、ミュンヘン大学のハルトマン教授（すでに定年退職）によって、同定作業が続けられている。これらの事実から「宝幢分」は、西北インドあるいは中央アジア成立の可能性が高いと考えられる。また後述のように『金光明経《こんこうみょうきょう》』から密教経典への発展とも密接に関わっている。

　その対告衆を見ると、『大集経』「宝幢分」には菩薩名の列挙がないが、『宝星陀羅尼経』とサンスクリット写本、チベット訳の三者はよく一致し、一二名の菩薩名が挙げられている（表5参照）。これを見ると、最後の弥勒《みろく》を除くすべての菩薩が童真《どうしん》kumārabhūtaのタイトルをもち、独身の誓いを立てた出家の菩薩となっている。このような対告衆の選択は、大乗仏教が出家僧伽《そうぎゃ》に浸透した中後期の大乗仏典の特徴といえる。

　また『大集経』「宝幢分」の「陀羅尼品」では、東方阿閦如来の有楽（＝妙喜）世界と、西方無量寿如来の安楽（＝極楽）世界から、無量の菩薩が娑婆《しゃば》世界に来詣《らいげい》し、「南北二方も亦た

表５　『宝星陀羅尼経』の対告衆

『大集経』	『宝星陀羅尼経』	チベット訳（東北 No.138）	梵本
欠	1. 持須弥頂童真	1.lhun po'i rtse 'dzin gźon nur gyur pa	1.Meruśikharadhara
	2. 水智童真	2.chu lha'i blo gros gźon nur gyur pa	2.Varuṇamati
	3. 地智童真	3.bzaṅ po'i blo gros gźon nur gyur pa	3.Sumati
	4. 勝智童真	4.rgyal ba'i blo gros gźon nur gyur pa	4.Jinamati
	5. 空智童真	6.nam mkha'i blo gros gźon nur gyur pa	6.Ākāśamati
	6. 明智童真	5.'od kyi blo gros gźon nur gyur pa	5.Raśmimati
	7. 電智童真	7.glog gi blo gros gźon nur gyur pa	7.Vidyunmati
	8. 文殊師利童真	8.'jam dpal gźon nur gyur pa	8.Mañjuśrī
	9. 降伏童真	9.thub dka' gźon nur gyur pa	9.Śākya
	10. 水天童真	10.chu lha gźon nur gyur pa	10.Varuṇa
	11. 無垢童真	11.dri med gźon nur gyur pa	11.Vimala
	12. 弥勒菩薩	12.byams pa	12.Maitreya

是の如し」と説かれている。これに対して波羅頗蜜多羅訳では、東方阿閦、南方宝星、西方阿弥陀、北方鼓音《くおん》、下方毘盧《びる》遮那《しゃな》、上方智光の浄土から、菩薩が来詣したと説かれ、曇無讖から波羅頗蜜多羅訳の間に、『金光明経』の四方四仏説を参考に、経典の改変が行われたことを示している。

さらに「宝幢分」に登場する菩薩のうちの何名かが、胎蔵曼荼羅の第三重（現在の文殊院・除蓋障《じょがいしょう》院・地蔵院・虚空蔵院）に取り入れられたことも分かっている。このように「宝幢分」は、中後期の大乗仏典から密教への発展途上にあることが分かった。

5 『僧伽吒経』の対告衆

東魏の月婆首那訳『僧伽吒経《そうがたきょう》』（大正四二三）も『大集経』には含まれないが、『大正大蔵経』では「大集部」に含まれている。これは同本異訳の『大集会正法経《だいしゅうえしょうぼうきょう》』（大正四二四）が、経題に「大集会」を冠するため『大集経』の一部と考えられたことによる。

『僧伽吒経』は、ネパールにもサンスクリット写本はなく、従来は注目されていなかったが、ギルギットからサンスクリット写本が発見され、アフガニスタンからも断片が出てきたので、にわかに注目を集めるようになった。

一九三一年、英領インドのカシミール州ギルギット（現在はパキスタン領）の西二マイルのナウプール村の古代僧院（仏塔あるいは経蔵という説もある）跡で、大量の仏教写本が発見された。その料紙は、樺皮あるいは紙本で、年代的には六〜七世紀と推定された。中央アジア探検のため現地を通過したオーレル・スタインがもたらしたニュースに触発され、世界各地の研究者が現地を訪れ、この貴重なサンスクリット写本を研究するようになった。現在、ギルギット写本の大半は、インド国立公文書館 National Archives が所蔵しているが、スリナガルのシュリー・プラタープ・シン博物館と大英図書館にも、若干の写本が所蔵されている。

オスカー・フォン・ヒニューバー教授によれば、ギルギットから出土した『僧伽吒経』の写

表6 『僧伽吒経』の対告衆

『僧伽吒経』	『大集会正法経』	チベット訳（東北 No.102）	ギルギット写本
1. 弥帝隷	1. 慈氏	1.byams pa	1.Maitreya
2. 一切勇	2. 普勇	2.kun tu dpa' ba	2.Sarva[śūra]
3. 童真徳	3. 童子吉祥	3.gźon nu'i dpal	3.Kumāraguṇa
4. 発心童真	4. 童子住	4.gźon nur gnas pa	4.Kumāravāsin
5. 童真賢	5. 童子賢	5.gźon nu bzaṅ po	5.Kumārabhadra
6. 無滅	6. 無所滅	6.mi 'bri ba	6.Anūna
7. 文殊師利	7. 妙吉祥	7.'jam dpal	7.Mañjuśrī-kumārabhūta
8. 普賢	8. 普賢	8.kun tu bzaṅ po	8.Samantabhadra
	9. 善現	9.blta na sdug	9.Sudarśana
9. 金剛斯那	10. 金剛軍	11.rdo rje'i sde	
	11. 薬王	10.sman gyi sde	10.Bhaiṣajyarāja

本は三本ある。このうちシュリー・プラタープ・シン博物館では、たまたま対告衆の菩薩名を列挙した一葉が展示されており、スリナガルを訪れた知人からその写真を提供されて調べたところ、『僧伽吒経』の冒頭部分であることが判明した。

このように「大集部」の経典で、対告衆の名前を、複数の漢訳・チベット訳・サンスクリット写本で比較できるテキストは稀である（表6参照）。

表のように、『僧伽吒経』には九名、『大集会正法経』では一一名の菩薩が、対告衆として列挙されている。いっぽう対応するチベット訳（東北一〇二）では10.と11.の順序が入れ替わるが、『大集会正法経』と同じ一一名の対告衆を列している。これに対してギルギット写本では、『僧伽吒経』の9.金剛斯那《こんごうしな》、つまりヴァジュラセーナ（Vajrasena）を除く一〇名の対告衆を列している。このうち『僧伽吒経』で大活躍するのは2.一切勇《いっさいゆう》菩薩Sarvaśūraだけである。いっぽう末尾近くには薬上《やくじょう》（僧伽吒経）あるいは薬王軍《やくおうぐん》（大集会正法経）と呼ばれる菩薩が登場する。薬上は『大集会正法経』の対告衆や『観薬王薬上二菩薩経』（本書第七章参照）に説かれる薬王菩薩の弟であるが、『大集会正法経』では薬王軍と名前が変わっている。なおチベット訳の対告衆の末尾の10.sman gyi sdeは、漢訳すれば薬軍となるので、おそらくこれと関係するものと思われる。なおそれ以外は、文殊《もんじゅ》・普賢《ふげん》のような大菩薩も含めて、経典の本文では一言も発しない。

『僧伽吒経』の対告衆には、他の大乗経典を特徴づける菩薩が含まれておらず、その点では収穫がなかったが、他の経典の対告衆を表にして整理する過程で、思いがけない発見があった。それはチベット・ネパールで観音信仰の根本聖典とされる『カーランダ・ビューハ』（大乗荘厳宝王経）の対告衆に、大勤勇《だいごんゆう》菩薩Sarvaśūraが含まれることが分かったことである。

『カーランダ・ビューハ』は、チベット・ネパールで観音信仰の根本聖典とされるが、漢訳は北宋時代まで下がる。ところがインドからは、『カーランダ・ビューハ』に基づく四臂《しひ》観音の作例が発見され、ギルギットからも断片が発見されるなど、その成立地と成立年代に問題が残されていた。

ところが今回、『カーランダ・ビューハ』の対告衆に『僧伽吒経』の主要な対告衆が見いだされたことで、その成立地はおそらく西北インドで、時代も『僧伽吒経』を遡り得ないことが判明した。これは中後期の大乗仏典では、成果が乏しいと思われた対告衆の比較でも、ときおり思いがけない発見があるという一例である。

6 『大集経』の成立年代と成立地

『大集経』をはじめ、『大正大蔵経』「大集部」に含まれる経典を見ると、サンスクリット原典がネパールに遺っていないものが多い。またサンスクリット写本がネパールに遺っていても、『宝星陀羅尼経』のように西北インド系の樺皮写本である例がある。『般舟三昧経』の断片も中央アジアから出土したものであり、『僧伽吒経』が発見されたのも西北インドのギルギットである。

また『大集経』に収録される一七経のうち、対応するチベット訳が存在するのは、八経に過ぎない（表4には対応するチベット訳の東北番号を示している）。また現行の『大集経』に含まれない経典でも、『念仏三昧経』のように、一時は流行したにもかかわらずチベット訳がないもの、『地蔵十輪経』のように、チベット訳はあるが漢訳からの重訳であるものもある。

これらの事実は、吐蕃《とばん》王国がインドから多量の大乗仏典を取り寄せて翻訳した時代（八世紀後半～九世紀）には、すでにサンスクリット写本が手に入らなくなっていたことを暗示している。チベットは、その地理的位置から、主としてガンジス河中流域の「仏教中国」やネパールで写本を蒐集したと考えられる。

ところが西北インドで成立し、シルクロード経由で中国に伝えられた経典の中には、仏教中国やネパールには流布していなかったテキストが存在した可能性がある。

そこで吐蕃では、インドを捜索しても見つからなかった重要経典は、吐蕃の支配下にあった敦煌などで、漢訳から重訳して補充したのである。

そのようなテキストが「大集部」に多いということは、これらの経典が西北インドあるいは中央アジアで成立した可能性を示唆するものといえる。

そしてこれらのテキストが失われた原因としては、本書第三章で見たタキシラからナーランダーへの仏教センターの移動が反映していると思われる。初期大乗仏典の大多数は、クシャン帝国の本拠があった西北インドで成立したものと思われる。しかし西北インドで成立した大乗仏典も、やがて仏教中国に伝播して、現地でも広く信仰されるようになったと考えられる。

ところがエフタルの攻撃を受けて西北インドの仏教が衰え、仏教のセンターがナーランダーに移ると、西北インドで編集されたが仏教中国には流布していなかった中後期大乗仏典が、大量絶滅したのではないだろうか？「大集部」に収録されている経典の多くが、ネパールには写本が伝存せず、サンスクリット原典から翻訳されたチベット訳にも乏しい理由を、私はこのように推理している。

7　まとめ

『大宝積経』と『大集経』は、大乗仏典の叢書として代表的な聖典群である。『チベット大蔵経』には「宝積部」dkon brtsegs は存在するが、「大集部」は存在しない。また「宝積部」の経典の配列は、漢訳とほぼ同一となっており、別行していた経典をチベット訳した後で、漢訳『大宝積経』を参照して叢書にまとめ上げたとの疑いを禁じ得ない。

このうち『大宝積経』の対告衆には、王舎城の在家菩薩バドラパーラや、八正士、十六正士に言及する経典が含まれ、直接・間接に『般舟三昧経』の影響を受けたものが複数含まれる。これに対して『般舟三昧経』自体は、「大集部」に収録されるにもかかわらず、『大集経』には八正士、十六正士のような在家菩薩に言及するものがない。これは『大集経』の説処が、欲界・色界の中間の大宝房に設定されていることに加え、『大集経』所収のテキストには、『般舟三昧経』の影響力が失われた中後期の大乗仏典が多く含まれるからと思われる。

なお松田和信教授は、「アフガニスタン写本から見た大乗仏教」『シリーズ大乗仏教1』（春秋社、二〇一一年）において、複数の大乗仏典を連写した貝葉写本（五世紀）を紹介し、「もし当時のインドで、大乗経典を一つの写本に脈絡なく連写することが普通に行われていたとすれば、例えば漢訳に残る大乗経典集成である『大宝積経』や『大集経』の成立事情もそれから類推できるかもしれない」と述べている。『大宝積経』や『大集経』が連写写本から派生したとの見解は、非常に示唆的である。

第一〇章　八大菩薩の展開

1　はじめに

本書第五章で見たように、最初期の大乗仏典『般舟三昧経《はんじゅさんまい》』には、般舟三昧の教えを伝持する八人の在家菩薩が登場する。前述のように、この八人の在家菩薩は、初期大乗仏典のいくつかに言及され、さらにこれを二倍に増広した十六正士《しょうじ》と呼ばれるグループへと発展する。

大乗仏教における在家菩薩の代表として、対告衆《たいごうしゅ》に十六正士を列する大乗仏典は、漢訳だけでも二三篇（異訳を含む）に及んでいる。この他、サンスクリット原典やチベット訳で「バドラパーラ等の十六人の正士 sat-puruṣa」を説く大乗仏典も存在する。このように十六正士が普及したのは、大乗仏教の代表的聖典である大品系の『般若経《はんにゃ》』に、これらの一六人が列せられたことによると思われる。

従来の研究では、『般舟三昧経』は阿弥陀《あみだ》如来との関係が深く、『般若経』や『維摩経《ゆいま》』など、阿閦《あしゅく》如来と関係する経典とは疎遠であるとされてきた。ところが本書第六章と第七章で見たように、『般若経』や『維摩経』の編者も、『般舟三昧経』を参照していたことが分かったのである。

しかし『般舟三昧経』の八人の在家菩薩は、大乗仏教の発展とともに、しだいに忘れられ、中後期の大乗仏典には、これとは別の八尊の菩薩のグループが説かれるようになる。これらは八大菩薩と呼ばれるが、経典によって種々の組み合わせが説かれている。本章では、八大菩薩を中心に大乗仏典に説かれる菩薩群の発展を見ることにしたい。

2 八大菩薩の種類

頼富本宏教授は、仏典に説かれる八大菩薩には以下の七種類の組み合わせがあると説いている。①『般舟三昧経』の八大菩薩。②『薬師経《やくしきょう》』の八大菩薩。③『七仏八菩薩所説大陀羅尼神呪経《しちぶつはちぼさつしょせつだいだらにじんじゅきょう》』の八大菩薩。④『舎利弗陀羅尼経《しゃりほつだらにきょう》』の八大菩薩。⑤『理趣経《りしゅきょう》』系の八大菩薩。⑥『八大菩薩曼荼羅経《はちだいぼさつまんだらきょう》』の八大菩薩。⑦『文殊師利根本儀軌経《もんじゅしりこんぽんぎききょう》』の八大菩薩（表1参照）。

このうち頼富教授は、インドで最も多くの作例を遺している⑥『八大菩薩曼荼羅経』の八大菩薩に注目し、これを「標準型の八大菩薩」と名づけた。①は、むしろ八人の在家菩薩と呼ぶべき組み合わせで、従来は作例が知られていなかった。なお本書第一六章で見るように、著者

表1　八大菩薩の組み合わせ

	説かれる経典	成立年代
①『般舟三昧経』の八大菩薩	『般舟三昧経』『八吉祥神呪経』	紀元前後
②『薬師経』の八大菩薩	『灌頂経』『薬師経』（敦煌本）	4世紀
③『七仏八菩薩所説大陀羅尼神呪経』	『七仏八菩薩所説大陀羅尼神呪経』	3～4世紀
④『舎利弗陀羅尼経』の八大菩薩	『牟梨曼陀羅呪経』『舎利弗陀羅尼経』	2～3世紀
⑤『理趣経』系の八大菩薩	『理趣経』『金剛頂経』など	7世紀
⑥標準型の八大菩薩	『八大菩薩曼荼羅経』『師子荘厳王菩薩請問経』など	7世紀
⑦『文殊師利根本儀軌経』の八大菩薩	『文殊師利根本儀軌経』	6～7世紀

は古代オリエント博物館に寄託されたガンダーラ出土「仏説法図」の上部に表されている八人の菩薩が、①『般舟三昧経』の八人の在家菩薩の現存する唯一の作例であると考えている。

②『薬師経』の八大菩薩は、日本の『別尊雑記《べっそんざっき》』などに作例がある。これについては本章3で見ることにする。

③と④は現在までのところ絵画・彫刻の作例は知られていない。なお④の『舎利弗陀羅尼経』は『出生無辺《しゅっしょうむへん》門陀羅尼《もんだらに》経』の異訳で、その尊格群については本書第一三章「大乗仏教から密教へ」で取り上げることにする。

⑤『理趣経』系の八大菩薩については本章5で見ることにする。

⑥標準型の八大菩薩は本章6で取り上げる。

⑦『文殊師利根本儀軌経』の八大菩薩は、童子形の八大菩薩と通常の菩薩形の八大菩薩の両者があり、初期大乗仏典以来、意識されてきた出家菩薩と、在家菩薩ある

いは賢劫《げんごう》菩薩の区別を反映するものと思われる。『文殊師利根本儀軌経』の八大菩薩も従来は作例が知られていなかったが、私がチベット系の作例を同定した。これについては、本章の4で詳しく見ることにする。

3 『薬師経』の八大菩薩

初期大乗における代表的な他土仏は、東方阿閦如来と西方阿弥陀如来であったが、中期大乗に入ると新たな他土仏として薬師如来の信仰が興る。そして薬師信仰を説く『薬師経』には、薬師如来が以下のように、信徒の極楽往生を助けると説かれている。

「彼ら（極楽往生を願う善男子善女人）が、かの婆伽梵薬師瑠璃光如来の御名を聞いたなら、彼らが末期《まつご》の時に、八人の菩薩が神通力によって来たりて、（道を）教示し、彼らは、そこ（極楽浄土）の種々の色の蓮台上に化生《けしょう》するであろう」（ギルギット出土のサンスクリット原典からの拙訳）

これが『薬師経』の八大菩薩の典拠であるが、ギルギット本や達摩笈多《だつまぎゅうた》訳『薬師如来本願《やくしにょらいほんがん》経』、玄奘《げんじょう》訳『薬師瑠璃光如来本願功徳《やくしるりこうにょらいほんがんくどく》経』、チベット訳では単に「八人の菩薩」aṣṭau

薬師八大菩薩（『別尊雑記』）

bodhisattvau とあるだけで、八大菩薩一々の尊名は説かれていない。

　これに対して『薬師経』の最古訳とされる東晋の帛尸梨蜜多羅《はくしりみったら》訳『灌頂《かんじょう》経』（大正一三三一）巻第十二では、①文殊師利《もんじゅしり》、②観世音《かんぜおん》、③得大勢《とくだいせい》、④無盡意《むじんに》、⑤宝檀華《ほうだんげ》、⑥薬王《やくおう》、⑦薬上《やくじょう》、⑧弥勒《みろく》の八尊の名が挙げられている。同じ組み合わせの八大菩薩は、玄奘訳の敦《とん》煌《こう》異本（大正一四巻、四〇六の註一二）、迦才《かさい》（七世紀）の『浄土《じょうど》論《ろん》』（大正一九六三、四七巻、九四b）にも出るが、『灌頂経』からの引用と思われる。

　また『別尊雑記』には薬師八大

菩薩の白描図像が収録されるが、そこでは観音・大勢至、薬王・薬上、弥勒・文殊、無盡意・宝檀華が対称的な位置に配されている（写真）。薬師八大菩薩といいながら、薬師如来の脇侍である日光・月光《がっこう》を含まず、観音と大勢至を左右に配するのは、彼らが信徒を極楽に導くとされたためであろう。しかし八大菩薩の尊名は、他の文献の何れにも説かれず、帛尸梨蜜多羅が漢訳に当たって補足した可能性が高い。

4　『文殊師利根本儀軌経』の八大菩薩

これに対して『文殊師利根本儀軌経』の八大菩薩は、初期密教経典の『文殊師利根本儀軌経』「上品幢《どう》像儀則品」に説かれる。同経には、都合四種類の幢像、つまりインドの軸装仏画（パタ）が説かれるが、八大菩薩はその中でも最も本格的な上品の幢に描かれる。

『文殊師利根本儀軌経』の上品の幢の八大菩薩には二種類あり、本尊釈迦如来の右辺には①妙吉祥《みょうきちじょう》（文殊）、②聖月光《しょうがっこう》、③蓮華妙財《れんげみょうざい》、④能除一切蓋《のうじょいっさいがい》（除蓋障）、⑤虚空蔵《こくぞう》（虚空庫）、⑥地蔵《じぞう》、⑦無価《むか》、⑧妙眼意《みょうげんい》の八尊、左辺には①慈氏《じし》（弥勒）、②普賢《ふげん》、③観自在《かんじざい》、④金剛手《こんごうしゅ》、⑤大聖意《だいしょうい》、⑥善意《ぜんい》、⑦遍照蔵《へんじょうぞう》、⑧滅罪《めつざい》（滅悪趣）の八尊が描かれる。このうち右辺の妙吉祥（文殊）以下の八尊は童子形であり、「童真《どうしん》」と呼ばれた出家菩薩の系統に属する。これに対して左辺の慈氏（弥勒）以下の八尊は通常の菩薩形であり、弥勒を上首とする賢劫菩薩や他土菩

表２『文殊師利根本儀軌経』の八大菩薩

文殊師利根本儀軌経	チベット訳（東北 No.543）	梵本
1. 妙吉祥菩薩	1.'jam dpal	1.Āryamañjuśrī
2. 聖月光菩薩	2.'phags pa zla ba'i 'od	2.Āryacandraprabha
3. 妙財菩薩	3.nor bzaṅ	3.Sudhana
4. 能除一切蓋菩薩	4.sgrib pa rnam par sel ba	4.Sarvanīvaraṇa
5. 虚空蔵菩薩	5.nam mkha' mdzod	5.Gaganagañja
6. 地蔵菩薩	6.sa'i sñiṅ po	6.Kṣitigarbha
7. 無価菩薩	7.sdig med	7.Anagha
8. 妙眼意菩薩	8.spyan bzaṅ	8.Sulocana

文殊師利根本儀軌経	チベット訳（東北 No.543）	梵本
1. 慈氏菩薩	1.'phags pa byams pa	1.Āryamaitreya
2. 聖普賢菩薩	2.'phags pa kun tu bzaṅ po	2.Samantabhadra
3. 聖観自在菩薩	3.'phags pa spyan ras gzigs dbaṅ phyug	3.Āryāvalokiteśvara
4. 聖金剛手菩薩	4.'phags pa phyag na rdo rje	4.Āryavajrapāṇi
5. 大聖意菩薩	5.'phags pa blo gros chen po	5.Āryamahāmati
6. 善意菩薩	6.blo gros źi ba	6.Śāntamati
7. 遍照蔵菩薩	7.rnam par snaṅ mdzad sñiṅ po	7.Vairocanagarbha
8. 滅罪菩薩	8.ṅan soṅ spoṅ ba	8.Apāya[ṃ]jaha

薩から発展したものと思われる（表2参照）。

『文殊師利根本儀軌経』の八大菩薩は、長らく作例が確認できなかったが、私が韓国ハンビッツ文化財団のコレクションから、『文殊師利根本儀軌経』の上品の幢に相当する「トンワトゥンデン」のタンカを発見して以来、複数の作品が同定されるようになった（写真と配置図）。『文殊師利根本儀軌経』の二種の八大菩薩は、初期大乗仏典の時代から存在した在家・出家の菩薩の区別が、初期密教まで継承されたことを示している。またインド・チベットの仏教図像では、出家菩薩が、日本の地蔵菩薩や僧形《そうぎょう》文殊のような比丘形ではなく、頭頂に髻を結う童子形で表現されることも注目される。

なおネパール仏教では、服喪中の在家信徒は、頭頂の髻のみを残して剃髪する風習がある。チベットの在家密教行者にも、頭頂部に髻を結うヘアースタイルの者がある。このような習俗が、八斎戒を受けて禁欲的な生活を送ったインドの童真菩薩にまで遡るものならば興味深い。

5　『理趣経』系の八大菩薩

『理趣経』系の八大菩薩は、日本真言宗の常用読誦経典である『般若理趣経』に説かれている。『般若理趣経』の初訳は玄奘訳『大般若波羅蜜多経《だいはんにゃはらみった》』の「般若理趣分」である。また『理趣経』は、七世紀に活躍した中観《ちゅうがん》派の論匠チャンドラキールティの『プラサンナパダー』に『百五

トンワトゥンデン（ハンビッツ文化財団）

トンワトゥンデン図（ハンビッツ文化財団）配置図

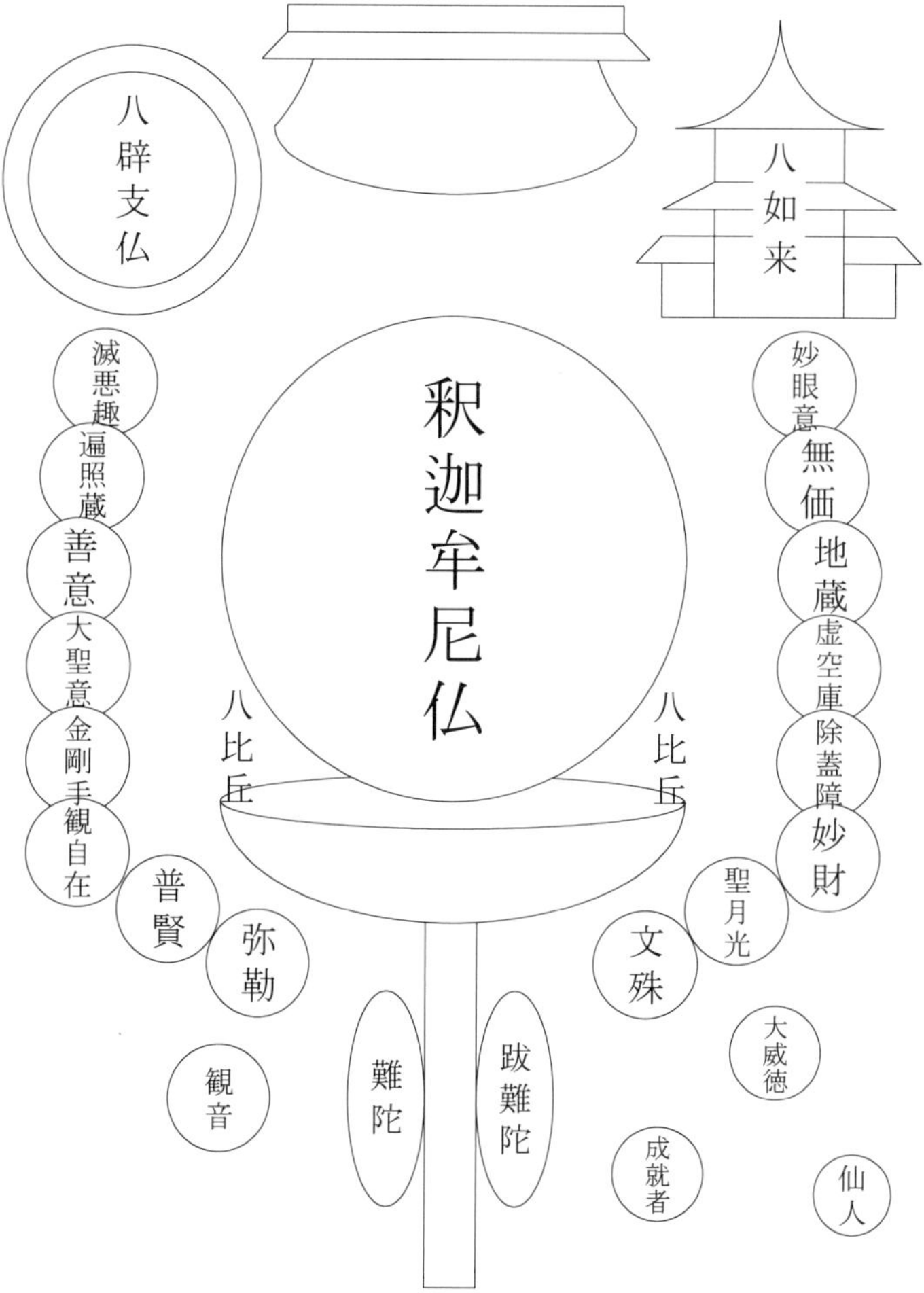

十頌般若経』の名で引用されている。現行の不空訳『理趣経』と「般若理趣分」の間には、かなりの出入があるが、八大菩薩については同一の八尊が説かれている。したがって『理趣経』系の八大菩薩が、玄奘がインドから帰国した六四六年までに成立していたことは確実である。

この八大菩薩は、『理趣経』各段の教理内容を尊格化したものである。同経の冒頭には、大日如来が、欲界《よくかい》の最高処にある他化《たけ》自在天《じざいてん》で、この経典を説いたとき、説処に集まった菩薩の上首として、①金剛手、②観自在（観音）、③虚空蔵、④金剛拳《こんごうけん》、⑤文殊、⑥纔発心転法輪《さいほっしんてんぼうりん》、⑦虚空庫《こくうこ》、⑧摧一切魔《さいいっさいま》の八尊が列挙されている。

このうち⑥纔発心転法輪は、『ラリタヴィスタラ』以来、多くの初期大乗仏典に対告衆として列していた菩薩である。また虚空庫は、初期大乗仏典では虚空蔵と訳されていたガガナガンジャ Gaganagañja である。

いっぽう摧一切魔 Sarvamārapramardin は、『維摩経』の対告衆に壊魔《えま》菩薩 Mārapramardin として出る。なお第七章で見た『諸法《しょほう》無行《むぎょう》経』（大正六五〇）のサンスクリット写本は、対告衆の列挙が残存しているので原文が確認できるが、その十光《じっこう》破魔力《はまりき》菩薩の原語が Mārapramardi であることが分かった。スコイエン写本では正則文法の in 語幹ではなく、俗語形となっているが、同一尊であることは間違いない（表3参照）。前述のように栂尾祥雲博士は、『理趣経』

の先駆経典として『諸法無行経』を挙げたが、今回は対告衆の比較という新たな手法で、『理趣経』と『諸法無行経』の関係が裏づけられた。ただし『維摩経』と『諸法無行経』の前後については、現在のところ判定できない。

『初会金剛頂経』も対告衆として『理趣経』系の八大菩薩を列するが、そこではこの菩薩が摧一切魔力Sarvamārabalapramardinと綴られている。なお『十万頌般若経』の対告衆には、摧魔力菩薩Mārabalapramardinが出て『初会金剛頂経《しょえこんごうちょうきょう》』に一致する。しかしこの菩薩は『大品《だいぼん》般若経』にはないので、『維摩経』の方が先であろう。

『理趣経』系の八大菩薩は、『理趣経』だけでなく複数の『金剛頂経』系の密教経典に説かれ、七世紀から八世紀にかけてのインドで、かなり普及していたことがうかがえる。なお『理趣経』系の八大菩薩は、現在のところインドからは作例が報告されていないが、日本やチベット仏教圏では、しばしば曼荼羅に描かれている。

そして『理趣経』系の八大菩薩は、金剛手＝金剛薩埵《さった》、観自在＝金剛法、虚空蔵＝金剛宝、金剛拳＝金剛拳、文殊＝金剛利、纔発心転法輪＝金剛因、虚空庫＝金剛業《ごう》、摧一切魔＝金剛牙《げ》というように、金剛界曼荼羅の十六大菩薩と対応している（表4参照）。

したがって金剛界曼荼羅の根幹をなす十六大菩薩は、『理趣経』系の八大菩薩を二倍に拡張したものと見ることができる。これは『般舟三昧経』の八人の在家菩薩が二倍に拡張され、十

チベット訳（東北 No.180）	スコイエン本
.bkod pa rab tu brgyan pa	1.Viyūhapra[ra]śminirdhautaprabhātejarāśi
.seṅ ge'i rtsal gyis 'gro ba	
.'od zer thogs pa med par śin tu sbyaṅs pa'i 'od kyi gzi brjid 'bar ba	
.ri rab zom la rnam par spyod pa'i rgyal po	2.Giriśi[kh]arameru[svara]rāja
.dga' bas rab tu 'dzum pa'i 'od dri ma med pa	3.Priyaprahasitavimalaprabha
	4.Bodhipaṭṭadhāri
.ñi ma'i 'od zil gyis gnon pa'i 'od 'phro	
.go 'phaṅ dam pa dri ma med pa thob pa	
.gzi brjid 'gro ba la 'phro ba'i padma rab tu rgyas pa'i lus	5.Niścaritatejapadumapraphullitagātra
.tshaṅs pa'i sgra dbyaṅs kyi skad sgrog pa	6.Brahmasvaranirghoṣasvara
0.seṅ ge'i rgyal po 'gro ba rnam par rol pa'i blo gros	
1.gser mdog gzi brjid dri ma med pa rnam par dag pa	7.Kanakārciśuddhavimalateja
2.reg na 'jam źiṅ gźon pa'i lus	8.Mṛdutalunasparśagātra
3.gser gyi rgyan ltar mtshan rab tu rgyas pa'i lus	
4.'od zer bcus pa dud rab tu 'dul ba	9.Mārabalapramardi
5.spyod lam źi bas ñe bar źi bar 'gro ba	10.Śāntindrīyeryāpathapraśāṃtagāmī
6.gzugs 'dzin mṅon par 'phags pa'i rgyal po	11.Dharaṇīndharātyuma
7.lha'i sgra dbyaṅs skad sgrog	
8.chos thams cad la dbaṅ phyug gi dbaṅ gi rtsal gyis spyod pa	12.Sarvadharmeśvaravaśavikkrāṃtagāmi
9.gzi brjid dri ma med pa'i lus	13.Śrītejavimalagātra
0.'jam dpal gźon nur gyur pa	

表３　『諸法無行経』の対告衆

諸法無行経	諸法本無経	大乗随転宣説諸法経
1. 衆徳荘厳	1. 荘厳瑩飾	1. 荘厳
2. 師子遊歩	2. 師子遊歩	2. 師子遊戯
3. 光無障浄王	3. 無礙焔浄光徳威王	4. 不動光
4. 高山頂自在王	4. 迷留山頂音王	
5. 愛喜浄光	5. 愛笑無垢光	3. 歓喜無垢光
6. 光蔽日月	6. 出光蔽日月光	5. 日光焔
7. 妙浄鬚	7. 最勝無垢持冠	6. 甚深離垢
8. 身出蓮華光	8. 出威蓮華開身	7. 蓮華相
9. 梵自在王音	9. 梵自在音	10. 梵天音
10. 遊戯世師子王音	10. 象戯師子王意	8. 師子智
11. 金色浄光威徳	11. 金光浄無垢威	9. 金色相
12. 柔軟身	12. 柔軟触身	13. 微妙色身
		11. 師子慧王
13. 金色相荘厳身	13. 金荘厳相開身	12. 無垢金光
14. 十光破魔力	14. 百光休摩羅力	13. 放光壊魔
15. 諸根威儀善寂	15. 寂根威儀寂行	14. 寂静諸根
16. 徳如高山	16. 地最上王	15. 陀羅尼王
17. 天音声	17. 天言辞鳴音	
18. 法力自在遊行	18. 法力自在寂静遊行	
19. 山徳浄身	19. 徳威無垢身	16. 吉祥清浄相
20. 妙徳	20. 曼殊尸利	17. 妙吉祥摧伏壊魔

表４　『理趣経』の八大菩薩と十六大菩薩

	十六大菩薩	大印の門からの尊名	『理趣経』の八大菩薩
東方	金剛薩埵	普賢	金剛手菩薩
	金剛王	不空王	
	金剛愛	摩羅	
	金剛喜	極喜王	
南方	金剛宝	虚空蔵	虚空蔵菩薩
	金剛光	大威光	
	金剛幢	宝幢	
	金剛笑	常喜悦根	
西方	金剛法	観自在	観自在（観音）菩薩
	金剛利	曼殊室利	文殊師利菩薩
	金剛因	纔発心転法輪	纔発心転法輪菩薩
	金剛語	無言	
北方	金剛業	毘首羯磨	（虚空庫菩薩）*
	金剛護	難敵精進	
	金剛牙	摧一切魔	摧一切魔菩薩
	金剛拳	一切如来拳	金剛拳菩薩

* 金剛業と虚空庫の対応は『初会金剛頂経』本文には記述がない。

六正士が成立したのと軌を一にするものといえる。

6　標準型の八大菩薩

本章1で見たように、大乗仏教で信仰される菩薩の中から八尊をまとめた八大菩薩には、テキストによって種々の組み合わせが説かれている。しかしインドで最も普及したのは、「標準型の八大菩薩」と呼ばれる組み合わせである。

これらの中で、弥勒《みろく》、観音はガンダーラ彫刻の時代から作例が確認され、文殊、普賢の二菩薩も、初期大乗仏典にしばしば登場する。これら四尊は四大菩薩とも呼ばれ、大乗仏教を代表する菩薩として信仰を集めた。

これに対して金剛手は、ガンダーラ彫刻では護法神に過ぎず、菩薩に昇格するのは第九章で見た『大宝積経《だいほうしゃくきょう》』「密迹金剛力士会《みっしゃくこんごうりきしえ》」の頃からである。また除蓋障は、『出生無辺門陀羅尼経』の最古の訳とされる『微密持経《みみつじきょう》』(三世紀前半)に、「去蓋《こがい》菩薩」として登場するのが初出と思われる。なお『出生無辺門陀羅尼経』の菩薩群については、本書では第一三章で取り上げる。

さらに虚空蔵(アーカーシャガルバ)Ākāśagarbha、地蔵(クシティガルバ)Kṣitigarbha の二尊は、初期の大乗仏典には登場せず、中後期の大乗仏典にはじめて出現した菩薩である。

これまで見てきた初期大乗仏典の対告衆には、虚空蔵菩薩が数多く登場するが、それらはすべて密教で信仰が盛んになる虚空蔵 Ākāśagarbha ではなく、後の密教では虚空庫と呼ばれるガガナガンジャ Gaganagañja なのである。多くの漢訳仏典で、両者は区別なく訳されているが、チベット訳ではアーカーシャガルバは nam mkha'i sñiṅ po、ガガナガンジャは nam mkha' mdzod と明確に訳し分けられるので、チベット訳があるテキストでは両者を区別することができる。

現在までのところ、ガガナガンジャは『ラリタヴィスタラ』に上方世界の菩薩として登場するのが初出と思われる。同名の菩薩は支婁迦讖《しるかせん》訳『阿闍世王《あじゃせおう》経』の二十五正士や『維摩経』、『大宝積経』「善住意天子会《ぜんじゅういてんしえ》」「宝髻菩薩会《ほうけいぼさつえ》」などに出るが、『阿闍世王経』では二十五正士に「沙訶質兜波沈摩遮迦波栝鎮」つまり纔発心転法輪が含まれ、『ラリタヴィスタラ』を参照していることが確認できる。いっぽう『維摩経』の対告衆には喜王菩薩が現れるので『賢劫経』より後であるが、『賢劫経』は『ラリタヴィスタラ』より後である。「宝髻菩薩会」は対告衆に解縛菩薩等十六正士を列するから『大品般若経』より遅く、したがって『ラリタヴィスタラ』より後である（本書第一四章参照）。「善住意天子会」の対告衆は『維摩経』に似ているので、年代的には『維摩経』と同じ頃と思われる。

これに対してアーカーシャガルバの初出と思われるのは、一言も発しない対告衆としては

『大宝積経』「三律儀会《さんりつぎえ》」の初訳である曇無讖《どんむせん》訳『大方広三戒経《だいほうこうさんかい》』、単独経典としては「大集部《だいしゅうぶ》」に含まれる北涼失訳『仏説虚空蔵菩薩神呪経《ぶっせつこくぞうぼさつじんじゅ》』（大正四〇六）まで下がる。ただし『大集経《だいじっ》』本体に含まれる「虚空蔵菩薩品」の対告衆は、対応するチベット訳（東北一四八）のサンスクリット経題からガガナガンジャであることが確認できるので注意が必要である。

なお同じ「大集部」には『虚空蔵菩薩神呪経』の異訳として、『虚空蔵菩薩経』（大正四〇五）、『虚空蔵菩薩神呪経』（大正四〇七）、『虚空孕菩薩経《こくうようぼさつ》』（大正四〇八）があるが、その説処は佉羅坻迦山に設定されているので、やはり『大集経』の後半部と何らかの関係があったと推定される。

これらの経典では、虚空蔵菩薩が西方世界から如意宝珠《にょいほうじゅ》の姿となって娑婆《しゃば》世界に現れたとあるのに、『大集経』「虚空蔵菩薩品」と異訳の『大集大虚空蔵菩薩所問経《だいしゅうだいこくぞうぼさつしょもん》』（大正四〇四）では、東方一宝荘厳如来の大荘厳世界の菩薩とされており、矛盾するといわれてきた。しかし前者はアーカーシャガルバ、後者はガガナガンジャなので別の尊格と考えるべきである。また前者の西方世界が、後の胎蔵曼荼羅で虚空蔵菩薩が描かれる第三重の西面に一致することも注目される。

なお『金光明経《こんこうみょう》』「分別三身品《ふんべつさんじん》」の対告衆が虚空蔵であるが、これは曇無讖訳になく真諦《しんだい》訳で増補された部分なので、年代が下がる。

いっぽう地蔵は、『華厳経』「十地品《じゅうじ》」の梵本のみに現れるが、対応する漢訳・チベット訳には欠けているので、後世付加されたものと思われる。また前述の『大方広三戒経』にも出るが、対応するチベット訳には欠けている。単独経典としては「大集部」に含まれる『大方広十輪経《だいほうこうじゅうりん》』(大正四一〇)が初出である。

このように虚空蔵・地蔵の二菩薩の単独尊としての初出は『大正大蔵経』では「大集部」に含まれるが、現行の『大集経』には収録されていない。またその説処は佉羅帝山(前章参照)に設定され、対告衆の列挙もないので、『大集経』の後半部、那連提耶舎《なれんだいやしゃ》が訳した部分に似ている。その成立の上限は五世紀頃に置けるであろう。

標準型の八大菩薩とその曼荼羅に言及する最古の漢訳経典は、六六三年に唐に来朝した那提訳の『師子荘厳王菩薩請問経《ししししょうごんおうぼさつしょうもん》』(大正四八六)である。したがってインドでは、標準型の八大菩薩が遅くとも七世紀中葉には成立していたことが分かる。

同経に言及される八大菩薩の順序は、後に不空《ふくう》が訳した『八大菩薩曼荼羅経《はちだいぼさつまんだら》』に一致する。いっぽう敦煌《とんこう》出土のチベット語文献『眷属を伴う毘盧遮那讃《びるしゃなさん》』(八世紀後半)は、色究竟天《しきくきょうてん》に住する毘盧遮那仏が、八大菩薩(二尊付加されている)と不動・降三世《ごうざんぜ》の二大明王に囲繞《いにょう》されることを説くが、ここに説かれる八大菩薩の尊名も、『師子荘厳王菩薩請問経』に一致している。

他の八大菩薩の作例が、インドからはほとんど発見されていないのに対し、標準型の八大菩薩は、インドから非常に多くの作例が出土している。とくに熱心な大乗仏教徒であったバウマカラ王朝が支配した東海岸のオリッサと、西部マハーラーシュトラ州のエローラからは、多数の作例が発見されている。

これらは①ラトナギリ出土の胎蔵大日八大菩薩像や、ウダヤギリ出土の観音菩薩八大菩薩像のように、本尊仏の光背《こうはい》の左右に四尊ずつ八大菩薩を配したもの、②エローラ第一一窟や第一二窟のように、石窟の本尊像の左右に四体ずつ八大菩薩を配したもの、③エローラ第一二窟の壁面浮彫やメトロポリタン美術館所蔵の八大菩薩の塼仏《せんぶつ》のように本尊の周囲に八大菩薩を配したもの（八大菩薩曼荼羅）などがある。

いっぽうラリタギリから出土した八大菩薩像は、それぞれが独立した高浮彫の立像となっているが、様式が揃ったセットが四種類あるので、本来は仏堂の本尊の左右に四体ずつ安置されていたものと思われる。なおこのような本尊仏と標準型の八大菩薩の組み合わせは、現在でもチベット仏教寺院の本堂に見られる。

なお③のタイプの八大菩薩曼荼羅は、日本の不空系の尊勝《そんしょう》曼荼羅に配置が類似している。またメトロポリタン美術館所蔵作品（二点）とアストッシュ美術館（コルカタ）所蔵の作品は、ともにナーランダーから出土したもので、同一の範型から作られた塼仏である。つまり八大菩

八大菩薩曼荼羅（メトロポリタン美術館）

薩曼荼羅は、同じ作品が大量に生産されて信徒に配布されていたのである。これは尊勝曼荼羅が、死者の滅罪と浄土往生を願って頻繁に制作されたことを思わせる（写真）。

これら標準型の八大菩薩に関連する経典の中には、胎蔵五仏に似た他土仏を説くものがあり、初期密教から『大日経』系への発展過程にあると考えられる。また胎蔵大日如来と標準型の八大菩薩の組み合わせは、インドからはラトナギリ胎蔵大日八大菩薩像しか発見されていないが、八世紀末から九世紀にかけて、敦煌を中心としたシルクロード地域や、吐蕃《とばん》の支配下にあった中央チベットや東チベットで、複数の作例が発見されている（表5参照）。

なお敦煌出土のチベット語文献『眷属を伴う毘盧遮那讃』では、色究竟天に住する毘盧遮那仏が、標準型の八大菩薩と二大明王を眷属とすると説かれる。最近、『パンタンマ目録』の発

表５　本尊仏と八大菩薩の組み合わせ

1. 主尊＋八大菩薩		
①禅定印		
	A. 胎蔵大日	大日如来像（ラトナギリ）・Stein Painting No.50（敦煌） ビド大日如来像・チャムドゥン大日如来像
	B. 阿弥陀	香川県開法寺板彫阿弥陀曼荼羅（中国唐時代）
②転法輪印		エローラ第 12 窟 1 階・転法輪印如来像（ウダヤギリ） 八大菩薩曼荼羅［塼仏］（ナーランダー出土）
③触地印		触地印如来像（ラトナギリ第 1 祠堂）
2. 主尊＋八大菩薩＋ 2 菩薩		
①禅定印		携帯用仏龕（Nelson-Atkins Museum） 八大菩薩曼荼羅（エローラ第 12 窟）
②転法輪印？		『文殊師利法宝蔵陀羅尼経』（維摩を含む）
③触地印		韓国慶州石窟庵（維摩を含む） エローラ第 12 窟 2 階・3 階
3. 主尊＋八大菩薩＋不動・降三世		
①禅定印		尊勝曼荼羅（不空系）
		色究竟天の毘盧遮那（ネーサル）
4. 主尊＋八大菩薩＋ 2 菩薩＋不動・降三世		
①禅定印？		『眷属を伴う毘盧遮那讃』（敦煌）
②触地印		サムイェー寺本堂 1 階
5. 主尊＋八大菩薩＋ 2 菩薩＋ 2 金剛		
禅定印		サムイェー寺本堂 2 階

見によって、このテキストが仏教を国教化したティソンデツェン王（七四二〜七九七）の御製であることが分かった。

また中央チベットのネーサル寺院には、胎蔵大日如来の左右に八大菩薩と不動・降三世の二大明王を配した大日如来堂があり、「色究竟天《しきくきょうてん》の毘盧遮那」（オクミン・ナムパルナンゼー）と呼ばれていた。そしてこの組み合わせは、胎蔵曼荼羅から主要尊を抽出したものとも見なされる。

なお後期大乗仏教の教学では、如来の報身は色究竟天から動かず、高位の菩薩たちに大乗の教えのみを説くとされていた。このことからラトナギリの胎蔵大日八大菩薩像は、色究竟天で高位の菩薩たちに大乗の教えを説く、如来の報身《ほうじん》を現したものとも考えられる。

7　まとめ

大乗仏典には非常に多くの菩薩が登場するが、これらのうち単独で信仰を集めた有力な菩薩は、八大菩薩というグループを形成するようになった。

ここで八尊にまとめられた理由は、同種の菩薩群の中で最も早く成立した『般舟三昧経』の在家菩薩の数が、八人だったからと思われる。その後、弥勒や観音などの大菩薩への信仰が高揚すると、『般舟三昧経』の在家菩薩の人気は衰え、他土から来詣《らいげい》した大菩薩の代表者である観音や、賢劫千仏の上首である弥勒、仏の智慧の象徴と考えられる文殊などの大菩薩を含む、標準型の八大菩薩が信仰を集めるようになった。

いかにブッダに功徳を讃えられたとはいえ、『般舟三昧経』の在家菩薩は生身の人間であり、仏国土の間を瞬間移動できる超人的な大菩薩ではなかったからである。

なお標準型の八大菩薩が『大日経』や胎蔵曼荼羅と関係が深いのに対し、『理趣経』系の八大菩薩は、『金剛頂経』や金剛界曼荼羅に発展してゆく。

さらに標準型の八大菩薩は、阿弥陀八大菩薩図や阿弥陀曼荼羅など、阿弥陀如来とも関係が深い。これは同種の菩薩群の中で最初に成立した『般舟三昧経』の八人の在家菩薩が、他土の仏を現前に観想する般舟三昧の伝持者と考えられたことによると思われる。

そして『八吉祥経』（本書第一三章参照）では、『般舟三昧経』の八人の在家菩薩が、極楽浄土の道案内をするとされ、それが『薬師経』の八大菩薩を経て、標準型の八大菩薩に受け継がれたのではないかと考えられる。なおこの問題については、第一六章「ガンダーラから極楽浄土図？（特論）」で、詳しく論じることにする。

第一一章　『金光明経』に見る異本の問題

1　はじめに

鎮護国家の経典として知られる『金光明経《こんこうみょうきょう》』は、『大智度論《だいちどろん》』には言及されず、無著《むじゃく》・世親《せしん》の著作にも引用されていないため、旧来の学界では、大乗仏典の中で最も遅れて成立した第三次大乗仏典に分類されてきた。ただし『金光明経』は曇無讖《どんむせん》（三八五〜四三三）によって初訳されており、近代の研究者が推定した無著・世親の時代（四〜五世紀）とあまり隔たっていない。

そこで大著『密教仏の研究』（法藏館、一九九〇年）を著した頼富本宏教授は、『金光明経』を後期大乗仏典としたが、『金光明経』に関する新著を発表した日野慧運氏は、同経を中期大乗仏典と呼んでいる。このように『金光明経』は、大乗仏典と密教聖典を橋渡しする存在であるため、インド大乗仏教における『金光明経』の位置づけは、専門家の間でも意見の一致を見ていない。

本章では、数多い大乗仏典の中でも、遅れて成立したと見られる『金光明経』について見ることにしたい。なお本章5で見るように、『金光明経』は、巻頭の対告衆《たいごうしゅ》の菩薩名列挙に問題があり、それによって他の大乗仏典との参照関係を解明することが難しい。そこで本章では、対告衆ではなく『金光明経』を特徴づける四方四仏や護法神群の尊名、経典に見られる記述や訳出事情などから、その成立を考えてみたい。

2 『金光明経』の成立

慧皎《えこう》の『梁高僧伝《りょうこうそうでん》』（五一九年）や費長房《ひちょうぼう》の『歴代三宝紀《れきだいさんぼうき》』（五九七年）によれば、中国に仏教を初めて伝えた摂摩騰《しょうまとう》が西北インドに滞在していた時、『金光明経』等の大乗経典を君臣に弘めて、隣国からの侵入を救ったと伝えられる。しかしこれは時代錯誤であり、仏教初伝とされる後漢の明帝《めいてい》の治世つまり紀元後一世紀に、大乗仏典の中でも成立が遅れる『金光明経』が存在していたとは考えられない。

いっぽうヨーロッパで初めて、『金光明経』の梵文校訂テキストを発表したJ・ノーベルは、同経の根幹をなす部分は「懺悔品《さんげ》」から「空品《くう》」に至る部分であり、対告衆のルチラケートゥ（信相・妙幢《みょうどう》）菩薩が登場する場面は、首尾の一貫性を保つために後から付加されたと主張した。

『金光明経』の「金光明」という経題は、「懺悔品」でルチラケートゥが夢に見た金鼓に由来するものであり、これに基づく「金光明懺法《せんぼう》」が、その後の中国で盛んに行われたことから考えても、「懺悔品」が『金光明経』において重要な部分であることに疑問の余地はない。

しかしルチラケートゥが後から付加されたと考えると、『金光明経』の中心と考えられる「寿量品《じゆりよう》」の根幹部分も、後世の付加ということになってしまう。

一般に大乗仏典においては、ブッダがその経典を説くにいたった因縁や対告衆を列挙する「序分」、経典の根幹をなす思想を表明する「正宗分《しようしゆう》」、経典の利益や守護する神々などを説く「流通分《るづう》」があるとされる。

ところがノーベル説によると、『金光明経』では「正宗分」の大半が後から成立したことになってしまう。日本の学界でノーベル説が広く支持されなかったのは、このような理由によると思われる。

なおルチラケートゥは、『金光明経』の説処である王舎城《おうしやじよう》の在家菩薩とされており、初期大乗仏典で活躍した王舎城在住の在家菩薩、バドラパーラのイメージを継承するものと見ることができる。

3　『金光明経』の諸本

一般に、大乗仏典の成立と展開を論じる時、ネパールにサンスクリット原典が伝存する場合は、それがインドにおける最終形態を反映すると見るのが通例である。ネパールは地理的に仏教が最後まで残存していたパーラ朝支配下のビハール地方に近く、ナーランダーやヴィクラマシーラなどの大寺院と人的交流があったことが知られるからである。

ところが『金光明経』では、ネパールに伝存するサンスクリット原典は、最初に漢訳された曇無讖の四巻本（大正六六三）に一致し、北周の耶舎崛多《やしゃくった》、梁の真諦《しんだい》などが増補した部分を合わせた『合部金光明経』（大正六六四、隋）や義浄《ぎじょう》の『金光明最勝王経《こんこうみょうさいしょうおう》』（大正六六五、唐）で増補された部分を含まない（表1参照）。真諦や義浄は、中央アジアを経由せず海路中国に渡っており、より発展した形態の『金光明経』がインドに存在したと考えられるのに、どうしてネパール系写本に、それが反映されなかったのかは大きな謎である。

いっぽう『チベット大蔵経』には、三本が収録されている。このうち東北五五五は、法成《ほうじょう》が敦煌《とんこう》で義浄訳『金光明最勝王経』を重訳したものである。つぎの東北五五六は『東北目録』では『合部金光明経』に相当するとしているが、後述のように完全には一致しない。最後の東北五五七は失訳であるが、サンスクリット原典から訳されたもので、曇無讖訳『金光明経』に

24 除病品	20 除病	15 除病	○
25 長者子流水品	21 流水長者子	16 流水長者子	○
26 捨身品	22 捨身	17 捨身	○
27 十方菩薩讃歎品	23 讃仏	18 讃仏	○
28 妙幢菩薩讃歎品			
29 菩提樹神讃歎品			
30 大辯才天女讃歎品			
31 付嘱品	24 付嘱○	19 嘱累	

合部八巻本の◎は真諦が増補した部分。○は耶舎崛多が増補した部分。

表1 『金光明経』の構成

金光明最勝王経	合部八巻本	曇無讖訳	梵本
1 序品	1 序	1 序	○
2 如来寿量品	2 寿量	2 寿量	○
3 分別三身品	3 三身分別◎		
4 夢見金鼓懺悔品	4 懺悔	3 懺悔	○
5 滅業障品	5 業障滅◎		
6 最地陀羅尼品	6 陀羅尼最浄地◎		
7 蓮華喩讃品	7 讃歎	4 讃歎	○
8 金勝陀羅尼品			
9 重顕空性品	8 空	5 空	○
10 依空満願品	9 依空満願◎		
11 四天王観察人天品	10 四天王	6 四天王	○
12 四天王護国品			
13 無染著陀羅尼品	11 銀主陀羅尼○		
14 如意宝珠品			
15 大辯才天女品	12 大辯天	7 大辯天神	○
16 大吉祥天女品	13 功徳天	8 功徳天	○
17 大吉祥天女増長財物品			
18 堅牢地神品	14 堅牢地神	9 堅牢地神	○
19 僧慎爾耶大将品	15 散脂鬼神	10 散脂鬼神	○
20 王法正論品	16 正論	11 正論	○
21 善生王品	17 善集	12 善集	○
22 諸天薬叉護持品	18 鬼神	13 鬼神	○
23 授記品	19 授記	14 授記	○

対応する。

なお『東北目録』は、東北五五六をジナミトラ、シーレーンドラボーディとイェシェーデ、つまり九世紀前半にサンスクリットから経典を翻訳した訳経官の訳としているが、奥書を見ると通常は「翻訳して確定した」とあるところが、「翻訳して欽定訳語に基づいて確定した」とあり、欽定訳語制定（八一四年）前の旧訳を改訂したことを認めている。私は東北五五六が、『プトゥン仏教史』に記録されながら現存しないティデックツェン王（七〇四〜七五四）時代のムーラショーカとジュニャーナクマーラ訳の改訳ではないかと考えている。

4 金光明四仏の成立と展開

『金光明経』の根幹をなす「寿量品」によれば、王舎城に住んでいたルチラケートゥ菩薩が、過去世から数え切れない善根《ぜんごん》を積んできたブッダの寿命が、わずか八〇年しかないことに疑問をもつと、東方阿閦《あしゅく》、南方宝相《ほうそう》、西方無量寿《むりょうじゅ》、北方微妙声《みみょうしょう》の四仏が出現し、釈迦如来の寿命は無量であると説いたといわれる。

本書で見てきたように、初期大乗経典には数多くの他土仏が説かれている。しかし東方阿閦如来と西方阿弥陀《あみだ》如来を除いては、多くの初期大乗仏典に共通して見られる他土仏は存在しなかった。

ところが『阿弥陀経』には、極楽浄土の教えが、この娑婆《しゃば》世界だけでなく他の世界でも信仰されている証拠として、東西南北と上下の六方の世界の仏の名を挙げる「六方段」という一節がある。ここには東方阿閦、西方無量寿（これが阿弥陀如来と同体であるかどうかについては議論がある）だけでなく、西方宝相仏、北方最勝音《さいしょうおん》仏という他土仏が説かれている。

このうち宝相仏はサンスクリットではラトナケートゥとなり、金光明四仏の南方仏に相当する。また最勝音仏の原語はドゥンドゥビスヴァラ・ニルゴーシャで、金光明四仏の北方、微妙声（ドゥンドゥビスヴァラ）仏に相当する。

つまり『金光明経』は、四方四仏の組み合わせを選ぶに当たって、『阿弥陀経』を参照したと思われる。その理由は、『阿弥陀経』が広く信仰されていたことに加え、短篇であるため読誦しやすく、人口に膾炙《かいしゃ》していたからであろう。

そして著者が『インドにおける曼荼羅の成立と発展』（春秋社、二〇一〇年）や『両界曼荼羅の源流』（春秋社、二〇二〇年）で詳しく論じたように、金光明四仏は、胎蔵《たいぞう》・金剛界《こんごうかい》の両界曼荼羅の四方に描かれる密教の四仏へと発展する。

私が、このような金光明四仏の造像例として注目しているのが、サーンチー大塔の四方四仏である。サーンチー大塔は、原始仏教からの仏像不表現の伝統を守り、ブッダの姿を菩提樹や法輪、仏の足跡などの象徴物で表現していたが、五世紀前半になって、トーラナをくぐった東

北方仏

東方仏

西方仏

南方仏

サーンチー大塔の四方四仏

西南北の基壇部に、四体の如来像が安置された（写真）。

これまでのインドの仏塔は、仏伝やジャータカの浮彫によって装飾されていた。これは燃灯《ねんとう》仏から授記《じゅき》を受けて以来、阿僧祇《あそうぎ》劫と呼ばれる無限に近い期間をかけて福徳と智慧を積み重ねて成仏し、衆生を救済して涅槃《ねはん》に入った釈迦牟尼《しゃかむに》という歴史的ブッダ（応身《おうじん》仏）を記念するものであった。

いっぽうインドでは五世紀以後、塔身の東西南北に四仏を安置する仏塔が出現する。サーンチー大塔の四方四仏は、仏塔創建当初からのプランではないが、インドにおける仏塔四仏の初期の例として注目される。

初期の仏塔四仏には図像学的な個性がなかったが、やがて東西南北の四仏は、それぞれ異なった印相《いんそう》を示すようになる。

そして八世紀以後、仏塔の東西南北には、金剛界曼荼羅の四方四仏と同じ印相の仏が安置されるようになる。つまり密教の時代に入ると、インドの仏塔は、金剛界四仏を四方に配した曼荼羅型の仏塔へと発展する（写真）。

このように四方に曼荼羅の四仏を安置する仏塔は、密教の本尊である宇宙的仏＝毘盧遮那《びるしゃな》仏（大日如来）、つまり法身《ほっしん》仏を象徴するものといえる。

これは、『金光明経』の四仏が、金剛界曼荼羅の四仏へと発展するプロセスと軌を一にするものである。そして奈良時代に、南都の寺院で制作された塔本《とうほん》四仏は、東西南北の仏の印相が確定する前の仏塔四仏、平安時代の金剛界四仏・五仏を安置する五重塔や多宝塔は、八世紀以後のインドの仏塔を継承するものと考えられる。

このような八〇歳で涅槃に入った釈迦牟尼（応身仏）を記念する仏塔から、四方に四仏を安置する永遠のブッダ（法身仏）を象徴する仏塔への発展が、『金光明経』「寿量品」と関係する

金剛界四仏を現した奉献小塔（サーンチー）

ことは疑いない。

インドにおいて大乗仏典所説の尊格群が、これほどの考古学的実例に恵まれている例は少ない。つまり私は、インドで『金光明経』「寿量品」が重視されたことの何よりの証左であると考えている。

このように、インドで四方に四仏を安置する仏塔が現れるのがグプタ朝時代からであるため、『金光明経』は、その時期にインドに流布したと考えられる。これに対して西北インドやシルクロード地域の仏塔は、発掘段階で塔身が崩壊していた例が多く、四方四仏を安置する仏塔の存在を確認することができなかった。

なおペシャワール博物館所蔵の小型鋳造《ちゅうぞう》仏塔（PM-3226、八〜九世紀）は、塔身の四方に金剛界四仏を表しており、密教の時代に入ってからの成立である。いっぽうパキスタン国立博物館（カラチ）所蔵の小型鋳造仏塔（NM-495、スワート出土？）は、四仏の印相が曼荼羅の四方四仏と一致せず、『金光明経』の四仏を造立したものである可能性が高い。様式論的に見た本作品の成立年代は四世紀とされるが、これはサーンチー大塔に四方四仏が安置された時期よりも若干早い。

このように最近になって、西北インドからも『金光明経』と関連する考古学的遺物が発見されているが、作例数は多くない。したがって『金光明経』の成立地を、仏教中国、西北インドのどちらと決定するのは時期尚早と思われる。

5 『金光明経』の仏菩薩

本章3で紹介した『金光明経』の諸本のうち、ネパール系梵本、曇無讖訳と東北五五七には、冒頭に対告衆の列挙がない。さらに耶舎崛多、真諦の補訳を付加した『合部金光明経』にも、対告衆の列挙は見られない。これに対して義浄の『金光明最勝王経』のみが、冒頭に五三名からなる菩薩衆を列挙している。この事実から、『金光明経』における対告衆の列挙は、成立当初からのものではなく、明らかに後代の付加であることが分かる。

ところが『合部金光明経』に相当するとされる東北五五六には、冒頭に対告衆の列挙がある。そこで義浄訳と法成の重訳（東北五五五）、東北五五六を対照させると、表2のように三者はほぼ完全に一致する。しかし私見では、東北五五六は「序品」の翻訳に当たって、義浄訳あるいはその重訳である法成訳を参照した可能性がある。本書で見てきたように、大乗仏典の対告衆の列挙は、テキストが確定してしまえば何世代にも亘って継承されるが、それでも異なった写本に基づく翻訳で、五三名もの対告衆が完全に一致することは考えにくいからである。

いっぽう義浄訳で付加された「金勝陀羅尼品《こんしょうだらに》」には、金光明四仏をはじめとする仏菩薩への帰敬《ききょう》が出る。その中では、金光明四仏に上方広衆徳仏《こうしゅとく》、下方明徳仏《みょうとく》が加えられているが、これは『十住毘婆沙論《じゅうじゅうびばしゃろん》』（大正一五二一）と『観仏三昧海《かんぶつさんまいかい》経』（大正六四三）に一致する。なお『十住毘婆沙論』と『観仏三昧海経』の十方仏は、大品系『般若経』や『華厳《けごん》経』の十方仏には一致せず、『宝月童子問法《ほうがつどうじもんぼう》経』（大正四三七）のものに近いが、完全には一致しない。なお『観仏三昧海経』は金光明四仏に言及するため、観仏経典の中では成立が遅いとされるが、上方広衆徳仏と下方明徳仏は、金光明四仏とは別の十方仏のセットの中に含まれる（表3参照）。

また「金勝陀羅尼品」に出る菩薩名も、観音《かんのん》や弥勒《みろく》などの大菩薩を除いては、義浄訳の冒頭に出る対告衆とほとんど一致しない。なおウルジー・ジャルガル氏は、「金勝陀羅尼品」に出る菩薩名には、標準型の八大菩薩（前章参照）から除蓋障《じょがいしょう》を除いた七尊が含まれることを指摘しているが、これは増広された『金光明経』の成立が、標準型の八大菩薩が成立する初期密教の時代（六世紀）に近接することを暗示している。

いっぽう「分別三身《ふんべつさんじん》品」の主要な対告衆は虚空蔵《こくぞう》菩薩であるが、この部分もネパール系梵本と東北五五七には含まれず、東北五五五は義浄訳からの重訳なので参考にならない。そこで東北五五六を見ると、**nam mkha’i sñiṅ po** つまり **Ākāśagarbha** であることが分かる。増補部分に登場する虚空蔵が **Ākāśagarbha** であれば、「分別三身品」と「金勝陀羅尼品」の成立は五〜六世紀まで下がると思われる。

27. 不断大願菩薩	27.smon lam chen po mi gcod pa	27.smon lam chen po mi gtoṅ
28. 施薬菩薩	28.sman gtoṅ	28.sman sbyin
29. 療諸煩悩病菩薩	29.ñon moṅs pa'i nad rnam par sel ba	29.ñon moṅs nad sel
30. 医王菩薩	30.sman pa'i rgyal po	30.sman pa'i rgyal po
31. 歓喜高王菩薩	31.'phags pa dga' ba'i rgyal po	31.dga' ba'i mtho ba'i rgyal po
32. 得上授記菩薩	32.luṅ bstan mchog thob	32.luṅ bstan mchog thob
33. 大雲浄光菩薩	33.sprin chen rnam dag 'od zer	33.sprin chen rnam dag 'od
34. 大雲持法菩薩	34.sprin chen chos 'dzin	34.sprin chen chos 'dzin
35. 大雲名称喜楽菩薩	35.sprin chen grags pa'i dga' ba	35.sprin chen grags dga'
36. 大雲現無辺称菩薩	36.sprin chen grags pa mtha' yas ston	36.sprin chen grags pa mtha' med ston
37. 大雲師子吼菩薩	37.sprin chen seṅ ge'i ṅa ro	37.sprin chen seṅ ge'i sgra
38. 大雲牛王吼菩薩	38.sprin chen glaṅ po che'i rgyal po'i ṅa ro	38.sprin chen khyu mchog sgra
39. 大雲吉祥菩薩	39.sprin chen bkra śis	39.sprin chen bkra śis
40. 大雲宝徳菩薩	40.sprin chen yon tan	40.sprin chen rin chen dpal
41. 大雲日蔵菩薩	41.sprin chen ñi ma'i sñiṅ po	41.sprin chen ñi ma'i sñiṅ po
42. 大雲月蔵菩薩	42.sprin chen zla ba'i sñiṅ po	42.sprin chen zla ba'i sñiṅ po
43. 大雲星光菩薩	43.sprin chen skar ma'i 'od	43.sprin chen skar ma'i 'od
44. 大雲火光菩薩	44.sprin chen me'i 'od	44.sprin chen me'i 'od
45. 大雲電光菩薩	45.sprin chen glog 'od	45.sprin chen glog gi 'od
46. 大雲雷音菩薩	46.sprin chen 'brug dbyaṅs	46.sprin chen 'brug sgra
47. 大雲慧雨充遍菩薩	47.sprin chen śes rab kyi char gyis kun tu khyab pa	47.sprin chen śes rab kun du 'char
48. 大雲清浄雨王菩薩	48.sprin chen bo rnam dag char rgyal	48.sprin chen rnam dag char ba'i rgyal po
49. 大雲花樹王菩薩	49.sprin chen me tog ljon śiṅ rgyal po	49.sprin chen me tog śiṅ rgyal
50. 大雲青蓮花香菩薩	50.sprin chen padma sṅon po'i bsuṅ	50.sprin chen utpala'i dri
51. 大雲宝栴檀香清涼身菩薩	51.sprin chen rin po che'i tsandan gyi dris lus bsil bar byed pa	51.sprin chen rin po che tsandan dri bsil sku
52. 大雲除闇菩薩	52.sprin chen mun sel	52.sprin chen mun sel
53. 大雲破医(瞖)菩薩	53.sprin chen rab rib 'joms	53.sprin chen rab rib sel ba

表２『金光明経』の対告衆

金光明最勝王経	チベット訳(東北No.555＝漢文蔵訳)	チベット訳（東北 No.556）
1. 無障礙転法輪菩薩	1.thogs pa med par chos kyi 'khor lo bskor ba	1.thogs pa med par chos kyi 'khor lo bskor ba
2. 常発心転法輪菩薩	2.rtag par chos kyi 'khor lo bskor bar	2.rtag par chos kyi 'khor lo bskor bar sems bskyed pa sems bskyed pa
3. 常精進菩薩	3.rtag par brtson pa	3.rtag tu brtson
4. 不休息菩薩	4.rgyun mi 'chad pa	4.mi gtoṅ brtson pa
5. 慈氏菩薩	5.byams pa	5.byams pa
6. 妙吉祥菩薩	6.'jam dpal	6.'jam dpal
7. 観自在菩薩	7.spyan ras gzigs dbaṅ phyug	7.kun tu spyan ras gzigs dbaṅ phyug
8. 総持自在王菩薩	8.gzuṅs la raṅ dbaṅ du gyur pa'i rgyal po	8.gzuṅs kyi dbaṅ phyug rgyal po
9. 大辯荘厳王菩薩	9.spobs pa chen po bkod pa'i rgyal po	9.spobs pa chen pos bkod pa'i rgyal po
10. 妙高山王菩薩	10.ri rab mchog gi rgyal po	10.lhun po'i rgyal po
11. 大海深王菩薩	11.śin tu zab pa'i rgya mtsho'i rgyal po	11.rgya mtsho zab mo'i rgyal po
12. 宝幢菩薩	12.rin po che'i tog	12.rin po che'i tog
13. 大宝幢菩薩	13.rin po che'i tog chen po	13.rin po che'i tog chen po
14. 地蔵菩薩	14.sa'i sñiṅ po	14.sa'i sñiṅ po
15. 虚空蔵菩薩	15.nam mkha'i sñiṅ po	15.nam mkha'i sñiṅ po
16. 宝手自在菩薩	16.rin po che'i lag gi dbaṅ phyug	16.lag na rin chen dbaṅ phyug
17. 金剛手菩薩	17.lag na rdo rje	17.lag na rdo rje
18. 歓喜力菩薩	18.dga' ba'i stobs	18.dga' ba'i stobs
19. 大法力菩薩	19.chos kyi stobs chen	19.chos chen mthu
20. 大荘厳光菩薩	20.bkod pa'i 'od chen	20.śin tu 'od bkod
21. 大金光荘厳菩薩	21.gser 'od bkod pa	21.gser 'od chen pos bkod pa
22. 浄戒菩薩	22.rnam dag tshul khrims	22.tshul khrims rnam dag
23. 常定菩薩	23.rtag tu mñam par gźag pa	23.rtag tu tiṅ ṅe 'dzin
24. 極清浄慧菩薩	24.blo gros śin tu rnam dag	24.śin tu rnam dag blo gros
25. 堅固精進菩薩	25.brtson 'grus brtan pa	25.brtson 'grus brtan
26. 心如虚空菩薩	26.nam mkha' daṅ mtshuṅs pa	26.sems nam mkha' bźin

表３　『宝月童子問法経』の十方仏

	『十住毘婆沙論』	『観仏三昧海経』	『宝月童子問法経』	チベット訳（東北 No.164）
東	善徳	善徳	賢吉祥	dpal bzaṅ po
南	栴檀徳	栴檀徳	無辺光	tsan dan dpal
西	無量明	無量明	喜吉祥	snaṅ ba mtha' yas
北	相徳	相徳	宝幢	me tog gi dpal
東南	無憂徳	無憂徳	無憂吉祥	mya ṅan med pa'i dpal
西南	宝施	宝施	宝幢	rin po che'i mchod sdoṅ
西北	華徳	華徳	吉祥花	me tog dpal
東北	三乗行	三乗行	蓮華光嬉戯智	mṅon par śes pa chuṅ ṅu daṅ 'briṅ daṅ chen pos rnam par rol pa
下	明徳	明徳	光明吉祥	snaṅ ba'i dpal
上	広衆徳	広衆徳	財吉祥	nor dpal

6　『金光明経』の護法神群

私は、妙法院門跡《みょうほういんもんぜき》から、二〇一八年に行われた三十三間堂《さんじゅうさんげんどう》二十八部衆像の再編（尊名変更と配置換え）に伴い、三十三間堂に掲示するキャプションの校閲を委嘱された。二十八部衆の起源については、『仏教図像学』（春秋社、二〇一五年）で簡単に紹介していたが、これを機会に再調査することになった。

二十八部衆の原型は、千手観音の経典である伽梵達摩《がぼんだつま》訳『大悲心《だいひしん》陀羅尼経』（大正一〇六〇、通称『千手《せんじゅ》経』）の「勅偈《ちょくげ》」と呼ばれる偈に説かれる護法神群である。いっぽう中国にも「二十諸天」と呼ばれる護法神群があり、かなりの尊格が共通している。

二十諸天は、千手観音以外の尊格の眷属ともなるが、北京の大慧寺《だいえ》には、千手観音を本尊として、その周囲に二十諸天を二八尊に増広した二十八天を配する群像（明の正徳年間）が現存している。

そこで調査したところ、『千手経』の勅偈は、仏教を護る神々の名を列挙した『金光明経』「鬼神品《きじん》」の影響を受けていることが分かった。いっぽう「二十諸天」も、天台智顗《ちぎ》が「金光明懺法」の儀則を定めた時、道場に勧請された『金光明経』所説の護法神群に由来し、これが二〇尊、二四尊、二八尊と、しだいに増広されたことが分かった。

つまり二十八部衆と二十諸天は、ともに『金光明経』にルーツがあるため、多くの尊格が共通していたのである。

そして二十八部衆の名も、『金光明経』「鬼神品」の「二十八部鬼神大将」に由来するが、当初の「二十八部鬼神大将」は、仏教を守護する神々の総称である八部衆を拡張したものではなく、八部衆の一つである夜叉神《やしゃ》に二十八部あるという意味であることが分かった。なお『大集経《だいじっ》』「日蔵分護塔品《にちぞうぶんごとう》」には、インドから中国にかけて存在する二八のチャイトヤ（聖者の記念塔）を、二十八夜叉将に護らせるという話が出るが、これも「二十八部鬼神大将」と同じ護法神のグループと思われる。

この「二十八部鬼神大将」の頭目が、散脂《さんし》大将である。散脂大将は散支大将とも書くが、起源が不明な謎の護法神である。現在のところ陀羅尼経典『孔雀経《くじゃく》』（梵本）に、毘沙門天の長男としてミティラー（ビハール北部）に住するサンジャヤという夜叉神が出るのが初出と思われる。ところが『金光明経』の梵本では、サンジャヤではなくサンジュニェーヤ Samjñeya と綴られており、義浄訳の正了知大将《しょうりょうち》、チベット訳のヤンタクシェー yan dag ŝes も、これを支持するから、『金光明経』と『千手経』に関するかぎりサンジュニェーヤが正しいと思われる。

夜叉神は本来、インド亜大陸で信仰されていた土着の神々に由来するので、アーリヤ起源の『ヴェーダ』の神々とは異なり、サンスクリットとしては意味不明な名をもつことが多い。これが時代が下がるにつれ、サンスクリット風に変化するので、当初からサンジュニェーヤと呼ばれていたのかは分からない。

またインドではとくに信仰を集めたとはいえないが、コータンでは主要な仏教寺院の多くが、散脂大将を守護神として祀っていたという記録がある。また散支大将の名は、『大宝積経《だいほうしゃく》』には出ないが『大集経』「月蔵分《がつぞう》」には散出する。これらの事実は、この夜叉神が、西北インドからシルクロードにかけて信仰されたことを暗示している。

いっぽうシルクロードから中国・日本で王城鎮護の神として尊崇された兜跋毘沙門天《とばつびしゃもんてん》も、『金光明経』で重要な役割を果たす四天王の頭目、毘沙門天（多聞天《たもん》）と堅牢地神《けんろうじしん》を組み合わせたものである。

なお『金光明経』「鬼神品」の影響を受けた『千手経』も、伽梵達摩が唐の支配下にあったコータンで訳したものといわれる。

いっぽう「大吉祥天《だいきっしょうてん》品」では、吉祥天が過去に琉璃《るり》金山《こんせん》宝花《ほうげ》光照《こうしょう》吉祥《きちじょう》功徳海《くどくかい》如来 Ratnakusumaguṇasāgaravaiḍūryakanakagirisuvarṇakāṃcanaprabhāsaśrī の許で善根を植えたと出るが、ギルギットから出土した『大吉祥天授記《だいきちじょうてんじゅき》経』*Āryaśrīmahādevīvyākaraṇa* に全く同じ仏名が出てくる。これほど長大な固有名詞を共有するのは、どちらかがどちらかを参照しているとしか考えられない。なお同経には漢訳はないが、チベット訳があり、その冒頭には対告衆の列挙があるので表に整理してみた（表4参照）。それを見ると、対告衆一三尊のうちに、標準型の八大菩薩から弥勒を除く七尊が含まれており、初期密教の時代（六世紀）に近接した時代の成立を示唆している。なおこの長大な仏名は曇無讖訳から存在するので、『大吉祥天授記経』が『金光明経』を参照したと見る方が妥当であろう。

このように『金光明経』に説かれる護法神には、西北インドからシルクロード地域で信仰された尊格が多い。これは『金光明経』の信仰が仏教中国ではなくシルクロード地域に弘まったことと関係するもので、当初の成立地とは別問題である可能性もある。しかし「鬼神品」所説の護法神群のルーツは、『金光明経』の成立問題に一石を投じるものであることは疑いない。

表４　『大吉祥天授記経』の対告衆

ギルギット写本	チベット訳（東北 No.193）
1.Avalokiteśvara	1.'phags pa spyan ras gzigs dbaṅ phyug
2.Mahāsthāmaprāpta	2.mthu chen thob pa
3.Sarvanīvaraṇaviṣkaṃbhin	3.sgrib pa thams cad rnam par sel ba
4.Kṣitigarbha	4.sa'i sñiṅ po
5.Samantabhadra	5.kun tu bzaṅ po
6.Ākāśagarbha	6.nam mkha'i sñiṅ po
7.Vajrapāṇi	7.lag na rdo rje
8.Sarvabhayahara	8.'jig pa thams cad sel ba
9.Sarvamaṅgaladhārin	9.dga' byed kyi bkra śis thams cad 'dzin pa
10.Sarvapuṇyalakṣaṇadhārin	10.bsod nams kyi mtshan thams cad 'dzin pa
11.Candrasūryatrailokyadhārin	11.ñi zla daṅ 'jig rten gsum 'dzin pa
12.Sarvatīrthamaṅgaladhārin	12.mu stegs kyi bkra śis thams cad 'dzin pa
13.Mañjuśrī-kumārabhūta	13.'jam dpal gźon nur gyur pa

７　まとめ

『金光明経』は、中後期の大乗仏典を代表するテキストであり、東アジアの仏教に与えた影響も大きかった。ただし『金光明経』には、後に曼荼羅に発展する四方四仏説や、陀羅尼信仰が見られるため、密教経典に分類する意見もある。

またネパール系梵本は、最初に訳された曇無讖訳にほぼ一致し、北周の耶舎崛多、梁の真諦、唐の義浄訳で増補された部分を含まない。なお義浄訳『金光明最勝王経』は、インドから請来された複数の梵本のうち、もっとも内容が充実したものを訳したといわれるので、その原本は義浄が留学したナーランダーなど、仏教中国に流布していた写本ではなかった可能性がある。『金光明経』に「三身分別品」などを増補した真諦は、東インドのナーランダーではなく、西海岸のヴァラビーの法系に属していたからである。

私は、インドで四方に四仏を安置する仏塔が出現するのがグプタ朝時代からであるため、『金光明経』は、その時期にインドで流布したと考えている。いっぽう流通分に説かれる護法神群では、西北インドやコータンで信仰されていた神々が多いのが注目される。

第一二章　大乗『涅槃経』と『楞伽経』

1　はじめに

前章で見た『金光明《こんこうみょう》経』と大乗の『涅槃《ねはん》経』そして『楞伽《りょうが》経』は、『大智度論《だいちどろん》』に言及されず、無著《むじゃく》・世親《せしん》の著作にも引用されないため、旧来の学界では第三次大乗仏典に分類され、大乗仏典の中で最も遅れて成立したと考えられてきた。

ただし『涅槃経』は法顕《ほっけん》（三三七〜四二二）と曇無讖《どんむせん》があい前後して初訳し、『楞伽経』の初訳も求那跋陀羅《ぐなばつだら》（三九四〜四六八）によるもので、近代の研究者が推定した無著・世親の時代（四〜五世紀）とあまり隔たっていない。そこで以下に見るように、第三次大乗仏典を立てることには疑義が生じている。

しかし『金光明経』、『涅槃経』、『楞伽経』以後、インドでは大部の大乗仏典が編集されることはなく、六世紀以後、インド仏教は密教の時代に入る。つまりこれらの経典を中期大乗仏典と呼んだ場合、後期大乗仏典とは何なのか？　という疑問が生まれることになる。

本章では、『金光明経』とともに大乗仏典の中でも後期に属する『涅槃経』と『楞伽経』について考察することにしたい。ところがこれから見るように、この両者は、巻頭の対告衆《たいごうしゅ》の菩薩名が簡単（『涅槃経』）であったり、まったくない（『楞伽経』）という問題があり、それによって他の大乗仏典との参照関係を類推することができない。そこで本章では、先行研究や経典に見られる他経への言及や教理内容などから、その成立問題を考えてみたい。

2　『涅槃経』の諸本

大乗の『涅槃経』は、インドに留学した法顕が訳した『大般泥洹経《ないおんぎょう》』（大正三七六）六巻と、北涼の曇無讖が訳した『大般涅槃経』（大正三七四）四〇巻の二訳がある。なお法顕訳は前半部分のみで、曇無讖訳は法顕訳にない後半を含むので、文献量は四倍以上になっている。劉宋の慧厳《えごん》（三六三～四四三）は、法顕訳と曇無讖訳を校合して『大般涅槃経』（大正三七五）三六巻を編集した。これは南朝で流布したので南本というが、新たにサンスクリット原典から翻訳されたものではない。これに対して曇無讖訳は、北朝で流布したので北本と呼ばれた。

なお曇無讖が齎《もたら》した後半部分も完結したものではなかったため、彼は末尾部分の写本を得るため、再度の西域旅行に出発するが、北涼を見限り北魏に赴こうとしたと疑われ、北涼王の沮《そ》渠蒙遜《きょもうそん》に暗殺されてしまった。そこで唐の若那跋陀羅《にゃくなばつだら》が、末尾部分を補った『大般涅槃経後分』（大正三七七）を訳したが、これが本当に曇無識訳の末尾部分と接続するかについては議論がある。

なお対応するチベット訳にも二訳あり、東北一一九は曇無讖訳を重訳したもので、末尾には『大般涅槃経後分』を補っている。いっぽう東北一二〇はサンスクリット原典から訳されたもので、ほぼ法顕訳に対応する。

サンスクリットの完本は伝存していないが、高野山には一葉のみの断片が伝えられている。それ以外は、すべて西域出土の断片であるが、法顕訳に対応する前半部分のみで、曇無讖訳のみにある後半の断片は発見されていない（二二五頁の表の「梵本」で〇がついた品の断片が発見されている）。なお現在までに知られている『涅槃経』の断片については、幅田裕美氏による詳細な研究が発表されている。

3　『涅槃経』の成立

従来知られていた小乗の『大般涅槃経』が、ブッダが長年過ごしたラージャグリハの霊鷲《りょうじゅ》山《せん》を離れて最後の旅に出発するところから、クシナガラの沙羅双樹《さらそうじゅ》の下で涅槃に入るまでを記録するのに対し、大乗の『涅槃経』は、いきなりクシナガラでブッダが入涅槃の時を迎える場面から開幕する。

その冒頭には、八部衆を含む膨大な対告衆のリストが提示されるが、菩薩の対告衆としては曇無讖訳では海徳《かいとく》、無盡意《むじんに》、法顕訳でも海徳、無盡智《むじんち》の二菩薩しか列していない。しかもこの二人は、長大な『涅槃経』を通じて一言も発しない。『涅槃経』の場合も迦葉《かしょう》菩薩や高貴徳王《こうきとくおう》菩薩など、本篇で対告衆として活躍する菩薩が存在するにも拘わらず、なぜ一言も発しない菩薩を、対告衆として挙げたのかは謎という他はない。

しかし他の大乗仏典とは異なり、『大般涅槃経』は『阿含経《あごんきょう》』『法句経《ほっくきょう》』『法華経《ほけきょう》』『首楞厳経《しゅりょうごんきょう》』『雑華（華厳）経』などを引用しており、明らかにこれらの大小乗の仏典より、後に成立したことを自ら認めている。また「如来性品《にょらいしょうほん》」には「我般涅槃七百歳の後、是の魔波旬、漸く当に我が正法を沮壊《そえ》すべし」とある。中村元博士は、この経が北方系であり、ブッダの入滅に関して紀元前三八六年説をとったことは明らかなので、インド教再興期であるグプタ朝（三二〇〜五〇〇頃）の初期に成立したとした。このように『涅槃経』の成立は、四世紀頃に置くのが主流となっている。

曇無讖訳の「如来性品」には、「此の大乗典、大涅槃経も亦復、是の如し。南方に於いて諸菩薩の為の故に、当さに広く流布して法雨を降注し、其の処に弥満すべし。正法滅せんと欲し、当に罽賓《けいひん》に至りて、具足して缺《か》くること無くして、地中に潜没すべし」とあり、対応する法顕訳「問菩薩法品《もんぼさつほう》」では、「此の摩訶衍般泥洹経、我が般泥洹の後、正法衰微す。その時に于《お》いて、此の経南方に流布せん。（中略）時に彼の南方の護法菩薩、当さに此の契経を持して、罽賓に来詣《らいげい》して地中に潜伏すべし」とある。

つまり『般若経』と同じく、南方起源説を取りながら、罽賓で発見されると説いている。なお古代の罽賓とは、現在のカシミールより広く、西北インド一般に対して用いられたことが指摘されている。

法顕は、インド留学の途次、パータリプトラ（現在のパトナ）で『大般泥洹経』の原典を得たという。いっぽう曇無讖は中天竺の出身であるが、『涅槃経』の後半部分はインドではなく、コータンで得たものといわれる。

なおサンスクリット原典から訳されたチベット訳も、法顕訳とおなじく前半部分のみである。したがって後半部分はコータンで増補されたもので、インドには存在しなかった可能性が高い（表参照）。

4 その後の大乗『涅槃経』

『涅槃経』は、その後のインドで広く流布したとは言いがたい。なお如来蔵《にょらいぞう》系の論書である『究竟一乗宝性論《くきょういちじょうほうしょうろん》』（大正一六一一、以下『宝性論』、六一一年訳）には、『涅槃経』の「寿命

大乗『涅槃経』の構成

法顕訳	南本	曇無讖訳（北本）	梵本
1 序品	1 序品	1 寿命品	○
2 大身菩薩品			○
3 長者純陀品	2 純陀品		○
4 哀歎品	3 哀歎品		
5 長寿品	4 長寿品		
6 金剛身品	5 金剛身品	2 金剛身品	○
7 受持品	6 名字功徳品	3 名字功徳品	○
8 四法品	7 四相品	4 如来性品	○
9 四依品	8 四依品		○
10 分別邪正品	9 邪正品		○
11 四諦品	10 四諦品		
12 四倒品	11 四倒品		
13 如来性品	12 如来性品		○
14 文字品	13 文字品		
15 鳥喩品	14 鳥喩品		
16 月喩品	15 月喩品		○
17 問菩薩品	16 菩薩品		○
18 随喜品	17 一切大衆所問品	5 一切大衆所問品	○
	18 現病品	6 現病品	
	19 聖行品	7 聖行品	
	20 梵行品	8 梵行品	
	21 嬰児行品	9 嬰児行品	
	22 光明遍照高貴徳王品	10 光明遍照高貴徳王品	
	23 獅子吼菩薩品	12 獅子吼菩薩品	
	24 迦葉菩薩品	13 迦葉菩薩品	
	25 憍陳如品	14 憍陳如品	

品」から水中に落ちた摩尼珠《まにじゅ》の喩えなどが引用されている。もしチベット所伝のように、『宝性論』を弥勒《みろく》（本偈）と無著（註）の作とするなら、『涅槃経』を第二次大乗仏典にまで上げられるが、『宝性論』に関しては、中国所伝の如く堅慧《けんね》（サーラマティ）の作とするのが妥当である。

さらにシャーンティデーヴァの『シクシャー・サムッチャヤ』（八世紀）にも、肉食《にくじき》を禁じる経典の一つとして言及されている。ただし肉食を禁止する経典の列挙法は、後述の『楞伽経』と全く同じなので、シャーンティデーヴァは『涅槃経』自体を見ていない可能性がある。

これに対して東アジアでは『涅槃経』の影響は大きく、南北朝時代には『涅槃経』に基づく涅槃宗が、中国仏教の主流を占めるほどになった。日本でも聖徳太子《しょうとくたいし》や親鸞《しんらん》に、『涅槃経』の影響が見られるといわれる。

いっぽうチベットでは、『涅槃経』に基づき、如来蔵思想を了義とするチョナン派が成立した。チョナン派では、サールナートにおける小乗の教えを第一転法輪《てんぼうりん》、ラージャグリハにおける『般若経』（中観《ちゅうがん》）の説法を第二転法輪、『解深密経《げじんみっきょう》』（唯識《ゆいしき》）の説法を第三転法輪とするのに対し、『涅槃経』（如来蔵）の説法を了義《りょうぎ》の第四転法輪とする。これは『涅槃経』が数多い大乗仏典の中でも、最後に説かれたものだからである。

チョナン派の説は、天台智顗《ちぎ》（五三八〜五九八）が数多い大乗仏典の教理を整理して「五時《ごじ》八教《はっきょう》」の教判を立て、最後の法華・涅槃時を最高に位置づけたのに似ている。同派は一四世紀から一七世紀にかけて勢力を振るったが、中観派を了義とするゲルク派のダライラマ五世が政権を掌握すると、異端として禁教されてしまった。なお最近になって、東北チベットに残存したチョナン派が勢力を回復しつつある。

5　『楞伽経』の成立

いっぽう『楞伽経』は、劉宋の求那跋陀羅訳『楞伽阿跋多羅宝《りょうがあばったらほう》経』（大正六七〇）、北魏の菩《ぼ》提流支《だいるし》訳『入楞伽《にゅうりょうが》経』（大正六七一）、唐の実叉難陀《じっしゃなんだ》訳『大乗入楞伽経』（大正六七二）と都合三回漢訳されている。初期禅宗史の書が『楞伽師資記《りょうがしじき》』と名づけられたように、ボーディダルマ（達磨《だるま》大師）をはじめとする初期禅宗の祖師は、『楞伽経』の伝承者と考えられてきた。そのため北魏・唐になり、より発展した形態の『楞伽経』が訳されても、漢土や日本では求那跋陀羅訳が尊重されることになった。

なお『楞伽経』は、その名の示すように楞伽、つまり現在のスリランカで説かれたことになっている。このように歴史的ブッダが実際に活動したガンジス河中流域の「仏教中国」以外（天界を除く）に、経典の説処が設定されているのは珍しい。

なお現在のスリランカは、純粋のテーラヴァーダ仏教国であるが、かつてはアバヤギリ派という大乗を兼学した学派が存在した。そして中国からも、不空《ふくう》（七〇五〜七七四）がスリランカに留学して大乗と密教を学んだことが知られている。

そしてスリランカには、かつてブッダが現地に飛来して教えを説いたとの伝承があり、そこから『楞伽経』の説処がスリランカに設定されたものと思われる。

『楞伽経』の原題は『ランカーヴァターラ』というが、語源的にはランカ、すなわちスリランカにアヴァターラ、つまり降り立つあるいは降臨するの意味であり、ブッダがスリランカに神通力《じんつうりき》で飛来したとの伝承を承けるものである。

ネパールには『楞伽経』のサンスクリット写本が伝存し、ネパール仏教では九種の主要な大乗仏典、「九法宝」の一つに数えられている。

いっぽう『チベット大蔵経』には、二種のチベット訳が収録される。このうち一本はサンスクリット原典からの訳であるが、もう一本は吐蕃《とばん》占領時代に敦煌《とんこう》で活躍した法成《ほうじょう》が、求那跋陀羅訳『楞伽阿跋多羅宝経』を訳した重訳である。吐蕃占領期の敦煌には、北宗禅《ほくしゅうぜん》が伝播していたので、禅門で重視される求那跋陀羅訳が別途チベット訳されたものと思われる。

なお『楞伽経』には対告衆の菩薩名列挙がないが、主要な対告衆として同経の主人公となるのは大慧《だいえ》菩薩（マハーマティ）である。大慧は経典の序分でブッダに一〇八の質問をし、それに対する回答を中心に全体が構成されている。ただしこの一〇八問については、あまり整理されておらず、明快な回答が与えられていないものもある。このように最初に対告衆が複数の質問をして、それに対する回答によって経典を構成するのは、密教聖典とくに「釈タントラ」や「後タントラ」と呼ばれる派生文献に見られる形式である。

なおマハーマティは両界曼荼羅には描かれないが、本書第一〇章で見た『文殊師利根本儀軌《もんじゅしりこんぽんぎき》経』の弥勒を上首とする八大菩薩に、「大聖意菩薩《だいしょうい》」Āryamahāmati として列している。おそらく『楞伽経』と『文殊師利根本儀軌経』が、年代的に近接することを示すものであろう。

このように『楞伽経』は、年代だけでなく、経典の構成方法においても後の密教聖典を先取りする点が見いだされる。

また大乗『涅槃経』と同じく、『楞伽経』も肉食の禁止を打ち出しているが、肉食禁止を説く経典として『象腋経《ぞうえき》』『大雲経《だいうん》』『涅槃経』『央掘摩羅経《おうくつまら》』を挙げている。つまり『楞伽経』は、これらの経典より成立が遅れることを、自ら認めている。なお求那跋陀羅訳のみ『涅槃経』が欠けているが、『涅槃経』を意味する nirvāṇa の語はサンスクリット原本にもあり、これを除くと偈の韻律が合わなくなるので、やはり『楞伽経』の編者は、大乗『涅槃経』を知っていたと考えられる。

ところがここに、一つの問題が起こった。世親の作とされ、チベット訳のみが現存する『釈《しゃっ》軌論《きろん》』(東北四〇六一)に、『楞伽経』から三偈が引用されていることが分かったからである。

本書第一章でも紹介したように、従来の学界では大乗仏典を第一次、第二次、第三次に分類する方軌が行われてきた。このうち第三次大乗仏典とは、龍樹《りゅうじゅ》の『大智度論《だいちど》』にも、無著・世親の著作にも引用されていない仏典であり、その代表者が、大乗『涅槃経』と『楞伽経』とされてきた。ところが『楞伽経』が世親に知られていたとすると、『楞伽経』だけでなく、『楞伽経』が引用する大乗『涅槃経』まで、第三次大乗仏典に分類できないことになるからである。

この問題については、『釈軌論』を世親に仮託された後代の作とする意見。『釈軌論』の引用は、『楞伽経』以外の別テキストからとする説など、種々の解釈があるが、現在までのところ万人を納得させる結論は得られていない。

6 『涅槃経』『楞伽経』と一闡提

後期大乗を代表する『涅槃経』と『楞伽経』に共通するトピックとして、一闡提《いっせんだい》の問題がある。『涅槃経』の一闡提については望月良晃博士による大著もあるが、ここでは細かい議論には立ち入らず、全体の流れを概観するに止めたい。

まず一闡提とは、一切の善根を断絶し成仏の可能性がない者を指す。『涅槃経』では、一切衆生悉有仏性《しつうぶっしょう》といい、すべての衆生に救済の可能性を認めるが、「一闡提を除く」という但し書きがついている。中国に『涅槃経』が紹介された時、この一闡提とは何者なのか？　また彼等は永遠に救済されないのか？　について論争が起こった。ところが曇無讖が訳した後半部分では、一闡提にも成仏の可能性を認める説が出てくる。

いっぽう『楞伽経』では、「一切仏《いっさいぶつ》語《ご》心《しん》品」に一闡提についての議論が出てくる。そこでは一切の善根を断絶した一闡提の他に、菩薩が衆生を救済するために自ら願って涅槃に入らない「大悲闡提《だいひせんだい》」があると説かれている。

この菩薩の大悲闡提の思想は、派生的『般若《はんにゃ》経』の一つである『般若理趣《りしゅ》経』に取り入れられ、その末尾を飾る「百字の偈」では、「菩薩の勝慧《しょうえ》ある者は、乃《いま》し生死《しょうじ》を尽すに至るまで、恒に衆生の利を作《な》して、而《しか》も涅槃に趣《おもむ》かず」（松長有慶訳）と説かれている。そして『理趣経』を代表する菩薩＝普賢金剛薩埵《ふげんこんごうさった》こそ、このような大悲闡提の菩薩と考えられた。そこから金剛薩埵を密教の根源的な仏、本初仏《ほんしょぶつ》と見なす思想が発展したのである（写真）。

このように『楞伽経』は、大乗仏典の最終世代として、密教の時代に最も近接している。そのため、密教で重視される種々の思想を先取りしている。そこで次節では、『楞伽経』と密教の関係を見ることにしたい。

7　『楞伽経』と密教

大乗の『涅槃経』が、その後のインドで高く評価されたとは言いがたいのに対し、『楞伽経』

金剛薩埵（サールナート出土）

は、その後のインド、とくに密教において重視された。金剛界曼荼羅を説く『金剛頂経《こんごうちょう》』では、経典の説処が色界《しきかい》の頂点にある色究竟天《しきくきょうてん》に設定された。これはインド後期大乗の教理で、如来の報身《ほうじん》の座は色究竟天にあるとされたことによるが、著者がかつて『性と死の密教』（春秋社、一九九七年）で論じたように、色究竟天成仏説の起源も『楞伽経』にある。

さらに九世紀以後、インド密教の主流を形成する後期密教の教理は、『秘密集会《ひみつしゅうえ》タントラ』の「聖者流《しょうじゃりゅう》」で確立されるが、その代表的な論書である『行合集灯《ぎょうごうしゅうとう》』*Caryāmelāpaka-pradīpa* では、『楞伽経』が七回に亘って引用されている。これは『秘密集会タントラ』自体からの引用を除いては最も多い。

『秘密集会』「聖者流」は、歴代の阿闍梨《あじゃり》がナーガールジュナやアーリヤデーヴァなど中観派の論匠の名を名乗ったように、中観派を了義、唯識を未了義としていた。したがって「聖者流」のテキストには、『解深密経』などの唯識系大乗仏典は全く引用されない。ところが『楞伽経』だけは例外で、しきりと参照されている。後期密教は、ヨーガのプロセスで現れる様々な現象を、仏教の理論に基づいて説明しなければならない。ところが発展した唯識派の心識論は、絶対的な観念論に陥ってしまい、後期密教の思想とは一致しない。

そこで『十地経《じゅうじ》』の三界唯心《さんがいゆいしん》説を継承しながらも、最終的には所取（認識対象）・能取（認識者）の対立が解消する「境識倶泯《きょうしきくみん》」の境地を了義とする『入楞伽経』の心識論が採用されたのではないかと思われる。

なお『秘密集会タントラ』は、金剛界曼荼羅の五仏の体系を継承しながらも、これを色受想《しきじゅそう》行識《ぎょうしき》の五蘊《うん》に配当する。そして五仏の主尊を毘盧遮那（大日）から阿閦《あしゅく》に変更したが、これは毘盧遮那が色に配当されるのに対し、阿閦は識を司るからと考えられる。つまり『秘密集会』は、色受想行の四蘊に対して識をより根源的な存在として認めたと考えられる。しかし『秘密集会』では、阿閦も空を象徴する金剛薩埵を宝冠中に戴くことで、識も空であると主張する。このような思想が『楞伽経』に通じることは、承認されるであろう。

8 まとめ

『涅槃経』は、後期の大乗仏典を代表するテキストであり、東アジアの仏教に与えた影響も大きかった。またチベットでも、如来蔵思想を了義とするチョナン派の成立に影響を与えた。大乗仏典としては珍しく、先行する他の大乗仏典を引用しているが、これはブッダ一代の教法の総括として最後に説かれたことを標榜するため、あえて他経を引用したものと思われる。

前半については、法顕が原典をパータリプトラで取得したことが確認できるが、後半についてはコータン成立の可能性がある。

しかしその後のインドでは、『涅槃経』は仏教の主流から外れてしまった。著者は、その理由として仏教のセンターがタキシラなどの西北インドから、グプタ王朝が創建したナーランダーに移ったことが影響していると考えている。

いっぽう『楞伽経』は初期の禅宗で重視されたが、六祖慧能《えのう》（六三八〜七一三）以後、『金剛般若経』が重視されるようになったため、東アジアにおける影響は、あまり大きいとはいえなかった。しかしインドでは、密教の時代を通じてその教理やヨーガ理論を裏づける経典として重視され、その影響力は九世紀以後の後期密教の時代まで持続した。さらにネパール仏教でも九法宝の一つに数えられるなど、重視されている。

第一三章　大乗仏教から密教へ

1　はじめに

本書の序章で述べたように、曼荼羅に描かれる数百人もの菩薩は、どこから来たのか？　それが私にとって、長年の謎であった。

その謎を解くために書いたのが拙著『両界曼荼羅の仏たち』（春秋社、二〇一七年）であったが、同著の性格上、両界曼荼羅《りょうかいまんだら》に描かれる仏菩薩以外は、詳しく見ることができなかった。

そこで本章では、「大乗仏教から密教へ」と題して、前著の概要をまとめるとともに、その刊行後に判明した事実や、前著では取り上げられなかった両界曼荼羅以外の曼荼羅に描かれる仏菩薩について、簡単に見ることにしたい。

結論からいうと、両界曼荼羅に描かれる菩薩には、密教の成立と時代的に近接する中後期の大乗仏典より、五〇〇年ほど前に成立した初期大乗仏典から採られたものが多い。本章では、本書の準備として行った大乗仏典の対告衆《たいごうしゅ》のデータベース化の成果を踏まえて、初期大乗仏典と密教の関連について考えてみたい。

2　『薬師経』『七仏薬師経』と薬師経法の曼荼羅

チベットには、薬師《やくし》如来の経典＝『薬師経』を本尊とする薬師経法の曼荼羅が伝えられ、チベット仏教圏で多くの作例を遺している。この曼荼羅は、吐蕃《とばん》王国時代に伝えられたとされ、チベット・ネパール系の曼荼羅としては例外的に、円形の外郭構造をもたない古様を留めている。その構造は『薬師経』の梵篋《ぼんきょう》を本尊として、その周囲に七仏薬師と釈迦如来、第二重には十六菩薩、外院には十二神将と十二天を配している。

このうち十六菩薩の構成は、薬師如来の両脇侍である日光、月光《がっこう》両菩薩に、『薬師経』の対告衆である文殊《もんじゅ》・救脱《ぐだつ》Trāṇamukta の両菩薩と、『七仏薬師経』の対告衆として冒頭に列挙される一二尊の菩薩（両者で重複している文殊を除く）を加えて、一六尊にしたことが分かる（写真と図を参照）。

本書では、大乗仏典の対告衆が曼荼羅に描かれる菩薩衆に発展したことをテーマとしてきた。しかし大乗仏典の対告衆を、ほとんどそのまま曼荼羅に列したのは、この曼荼羅と『理趣《りしゅ》経』の説会《せつえ》曼荼羅、法華《ほっけ》曼荼羅だけである。

薬師経法の曼荼羅

薬師経法の曼荼羅

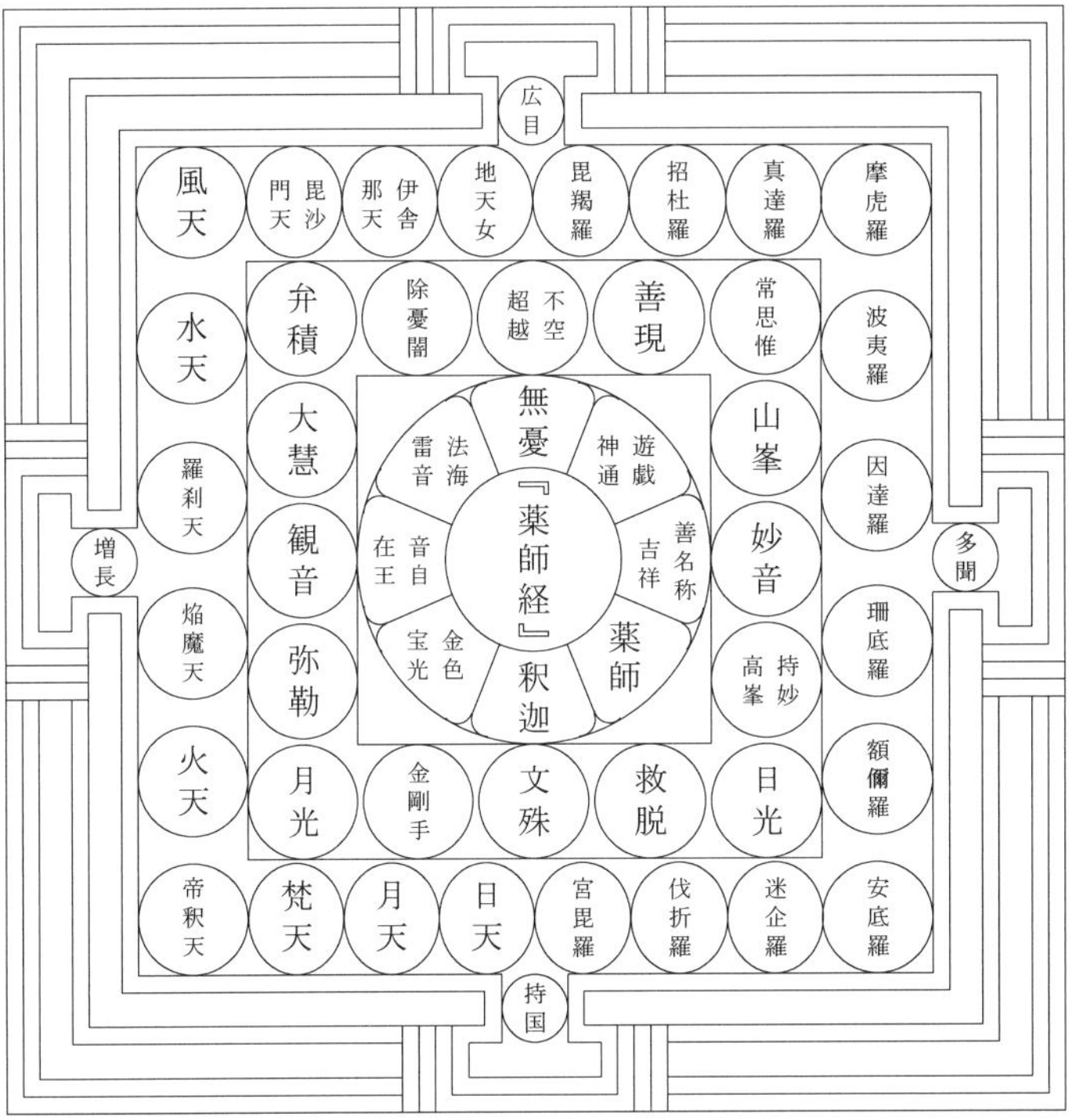
広目
風天
毘沙門天
伊舎那天
地天女
毘羯羅
招杜羅
真達羅
摩虎羅
弁積
除憂闇
不空超越
善現
常思惟
波夷羅
水天
大慧
無憂
遊戯神通
法海雷音
山峯
因達羅
羅刹天
増長
観音
音自在王
『薬師経』
善名称吉祥
妙音
多聞
焔魔天
弥勒
金色宝光
薬師
釈迦
持妙高峯
珊底羅
火天
月光
金剛手
文殊
救脱
日光
額儞羅
帝釈天
梵天
月天
日天
宮毘羅
伐折羅
迷企羅
安底羅
持国

なお『七仏薬師経』は、唐の義浄《ぎじょう》訳（大正四五一）が唯一の漢訳である。チベット訳も吐蕃時代（九世紀）なので、後期大乗に分類すべきテキストであるが、対告衆を見ると、初期大乗仏典と見まごうばかりの古い菩薩群が並んでいる。

とくに徹妙音《てつみょうおん》菩薩は、チベット訳 saṅ saṅ po'i dbyaṅs から見て、『法華《ほけ》経』「妙音《みょうおん》品」の妙音菩薩 Gadgadasvara に相当する。他の大乗仏典にはほとんど出ない菩薩であり、どうして『七仏薬師経』の対告衆に選ばれたのか、検討の余地がある。

なお『薬師経』のサンスクリット写本はギルギットから発見され、校訂テキストも出版されているが、『七仏薬師経』の原典は発見されておらず、七仏薬師のサンスクリット名も明らかでない。

ただし善名称吉祥王《ぜんみょうしょうきちじょうおう》如来は、チベット語訳から『大宝積経《だいほうしゃく》』「優婆離会《うばりえ》」の三十五仏の一尊と同一であることが分かる。三十五仏の梵名については、本書第九章で紹介したサンスクリット資料から Suparikīrtitanāmadheyaśrī と復元できる。

『七仏薬師経』の成立自体は、かなり遅いと考えられるが、東方の八尊の他土仏を説く『八吉《はちきち》祥《じょう》経』は、三国時代の呉から隋まで五回も訳され、流行したことが知られる。同経の最古の訳である支謙《しけん》訳には薬師具足王の名が見られるし、隋の闍那崛多《じゃなくった》訳には善名称吉祥王に相当する善説称功徳《ぜんせつしょうくどく》如来が見える（表1参照）。同経のサンスクリット原典は知られていなかったが、最近になって西北インド系の断片が発見されたとの情報が寄せられた。『七仏薬師経』との関係についても、今後新事実が明らかになることが期待される。

3　『華厳経』と『金剛手灌頂タントラ』

本書第一一章で見たように、両界曼荼羅の根幹をなす胎蔵・金剛界の五仏は、『金光明経《こんこうみょうきょう》』の四仏と『華厳経《けごんきょう》』に説かれた宇宙的な仏、毘盧遮那仏《びるしゃなぶつ》を組み合わせたものと考えられる。ところが『華厳経』の成立後、中期密教が興起するまで、毘盧遮那の存在はほとんど忘れ去られていた。『金光明経』でさえ、その本尊は永遠の寿命をもつ釈迦牟尼《しゃかむに》であったし、初期密教でも、その説主は釈迦牟尼とするのが通例であった。

密教の教主として大毘盧遮那、つまり大日如来を説いた『大日経』と、初期大乗仏典の『華厳経』を橋渡しするテキストは何か？　これが密教学者にとっては大きな謎であった。ところが最近になって、『チベット大蔵経』に収録される『金剛手灌頂《こんごうしゅかんじょう》タントラ』と呼ばれる中期密教経典こそ、この両者を結ぶテキストではないかと注目されるようになった。

同経の冒頭には、『華厳経』の蓮華蔵《れんげぞう》世界に似た場面設定と、十方の仏国土からの菩薩の来詣《らいげい》が説かれるが、そこに説かれる他土仏と菩薩の尊名は、『華厳経』の十方仏とは異なり、胎蔵曼荼羅の四仏に一致するように変更されている（表2参照）。このように『金剛手灌頂タン

	僧伽婆羅訳	闍那崛多訳	チベット訳（東北 No.277）
1.	善説吉如来	善説称功徳如来	mtshan śin tu yoṅs bsgrags dpal
2.	普光明如来	因陀羅相幢星王如来	kun tu snaṅ ba
3.	戦闘勝吉如来	普光明功徳荘厳如来	g-yul las rnam par rgyal ba'i dpal
4.	自在幢王如来	善闘戦難降伏超越如来	dbaṅ po'i tog gi rgyal mtshan gyi rgyal po
5.	無辺功徳光明吉如来	普功徳明荘厳如来	yon tan mtha' yas pa snaṅ ba'i dbaṅ phyug rgyal po
6.	無障礙業柱吉如来	無礙薬樹功徳称如来	thogs pa med par ston pa'i dpal
7.	妙華勇猛如来	歩宝蓮華如来	rin po che'i padma la rnam par gnon pas bźud pa
8.	宝蓮華安住王如来	宝蓮華善住娑羅樹王如来	rin po che'i padma la rab tu gnas pa'i ri dbaṅ rgyal po

表１　『八吉祥経』の東方八仏

	支謙訳	竺法護訳	般若流支訳	チベット訳（東北 No.278）
1.	安隠嘱累満具足王如来	快楽如来	奉至誠如来	1.sgron ma'i rgyal po
2.	紺琉璃具足王如来	月英幢王如来	固進度思吉義如来	2.rtsal brtan don grub dgoṅs pa
3.	勧助衆善具足王如来	等遍明如来	観明功勲如来	3.kun la dgoṅs pa rgya cher grags pa can
4.	無憂徳具足王如来	分別過出清浄如来	慈英寂首如来	4.byams pa'i rgyan gyi dpal
5.	薬師具足王如来	等功徳明首如来	真性上首如来	5.dge bar grags pa dpal dam pa
6.	蓮華具足王如来	本草樹首如来	念衆生称上首如来	7.sems can thams cad la dgongs pa grags pa'i dpal
7.	算擇合会具足王如来	過宝蓮華如来	踊首高超須弥如来	6.lhun po ltar 'phags pa rtsal rab grags pa'i dpal
8.	解散一切縛具足王如来	宝楽蓮華快住樹王如来	勝恥称上首如来	8.yid tshim par mdzad pa rtsal rab grags pa'i dpal

下	如来	梵智	梵智	rig byed tshaṅs pa'i dbaṅ po	rin po che'i pad ma rnam par dag pa'i sñiṅ po
	菩薩	智首	智首	ye śes dpal	pad ma'i yan lag
上	如来	伏怨智	観察智	rig byed sna tshogs	rgyal ba'i 'byuṅ gnas
	菩薩	賢首	賢首	bzaṅ po'i dpal	g-yul las śin tu rnam par rgyal ba

トラ』は、『大日経』の先行経典として重要な位置を占めることが分かってきた。

『金剛手灌頂タントラ』は、巻頭の蓮華蔵世界に似た世界の叙述の後、第二巻の冒頭で対告衆の菩薩を列挙する。その総数は二七尊で、後述の胎蔵曼荼羅に取り入れられた菩薩が多いのが注目される。

4　胎蔵曼荼羅第三重の二十五菩薩

胎蔵曼荼羅には多数の菩薩が描かれるが、観音・金剛手とその眷属を除く菩薩群は、主として三重曼荼羅に描かれている。現行の胎蔵界曼荼羅は、縦が四重、横が三重という変則的な形態となるので、本来の三重曼荼羅の範囲が分かりにくいが、現在の十二大院でいえば、文《もん》殊《じゅ》院・除蓋障《じょがいしょう》院・地蔵《じぞう》院・虚空蔵《こくぞう》院の四院が三重曼荼羅に相当する。

これらの四院には、現図曼荼羅で増補された菩薩が含まれるが、それらを除くと、文殊部には四尊（童女の眷属を除く）、除蓋障部には九尊、地蔵部と虚空蔵部には各六尊、合計二五尊の菩薩が描かれていた。

石田尚豊博士は、胎蔵曼荼羅の第三重を構成する菩薩の大半が『不《ふ》

表２『華厳経』と『金剛手灌頂タントラ』の十方仏

		『六十華厳』	『八十華厳』	チベット訳（東北No.44）	金剛手灌頂タントラ（東北No.496）
東	如来	不動智	不動智	rig byed mi g-yo ba	rin chen tog（宝幢）
	菩薩	文殊師利	文殊師利	’jam dpal	rin chen blo gros（宝慧）
南	如来	智火	無礙智	rig byed mi bskyod pa	me tog kun du rgyas pa’i rgyal po’i dbaṅ po（開敷華王）
	菩薩	覚首	覚首	saṅs rgyas dpal	’jam dpal gźon nur gyur pa（文殊師利）
西	如来	習智	滅暗智	rig byed bciṅs med	’od dpag med（阿弥陀）
	菩薩	財首	財首	nor bu dpal	spyan ras gzigs kyi dbaṅ phyug（観音）
北	如来	行智	威儀智	rig byed kun spyod	mi ’khrugs pa（阿閦）
	菩薩	宝首	宝首	rin chen dpal	sa’i sñiṅ po（地蔵）
東北	如来	明智	明相智	rig byed ñi ma	rin po che mchog ’dzin（持上宝）
	菩薩	徳首	功徳首	yon tan dpal	rin po che cod pan（宝冠）
東南	如来	究竟智	究竟智	rig byed mtha’ rgal	sprin gyi dpal（雲吉祥）
	菩薩	目首	目首	mig gi dpal	sprin gyi sñiṅ po（雲蔵）
西南	如来	上智	最勝智	rig byed dam pa	rdo rje chen po’i tog（大金剛幢）
	菩薩	進首	精進首	brtson ’grus dpal	rdo rje dpa’ bo（金剛勇）
西北	如来	自在智	自在智	rig byed dbaṅ phyug	sgra dbyaṅs sñan pa（美音声）
	菩薩	法首	法首	chos kyi dpal	’brug sgra’i rgyal po（雷音）

空羂索神変真言《くうけんさくじんぺんしんごん》経』の「広大解脱曼拏羅《こうだいげだつまんだら》品」に説かれ、その図像が胎蔵図像・胎蔵旧図様を経て、現図まで継承されたことを明らかにした。『不空羂索神変真言経』は、善無畏《ぜんむい》による『大日経』の漢訳に先だって菩提流志《ぼだいるし》によって訳出されたので、従来はこれらの菩薩群は、『不空羂索神変真言経』から『大日経』に取り入れられたと考えられてきた。

ところがチベット訳『不空羂索神変真言経』では、胎蔵曼荼羅と重複する菩薩のほとんどが欠けていることが分かった。さらに近年、チベットで発見された同経のサンスクリット写本にも、胎蔵曼荼羅と重複する菩薩が欠けていた。そこで菩提流志は、原初的な『大日経』を知っており、そこから広大解脱曼荼羅に多数の菩薩を補ったのではないかと考えられるようになった。

そこで胎蔵曼荼羅第三重の二十五菩薩と、『大日経』に先行する大乗仏典と密教聖典に説かれる対告衆を比較し、表に整理してみよう（表3参照）。

なお菩薩名の中には、漢訳名は類似していても、サンスクリット尊名が異なるものが少なくない。そこで作表にあたっては、できる限り原語を確認することにした。

この際、大乗経典としては、大品《だいぼん》系の『般若経』と『法華経』、『維摩《ゆいま》経』、陀羅尼経典では本書第九章で見た『宝星陀羅尼《ほうしょうだらに》経』と本章6で見る『出生無辺門陀羅尼《しゅっしょうむへんもんだらに》経』、『大日経』に先行する密教聖典では、『蕤呬耶《すきや》経』と『金剛手灌頂タントラ』、八字文殊の典拠となる『大聖《だいしょう》

表３　胎蔵曼荼羅の二十五菩薩

	尊名	梵号	般若	法華	維摩	無辺	宝星	蘇耶	八字	灌頂
文殊部	施願金剛	Mañjuśrī	◎	◎	◎	◎	◎	○	○	◎
	網　　光	Jālinīprabha			◎	◎			○	◎
	無 垢 光	Vimalaprabhākumāra							○	
	宝　　冠	Ratnamakuṭa								
除蓋障部	除 蓋 障	Sarvanīvaraṇaviṣkambhin				◎				◎
	除 疑 怪	Kautūhala					◎			
	施 無 畏	Sarvasattvābhayaṃdada								
	除 悪 趣	Sarvāpāyaṃjaha				◎				
	救 意 慧	Paritrāṇāśayamati							○	
	大 慈 生	Mahāmaitryabhyudgata								
	悲念具慧	Mahākaruṇāmṛḍita								◎
	除 熱 悩	Sarvadāhapraśāmin								◎
	不思議慧	Acintyamati					◎		○	
地蔵部	地　　蔵	Kṣitigarbha								◎
	宝　　処	Ratnākara	◎	○	○					◎
	宝　　手	Ratnapāṇi		◎			◎			◎
	持　　地	Dharaniṃdhara		◎						
	宝 印 手	Ratnamudrāhasta	◎		◎					◎
	堅　　意	Dhṛḍhādhyāśaya								○
虚空蔵部	虚 空 蔵	Ākāśagarbha				◎		○		◎
	虚 空 慧	Gaganamati						●		
	清 浄 慧	Viśuddhamati						●		
	行　　慧	Cāritramati	○			○		●		◎
	虚空無垢	Gaganāmala						●		
	安　　慧	Sthiramati						●		◎

妙吉祥菩薩秘密八字陀羅尼修行曼荼羅次第儀軌法《みょうきっしょうぼさつひみつはちじだらにしゅぎょうまんだらしだいぎきほう》』（大正一一八四）を参照した。なお表で◎としたのは、経典の冒頭に対告衆の菩薩として名が挙げられているもの、○としたのは対告衆に列してはいないが経典に登場する場合である。

その結果、地蔵部では、第一次大乗仏典に属する『般若経』『法華経』『維摩経』に、五尊の眷属のうち四尊が現れることが判明した。このうち宝処《ほうしょ》Ratnākaraは、『法華経』（梵本）ではバドラパーラ等の十六正士《しょうじ》の一人として名を挙げられている。いっぽう『維摩経』の宝積《ほうしゃく》Ratnākara菩薩は、対告衆として名を挙げられていないが、維摩居士と同じヴァイシャーリーのリッチャビ族として登場する。

これに対して地蔵信仰が本格化するのは、第三次大乗仏典からであるから、地蔵部では、主尊より眷属の方が先に成立していたことになる。

したがって地蔵部に関しては、地蔵菩薩への信仰が高揚して、さまざまな化身や眷属が成立し、これらが集められて部を形成したとは考えられない。地蔵部の眷属は、その名に宝を冠する宝処・宝手《ほうしゅ》・宝印手《ほういんしゅ》と、持地《じじ》・堅意《けんい》の二菩薩から構成されている。このうち宝を冠する三尊は、地蔵の三昧耶形《さんまやぎょう》である宝幢《ほうどう》あるいは宝珠《ほうじゅ》への連想、持地・堅意の二尊は、地蔵の名に含まれる堅固な大地への連想から、地蔵部に配属されたと考えられる。

いっぽう虚空蔵部の六尊では、高田仁覚教授が、初期密教経典『蕤呬耶《すきゃ》経』の曼荼羅に描かれる文殊の眷属として、虚空蔵部の眷属五尊、すなわち虚空慧《こくうえ》・清浄慧《しょうじょうえ》・行慧《ぎょうえ》・虚空無垢《こくうむく》・安慧《あんね》を配置図に列したのが注目される。ところが私が調査したところ、これら五尊は『蕤呬耶経』の漢訳・チベット訳、何れにも説かれていない。高田教授はすでに逝去されているため確認できないが、『蕤呬耶経』のチベット訳に「虚空蔵と義成就と、無垢慧菩薩等を外院に描け」とあるので、無垢慧菩薩等の「等」を虚空蔵部の五尊（表では●で示した）と解したのではないかと思われる。

　虚空蔵部の眷属には、尊名が慧 mati で終わる菩薩が四尊含まれている。なお大乗経典には、尊名が慧で終わる菩薩が多数登場し、経典の冒頭に対告衆として列挙される場合も少なくない。しかし虚空蔵部の眷属五尊が、そろって現れる経典は発見できなかった。その中で『金剛手灌頂タントラ』の対告衆として、虚空蔵とともに行慧 spyod pa'i blo gros が列せられ、安慧に相当すると思われる菩薩 blo gros rab tu brtan pa/blo brtan も登場することは、注目に値する。なお行慧 Cāritramati は、大品系『般若経』の十方仏（第六章の表2参照）のうち、西方の他土菩薩として出るのが初出と思われ、『出生無辺門陀羅尼経』の八菩薩の一尊にも数えられる。しかしこれが、『金剛手灌頂タントラ』とどのように関係するのかは分からない。尊名が慧で終わる菩薩が虚空蔵部に多いのは、虚空蔵が智慧の菩薩とされるからであり、唯一尊名に慧をもたない虚空無垢は、虚空蔵の名に含まれる虚空との連想から、虚空蔵部に配属されたと推定される。

　これに対して除蓋障部は、胎蔵曼荼羅第三重のうちで最多となる八尊の眷属を有するが、このうち除悪趣《じょあくしゅ》は、後述の『出生無辺門陀羅尼経』に説かれている。しかも除蓋障（去蓋）と除悪趣（殆棄）は、同経最古の呉訳『微密持《みみつじ》経』以来の対告衆であり、その関係から除蓋障部に列せられたと推定できる。いっぽう『大聖妙吉祥菩薩秘密八字陀羅尼修行曼荼羅次第儀軌法』所説の八字文殊曼荼羅には、文殊の眷属として、救意慧《ぐいえ》と不思議慧という除蓋障部の眷属二尊が描かれている。このうち救意慧は、『次第儀軌法』所説の印と真言まで『大日経』と一致しており、本来は文殊の眷属であったことが分かる。

　いっぽう『金剛手灌頂タントラ』には、除蓋障に加えて、他の経典にはほとんど登場しない悲念具慧《ひねんぐえ》 sñiṅ rje can と除熱悩《じょねつのう》 gduṅ ba thams cad rab tu źi ldan が説かれるのが注目される。さらに『宝星陀羅尼経』には Kautūhalika という名の菩薩が登場するが、これは他の大乗仏典には、ほとんど登場しない除蓋障部の眷属、除疑怪《じょぎけ》 Kautūhala に相当する。なお『不空羂索神変真言経』では、除疑怪に相当する菩薩が「大愛楽《だいあいらく》」と呼ばれているが、『宝星陀羅尼経』では Kautūhalika が「壊（懐の誤？）愛楽」と訳されている。この事実から、菩提流志は『宝星陀羅尼経』についても知るところがあったのではないかと思われる。

　以上の考察から、地蔵部・虚空蔵部・除蓋障部の眷属は、当初から主尊の眷属であったとは考えられないことが分かった。これらは後述の賢劫十六尊のように、曼荼羅の外院を荘厳する菩薩群であった。そしてこれらの菩薩は、四方に文殊・除蓋障・地蔵・虚空蔵を配する胎蔵曼荼羅第三重の形成過程で、尊名や属性からの連想によって、文殊・除蓋障・地蔵・虚空蔵の各部に割り当てられたと推定できる。

そしてそれらの多くは、『大日経』に先行する大乗仏典や密教聖典に説かれた、対告衆の菩薩たちであった。とくに『大日経』の先駆経典とされてきた『金剛手灌頂タントラ』に、その過半にあたる一三尊が登場することは注目に値する。

5 『賢劫経』と賢劫千仏

仏教では、ブッダが悟った法（ダルマ）の普遍性を強調するため、過去にも釈迦牟尼と同じように出家・修行して悟りを開いた仏がいたと考え、過去七仏の信仰が生まれた。大乗仏教の時代に入ると、その観念が発展して、過去・現在・未来の三世《さんぜ》に仏が出現すると説くようになった。後世の発展した教学によれば、宇宙は劫《こう》と呼ばれる天文学的長さの周期で、生成と消滅を繰り返すとされ、一つの劫にはそれぞれ千仏が出現して、衆生を救うと考えられたのである。そして現在の劫は賢劫《げんごう》と呼ばれ、釈迦牟尼はその第四、弥勒《みろく》は第五に出現する仏とされた。

このような千仏思想をはじめて説いたのが、初期大乗仏典の一つ『賢劫経』である。同経には賢劫千仏の尊名が説かれるが、サンスクリット写本が発見されていないため、賢劫千仏の名を、他文献や曼荼羅に描かれる菩薩と比較することができなかった。

ところが近年、アーナンダガルバ（九世紀）が著した金剛界曼荼羅の儀軌『一切金剛出現』*Sarvavajrodaya* のサンスクリット写本が発見され、そこには曼荼羅の外院に描かれる賢劫千仏の名が記されていた。また『賢劫経』には、漢訳・チベット訳だけでなく、千仏名を音写しているコータン語訳があるため、これらの資料から、千仏のサンスクリット名を復元できるようになった。その結果、金剛界曼荼羅の外院に描かれる賢劫千仏は、『賢劫経』所説のものと、ほぼ同一であることが判明した。

いっぽう『賢劫経』にも、対告衆の菩薩名が列挙されている。竺法護による漢訳は三〇尊、チベット訳は二四尊で、かなりの不一致が認められるが、両者ともにバドラパーラ等の八正《しょう》士《じ》、不虚見《ふこけん》菩薩、衆香手《しゅこうしゅ》菩薩を列するのが注目される（表4参照）。

とくにバドラパーラ等の在家菩薩を、十六正士ではなく八正士と数えるのは、『賢劫経』が現行の『大品般若経』より古いことを示唆している。いっぽう不虚見は、『般舟三昧経《はんじゅさんまい》』に次いで古い観仏経典である『念仏三昧経《ねんぶつさんまい》』の主要な対告衆＝不空見であるから、『賢劫経』が『念仏三昧経』より遅れることを示している。また衆香手菩薩は、『阿閦仏国経《あしゅくぶっこく》』に説かれるガンダハスティンであるから、『賢劫経』が『阿閦仏国経』より遅れることを示している。

6 『出生無辺門陀羅尼経』と賢劫十六尊

金剛界曼荼羅の外院《げいん》に列する賢劫十六尊は、賢劫千仏の上首とされる。その尊名は、漢訳系とチベット系資料でほぼ一致するが、『賢劫経』に説かれる千仏名と比較すると、賢劫千仏に含まれないものが存在する。

稲垣久夫博士は、金剛界曼荼羅の賢劫十六尊が『出生無辺門陀羅尼経』に対告衆として列する「賢劫菩薩」にすべて含まれることを明らかにした。同経は呉の支謙訳以来、都合九回訳されているが、当初の対告衆は一〇尊であり、それが不空訳に至って二三尊、チベット訳では二五尊まで増広されている。この研究によって、賢劫十六尊の起源が明らかになったばかりでなく、対告衆に含まれる菩薩が、どの時代から信仰を集めるようになったのかを知ることができるようになった（表5参照）。

なお香象《こうぞう》（ガンダハスティン）は、『賢劫経』の対告衆に列するだけでなく、賢劫千仏の七四番にも出てくる。本来ガンダハスティンは、阿閦如来の妙喜《みょうき》世界を継承することになっており、娑婆《しゃば》世界で成仏する千仏に列するのは矛盾している。ところが衆手《しゅしゅ》（ガンダハスティン）は、『出生無辺門陀羅尼経』の当初の一〇尊に含まれ、賢劫十六尊の一尊となった。このようにガ

22. 衆香手菩薩	16.spos kyi glaṅ po
23. 無量真宝菩薩	17.rin chen mtha' yas mdzod
24. 智積菩薩	18.śes rab brtseg pa
25. 大浄菩薩	19.mchod pa bkod pa
26. 獅子吼菩薩	20.seṅ ge rnam par sgrogs pa'i sgra dbyaṅs kyi rgyal po
27. 音王菩薩	
28. 浄珠厳行菩薩	21.blo'i bkod pas legs par brgyan pa la gnas pa
29. 師子歩暢音菩薩	22.seṅ ge'i stabs kyis 'gro ba
30. 無量辯無畏菩薩	23.spobs pa mtha' yas par bsdab pa la 'jigs med pa
［喜王菩薩］	24.mchog tu dga' ba'i rgyal po

ンダハスティンは、『阿閦仏国経』の影響力が衰えるとともに、他土菩薩から賢劫菩薩へと転換したのである。

また『出生無辺門陀羅尼経』には、欲界天の菩薩八尊が説かれている。これが頼富教授のいう『舎利弗陀《しゃりほつだ》羅尼《らに》経』の八大菩薩である。その中には『法華経』の対告衆（梵本のみ）に出る星宿王《しょうしゅくおう》Nakṣatrarāja や、『金剛手灌頂タントラ』や胎蔵曼荼羅虚空蔵部の行慧Cāritramati が含まれるが、天人の菩薩という特殊な位置づけのため、他の大乗仏典の同名の菩薩と同一なのかは分からない。

7　金剛界十六大菩薩の起源

本書第一〇章で見たように、両界曼荼羅の一つでインド中期密教を代表する金剛界曼荼羅では、『理趣経』系の八大菩薩を二倍に拡張した十六大菩薩が中心的尊

表４　『賢劫経』の対告衆

竺法護訳	チベット訳（東北 No.94）
1. 慈氏菩薩	1.byams pa
2. 溥首菩薩	2.'jam dpal gźon nur gyur pa
3. 光勢（世）音菩薩	3.spyan ras gzigs dbaṅ phyug
4. 雨音菩薩	4.'brug sgra
5. 善徳百千菩薩	5.dge ba brgya stoṅ gyi me tog kun tu rgyas pa'i blo
	7.chags pa med pa'i mtha' daṅ ldan pa'i blo can
	8.rnam par bsgrags pa'i rgyal po
6. 華厳菩薩	
7. 自大菩薩	
8. 明焔成菩薩	
9. 暢音菩薩	
10. 奉無数億劫行菩薩	
11. 覚意雷音王菩薩	6.bsgrub pa mtha' yas pa'i blo can glog gis rab tu brgyan pa'i sgra dbyaṅs
12. 見正邪菩薩	9.'thun pa daṅ mi 'thun pa mthoṅ bar gyur pa
13. 浄紫金菩薩	10.gser stug po bsags pa'i 'od gzi brjid kyi rgyal po
14. 其心堅重菩薩	
15. 威光王菩薩	
16. 照四千里菩薩	11.dpag tshad brgyar rnam par lta źiṅ 'gro ba
17. 越所見菩薩	
18. 辯積菩薩	12.spobs pa brtsegs pa
19. 慧王菩薩	13.ye śes phun po
20. 不虚見菩薩	14.mthoṅ ba don yod
21. 颰陀和等八大正士	15.bzaṅ skyoṅ la sogs pa daṅ skyes bu dam pa brgyad po

闍那崛多訳	智厳訳	不空訳	チベット訳（東北 No.278）
1. 不空見	6. 不空見	1. 不空見	1.mthoṅ ba don yod
2. 文殊尸利童子	1. 文殊師利法王子	2. 文殊師利童真	2.'jam dpal gźon nur gyur pa
3. 断悪道障	7. 救悪趣	3. 滅悪趣	3.ṅan soṅ thams cad spoṅ ba
4. 断一切憂意	2. 離一切憂	4. 断憂暗	4.mya ṅan thams cad kyi mun pa ṅes par 'joms pa'i blo gros
6. 一切障断	5. 棄諸蓋	5. 除一切蓋障	5.sgrib pa thams cad rnam par sel ba
		6. 網光	6.dra ba can gyi 'od
5. 一切行徹到	3. 離諸境界	7. 滅一切境界慧	7.yul thams cad yi mun pa ṅes par 'joms pa'i blo gros
7. 観自在	8. 観自在	8. 観自在	8.'phags pa spyan ras gzigs dbaṅ phyug
			9.mthu chen thob
		9. 不疲倦意	10.yid yoṅs su mi skyo
8. 香象	9. 香象	10. 香象	11.spos kyi glaṅ po che
		11. 勇猛	12.dpa' po
		12. 虚空庫	13.nam mkha' mdzod
		13. 無量光	14.'od dpag med
		14. 月光	15.zla 'od
		15. 智幢	16.ye śes tog
		16. 賢護	17.bzaṅ skyoṅ
		17. 海慧	18.blo gros rgya mtsho
		18. 無盡慧	19.blo gros mi zad pa
		19. 金剛蔵	20.rdo rje sñiṅ po
		20. 虚空蔵	21.nam mkha'i sñiṅ po
		21. 普賢	22.kun tu bzaṅ po
			23.lag na rdo rje
9. 辯聚	4. 峯辯無盡	22. 辯積	24.spobs pa brtsegs pa
10. 慈氏	10. 慈氏	23. 慈氏	25.byams pa

表５ 『出生無辺門陀羅尼経』の賢劫菩薩

支謙訳	仏陀跋陀羅訳	求那跋陀羅訳	功徳直訳	僧伽婆羅訳	仏駄扇多訳
1. 慧見	1. 現無癡	1. 不現相	1. 不空見	1. 善見	1. 不現相
2. 敬首	2. 文殊師利童子	2. 儒首	2. 文殊師利	2. 文殊師利	2. 軟首
7. 殆棄	3. 離悪趣	3. 棄諸勤	3. 不捨悪趣	3. 除悪趣	3. 棄諸勤苦
3. 除憂	4. 無憂冥	4. 出一切憂冥	4. 断一切憂惛	4. 断闇冥	4. 出一切憂冥
5. 去蓋	5. 離蔭蓋	5. 除一切蓋	6. 除一切礙	6. 伏諸蓋	5. 除一切蓋
4. 虞界	6. 寂諸境界	6. 一切尊自在	5. 施一切	5. 出一切境界竟	6. 一切尊自在
6. 闚音	7. 観世音	7. 其音広聞遍見普安	7. 観世音	7. 観世音	7. 其音広聞遍見普安
8. 衆手	8. 香象	8. 衆香手	8. 香象	8. 香象	8. 衆香手
9. 辯音	9. 無量辯	9. 一語報万億音	9. 最高辯	9. 楽説頂	9. 一語報万億音
10. 慈氏	10. 弥勒	10. 慈氏	10. 弥勒	10. 弥勒	10. 慈氏

格となる。

このうち『理趣経』系の八大菩薩に対応する菩薩については、すでに紹介したが、十六大菩薩で増広された八尊については、従来、どこから取られたのかが明らかでなかった。ところが私が『両界曼荼羅の仏たち』（春秋社、二〇一七年）で明らかにしたように、これら増広された八尊の菩薩も、初期大乗仏典の対告衆から取られたことが分かってきた。そこで本節では、これらの菩薩の起源について見ることにしたい。

『初会《しょえ》金剛頂経』によれば、大日如来が、十六大菩薩一々の三昧耶を生じる三摩地《さんまじ》に入り、その心臓から心真言《しんしんごん》が現れた。その真言の語句、つまり金剛薩埵《こんごうさった》 Vajrasattva や金剛王《こんごうおう》 Vajrarāja という心真言自体が、十六大菩薩の尊名となった。これらを、『初会金剛頂経』の註釈家であるシャーキャミトラは「真言の門からする尊名」と呼んでいる。

さらに心真言が現れるやいなや、世尊持金剛《せそんじこんごう》は変現して、それぞれの菩薩の三昧耶形《さんまやぎょう》、つまり金剛薩埵であれば金剛杵《こんごうしょ》となった。そこで、これらのシンボルによる尊名は「印の門からする尊名」と呼ばれる。

さらにその三昧耶形から光線が放たれ、世界を構成する塵に等しい数の仏たちが生じ、種々の神変《じんぺん》を示した後、集まってそれぞれの菩薩の姿となり、自らの覚りの境地を示すウダーナ（感興詩）を唱える。この時、人間の姿として現れた菩薩の名前、金剛薩埵の場合は普賢《ふげん》菩薩というのが、「大印の門からの尊名」である。

この「大印の門からの尊名」というのが、従来の仏教で使われていた尊名に相当する。したがって十六大菩薩の起源を考えるためには、一般に用いられる「真言の門からする尊名」ではなく、「大印の門からの尊名」に基づいて考察しなければならない。

さらにこれらの菩薩は、大日如来から灌頂を授けられ、密教者としての名を与えられるが、その名前は「名灌頂《みょうかんじょう》の門からの尊名」と呼ばれる。

そこで十六大菩薩の起源を考える場合、「真言の門からする尊名」ではなく「大印の門からの尊名」により考察することになる。

そこで本節では、十六大菩薩の「大印の門からの尊名」に基づき、すでに第一〇章で取り上げた『理趣経』系の八大菩薩以外の八尊の起源を見ることにしたい。

まず②不空王（金剛王）については、現在のところ先行する大乗仏典に、対応する菩薩を見いだすことができない。

これに対して③摩羅《まら》（金剛愛）については、本書第七章で見たように、『維摩経』「不思議品」では、不可思議解脱に住する菩薩が、衆生教化《きょうけ》のために魔王となるという教説が説かれている。マーラを菩薩とする思想は、初期大乗仏典の『維摩経』に由来すると考えられる。

さらに④極喜王《ごくきおう》（金剛喜）は、サンスクリット名を **Prāmodyarāja** といい、初期大乗経典に対告衆として頻出する菩薩である。初出は本章5で見た『賢劫経』の主要な対告衆である喜王 mchog tu dga' ba'i rgyal po である。なお同じ竺法護《じくほうご》が訳した『文殊支利普超三昧《もんじゅしりふちょうさんまい》経』にも喜王菩薩 rab tu dga' ba'i rgyal po が出るが、異訳の支婁迦讖《しるかせん》訳の『阿闍世王《あじゃせおう》経』では、この菩薩が波賀者羅耶と音写されているので、両者が同一尊であることが確認できる。

⑥大威光《だいいこう》（金剛光）は、サンスクリット名を大威光 Mahāteja あるいは無垢大威光という。なお『華厳経』「入法界《にゅうほっかい》品」の対告衆に、大光菩薩 Mahātejas、無垢光菩薩 Vimalatejas が含まれるが、金剛界の金剛光との関係は確認できていない。

⑦宝幢（金剛幢）は、サンスクリット名を Ratnaketu という。初出は『阿閦仏国経』であるが、香象 Gandhahastin がその後の大乗仏典でも阿閦如来と結びつけて語られるのに対し、宝幢では、『無量寿《むりょうじゅ》経』で香象と宝英（宝幢）が連続して現れる場合や、『般若経』で阿閦仏刹の菩薩として言及される場合（次章参照）を除き、『阿閦仏国経』との関係を示唆する例が見られない。したがって宝幢については、複数の起源をもつ可能性がある。

⑧常喜悦根《じょうきえっこん》（金剛笑）は、サンスクリット名を Nityaprītipramuditendrya という。本書第七章で見たように、この菩薩は『維摩経』の対告衆に出る。さらに今回の調査で、常笑 Nityaprahasita と喜根 Pramuditendriya の二菩薩は、『大宝積経』「密迹金剛力士会《みっしゃくこんごうりきしえ》」、同「善《ぜん》住意天子会《じゅういてんしえ》」、『如幻三昧《にょげんさんまい》経』、『無畏徳女《むいとくにょ》経』などにも出ることが分かった。しかもある訳で

はこの菩薩が二人になり、別の訳では一人に融合しているという例が多い。この二人は、すべての場合に連続して出現するので、おそらく『維摩経』以前に、常啼《じょうたい》菩薩・法上菩薩のように二人の菩薩が登場する仏教説話が存在したのではないかと思われる。

⑫無言（金剛語）は、サンスクリット名をアヴァーチャ Avāca という。『大集《だいじつ》経』の「無言菩薩品」には、無言という名の菩薩が登場する。同経の初訳は竺法護訳『無言童子経』であるから、やはり古い大乗仏典の一つといえる。同経によれば、無言菩薩は王舎城に住む師子将軍家の子供として生まれたが、小児の頃から全く言葉を発しなかった。ところが八歳の時、ブッダに出会うと、ブッダは彼が大菩薩であることを見抜き、ブッダと彼の問答が「無言菩薩品」という経典になった。

⑭難敵精進《なんじゃくしょうじん》（金剛護）は、サンスクリット名を Duryodhanavīrya という。なお『華厳経』「入法界品」の冒頭近く、十方世界から往詣した菩薩たちが偈を唱える場面があるが、そこで南方世界からやってきた菩薩が難摧伏《なんさいぶく》速疾精進王（『四十華厳』による）といい、そのサンスクリット名が Duryodhanavīryavegarāja である。金剛護菩薩の三昧耶形は鎧であるが、鎧は大乗仏教で精進あるいは忍辱《にんにく》のシンボルとして用いられてきた。その精進を象徴する金剛護の本名として、「無敵の勇気」Duryodhanavīrya という尊名はふさわしい。『華厳経』「入法界品」は広く普及した大乗仏典の一つであるから、その尊名が「入法界品」から取られた可能性が考え

られる。

このように本節では、金剛界曼荼羅の十六大菩薩のうち、すでに本書第一〇章で紹介した『理趣経』系の八大菩薩に含まれない八尊について考察した。その結果、『理趣経』系の八大菩薩と同じく、増広された八尊も、初期大乗仏典から多くの菩薩名が採られていることが分かった（表6参照）。

その中には『賢劫経』の喜王菩薩や、『無言童子経』の無言菩薩のように、一つの経典の主要な登場人物として活躍した菩薩もあったが、経典の本篇では一偈しか説かない、さらに一言も発しない菩薩すら含まれている。これは密教経典の編者が菩薩を選択するに当たって、先行する経典での活躍度ではなく、表現しようとする教理内容にふさわしい尊名の菩薩を捜索し、取り入れたからと思われる。

8　まとめ

大乗仏典には多数の菩薩が説かれている。密教の時代に入ると、これらの菩薩は曼荼羅に描かれるようになった。チベットで流行した薬師経法の曼荼羅は、『薬師経』『七仏薬師経』の対告衆一六尊を外院に描いている。いっぽう胎蔵曼荼羅では、三重の四面に菩薩衆を列するが、これらの菩薩は、主として初期大乗仏典や陀羅尼経典の対告衆から採られたことが分かった。

表6　金剛界十六大菩薩と大乗仏典

	十六大菩薩	サンスクリット名	大印の門からの尊名	登場する大乗仏典
東方	金剛薩埵	Vajrasattva	普賢	『理趣経』の八大菩薩
	金剛王	Vajrarāja	不空王	
	金剛愛	Vajrarāga	摩羅	『維摩経』
	金剛喜	Vajrasādhu	極喜王	『賢劫経』
南方	金剛宝	Vajraratna	虚空蔵	『理趣経』の八大菩薩
	金剛光	Vajrateja	大威光	「入法界品」？
	金剛幢	Vajraketu	宝幢	『阿閦仏国経』？
	金剛笑	Vajrahāsa	常喜悦根	『維摩経』
西方	金剛法	Vajradharma	観自在	『理趣経』の八大菩薩
	金剛利	Vajratīkṣṇa	曼殊室利	『理趣経』の八大菩薩
	金剛因	Vajrahetu	纔発心転法輪	『理趣経』の八大菩薩
	金剛語	Vajrabhāṣa	無言	『無言童子経』
北方	金剛業	Vajrakarma	毘首羯磨	『理趣経』の八大菩薩＊
	金剛護	Vajrarakṣa	難敵精進	「入法界品」？
	金剛牙	Vajrayakṣa	摧一切魔	『理趣経』の八大菩薩
	金剛拳	Vajrasandhi	一切如来拳	『理趣経』の八大菩薩

＊金剛業と虚空庫の対応は『初会金剛頂経』本文には記述がない。

また金剛界曼荼羅の外院には、賢劫千仏や賢劫十六尊が配される。賢劫千仏は、初期大乗仏典の『賢劫経』に説かれている。これに対して賢劫十六尊は、最初期の陀羅尼経典『出生無辺門陀羅尼経』の対告衆の「賢劫菩薩」から発展したことが跡づけられる。

さらに『理趣経』系の八大菩薩を二倍に拡張した十六大菩薩は、金剛界曼荼羅の基本的尊格群となった。なお十六大菩薩にも、初期大乗経典に対告衆として説かれた菩薩が多く採用されている。このように大乗仏教と密教の間には、尊格に関して強固な連続性が認められるのである。

第一四章　対告衆から見た大乗仏典の系統

1　はじめに

本書の序章で見たように、ブッダ在世当時からの口誦から発展した小乗の経律とは異なり、大乗仏典は、ブッダ在世当時のさまざまな出来事に取材しながらも、まったく独自に成立した。つまり「大乗」を標榜する仏教徒によって、新たに編集されたのである。しかし、それを仏説と主張するためには、いつ、どこで、誰が編集したのかを、巧妙に秘匿しなければならなかった。

そこで大乗仏典が、どのような先行経典を参照しているのか知ることは難しい。なお大乗の『涅槃経《ねはんぎょう》』は、『阿含経《あごんぎょう》』『法句経《ほっくぎょう》』『法華経《ほけきょう》』『首楞厳経《しゅりょうごんぎょう》』『雑華（華厳）経』などを引用しており、これらの大小乗の仏典を参照したことを、自ら認めている。これは大乗の『涅槃経』が、ブッダ一代の教法の総括として、最後に説かれたことを自ら標榜しているためであり、他の大乗仏典が、これほど明確に他の経典を引用することは、きわめて稀である。そこで先行研究では、経典間の並行句や法数の配列を捜索し、相互の参照関係を見ることが多かったが、たとえ明確な並行句が存在しても、どちらが先に成立したのかについて意見が分かれることがあった。

そこで著者が注目したのが、大乗仏典の冒頭に説かれる対告衆《たいごうしゅ》の菩薩名である。対告衆の中には、経典の本篇で中心的な役割を果たす菩薩がいる反面、本篇では一言も発しなかったり、わずか一偈しか唱えない菩薩がいる。ところがこれらの菩薩の中には、他の大乗仏典で中心的な役割を果たした者がいる。著者は半世紀に亘って曼荼羅の研究に携わってきたので、両界《りょうかい》曼荼羅に描かれる数百もの菩薩名に慣れていた。そのため曼荼羅に描かれる菩薩には、中後期の大乗仏典より、初期大乗仏典の対告衆が多いという事実が、経験的に分かってきた。

そこで謎に包まれている大乗仏典の系統を明らかにするため、大乗仏典に説かれる対告衆の菩薩名を表に整理することを思い立った。本章では、これまでの各章で指摘した事実を踏まえて、対告衆や他土仏などの固有名詞から、大乗仏典の系統がどの程度解明できるのかを考えてみたい。

2 『般舟三昧経』の八人の在家菩薩

本書第五章では、最初期の大乗仏典の一つ『般舟三昧経《はんじゅさんまいきょう》』に登場する八人の在家菩薩に注目し、彼等が大乗仏教興起の時代に、実際に活躍した在家信徒をモデルに構想されたことを指摘した。

『般舟三昧経』の八人の在家菩薩や、それを増広した十六正士《しょうじ》を対告衆に列する経典は、初訳が支婁迦讖《しるかせん》、竺法護《じくほうご》、鳩摩羅什《くまらじゅう》によってなされたものが多く、従来の範疇でいえば、第一次大乗仏典に含まれる。

対告衆の列挙の仕方を見ると、大品《だいぼん》系の『般若《はんにゃ》経』では、普賢《ふげん》・観音《かんのん》・大勢至《だいせいし》などの大菩薩を差しおいて、バドラパーラを初めとする『般舟三昧経』の在家菩薩を冒頭に挙げている。これは在家菩薩こそが、『般若経』をはじめとする初期大乗仏教の正機《しょうき》であることを示す意図があったと思われる。

これに対して『法華経』を見ると、竺法護訳『正法《しょうほう》華経』では、文殊《もんじゅ》・観音・大勢至などの大菩薩の後に、『般舟三昧経』の在家菩薩のうちスシーマを除く七名を列していたが、鳩摩羅什訳『妙法蓮華《みょうほうれんげ》経』では、これが三名に削減された。そして現行の梵本では、出家・他土の大菩薩の後にバドラパーラをはじめとする十六正士が別途列せられている。なおこの方軌は、ギルギットやカシュガル写本にも見られ、遅くとも六世紀には定まっていたと思われる。

『般舟三昧経』の八人の在家菩薩は、その他の初期大乗仏典にも「八正士」あるいは「颰陀和（バドラパーラ）等の八人」として言及されている。なお『華手《けしゅ》経』（大正六五七）では、『大品般若経』と同じく、バドラパーラ等の在家菩薩（表では◎を付した）を最初に挙げているが、カピラヴァストゥ出身のスシーマが梵天菩薩に入れ替わっている（表1参照）。ところが西晋の聶承遠《じょうしょうえん》訳『超日明三昧《ちょうにちみょうさんまい》経』（大正六三八）巻下では、解縛《げばく》・宝事《ほうじ》・恩施《おんせ》・帝天《たいてん》・水天《すいてん》・大《だい》導師《どうし》・龍施《りゅうせ》と、『般舟三昧経』の八人に似た七人が、ブッダに次々と質問した後、梵天が発言している。この梵天は菩薩ではなく、色界初禅天《しきかいしょぜんてん》の神なのだが、これが菩薩と誤解されたと考えれば、『超日明三昧経』と『華手経』という、今まで何の関連も想定されなかった初期大乗仏典間に、参照関係が成り立つのである。

また阿闍世《あじゃせ》王の娘が主人公となる『大宝積《だいほうしゃく》経』「無畏徳菩薩会《むいとくぼさつえ》」では、摩訶須薩和（マハースサールタヴァーハ）、那羅達（ナラダッタ）、須深（スシーマ）が上意《じょうい》、勝意《しょうい》、増上意《ぞうじょうい》に入れ替わっている（表2参照）。なおこれらの三人は、大品系『般若経』等の十六正士において、『般舟三昧経』の在家菩薩の次に挙げられた菩薩である。したがって「無畏徳菩薩会」の編集者は、明らかに大品系の十六正士を知っていたことになる。

しかし対告衆にサトプルシャを列挙する大乗仏典は、第二次大乗仏典以後にはほとんど見られず、『般舟三昧経』の影響力が低下したことを示唆している。このように『般舟三昧経』の在家菩薩は、次第に他の対告衆の中に吸収されていく。これは草創期の大乗仏教において、在家菩薩が果たした役割が忘れ去られたことを暗示している。

3　『文殊支利普超三昧経』の二十五正士

これに対して支婁迦讖訳『阿闍世王経《あじゃせおう》』とその異訳、竺法護訳『文殊支利普超三昧経』は、対告衆に二十五正士と呼ばれる二五人のサトプルシャを列している。こちらは『般舟三昧経』と重複する菩薩が一人もなく、明らかに別系統である。また二十五正士が在家であるとも説かれていない。

十六正士を列する大乗仏典では、十六正士は経典本文では活躍しないのに対し、『文殊支利普超三昧経』の二十五正士は、本文でも、それぞれが尊名に因んだ偈を唱えている。また持人《じにん》菩薩（『持人菩薩経』の対告衆）、師子意《ししい》菩薩（『私呵昧経《しかみ》』の対告衆）、虚空蔵《こくぞう》菩薩（『大集経《だいじっ》』「虚空蔵菩薩品」のガガナガンジャ）、発意転法輪《ほっいてんぼうりん》菩薩（『ラリタヴィスタラ』の登場人物）、海意《かいい》菩薩（『大集経』「海慧菩薩品」の対告衆）、喜王菩薩（『賢劫経』の対告衆）など、他の大乗経典に登場する菩薩が多く含まれるのが注目される（表3参照）。また宝掌（宝手）、宝印手の二菩薩も、他の大乗経典の対告衆にしばしば列し、最終的に胎蔵曼荼羅の地蔵院に継承される。

二十五正士は、その後の大乗経典に、ほとんど継承されなかったが、それ以前に成立していた大乗仏典の主要な登場人物を多く含んでおり、その成立年代と順序を推定するのに、多くのヒントを与えてくれる。

25. 越三界菩薩	25.'jig rten gsum rnam par gnon	[Trailokyavikrāmin]
26. 無辺力菩薩	26.mtha' yas rnam par gnon	[Anantavikrāmin]
27. 無量力菩薩	27.dpag med rnam par gnon	
28. 金剛力菩薩	28.rdo rje'i gom pas rnam par gnon	
29. 無等力菩薩	29.don yod pa'i gom pas rnam par gnon	
30. 無動力菩薩	30.mi g-yo ba'i gom pas rnam par gnon	
31. 疾辯菩薩	31.spobs pa chen po	[Mahāpratibhāna]
32. 利辯菩薩	32.spobs pa rnon po	
33. 深辯菩薩	33.spobs pa zab pa	
34. 無辺辯菩薩	34.spobs pa mtha' yas	
35. 無量辯菩薩	35.spobs pa dpag med	
36. 文殊師利法王子	36.'jam dpal gźon nur gyur pa	28.Mañjuśrī
37. 華徳蔵法王子	37.pad ma dpal gyi sñiṅ po	
38. 曇無竭菩薩	38.chos 'phags	[Dharmodgata]
39. 宝手菩薩	39.lag na rin chen	[Ratnapāṇi]
40. 持宝菩薩	40.rin chen 'dzin	
41. 転無量劫荘厳菩薩	41.bskal pa 'gyur ba mtha' yas par go cha bgos pa	
42. 転女相願菩薩	42.bud med 'gyur ba'i go cha bgos pa	
43. 転男相願菩薩	43.skyes pa 'gyur ba'i go cha bgos pa	
44. 転衆生相願菩薩	44.sems can 'gyur ba'i go cha bgos pa	
45. 無辺自在菩薩	45.mtha' yas khyu mchog	
46. 無量自在菩薩	46.dpag med khyu mchog	
47. 壊自性縁自在菩薩	47.dmigs pa thams cad rnam par 'jig pa'i khyu mchog	

表１　『華手経』の対告衆

『華手経』	チベット訳（東北 No.101）	『大品系般若経』
1. 跋陀婆羅菩薩	1.bzaṅ skyoṅ	1.Bhadrapāla ◎
2. 宝積菩薩	2.dkon mchog 'byuṅ gnas	2.Ratnākara ◎
3. 導師菩薩	3.ded dpon bzaṅ po	5.Susārthavāha ◎
4. 星得菩薩	4.phug sbas	7.Guhagupta ◎
5. 那羅達菩薩	5.mis byin	6.Naradatta ◎
6. 因陀達菩薩	6.dbaṅ pos byin	9.Indradatta ◎？
7. 水天菩薩	7.chu lha	8.Varuṇadeva ◎
8. 梵天菩薩	8.tshaṅs lha	
9. 善力菩薩	9.stobs bzaṅs	
10. 大意菩薩	10.bla ma'i blo gros	11.Uttaramati
11. 勝意菩薩	11.khyad par blo gros	12.Viśeṣamati
12. 増意菩薩	12.'phel ba'i blo gros	13.Vardhamānamati
13. 不虚見菩薩	13.mthoṅ ba don yod	15.Amoghadarśin
14. 善発菩薩	14.legs par yaṅ dag źugs	
15. 大力菩薩	15.rab kyi rtsal gyis rnam par gnon	
16. 常精進菩薩	16.rtag tu brtson	20.Nityodyukta
17. 不休息菩薩	17.brtson pa mi gtoṅ	22.Anikṣiptadhura
18. 日蔵菩薩	18.ñi ma'i sñiṅ po	23.Sūryagarbha
19. 持世菩薩	19.'gro ba 'dzin	［Janandhara］
20. 持地菩薩	20.sa 'dzin	［Dharaṇīṃdhara］
21. 持甘露味菩薩	21.bdud rtsi 'dzin	
22. 善住意菩薩	22.blo gros rab gnas	
23. 無量意菩薩	23.blo gros mtha' yas	
24. 堅意菩薩	24.brtan pa'i blo gros	

颰陀和等八人。皆如颰陀和類 1. 颰陀和	1. 跋陀波羅	skyes bu dam pa brgyad la 'di lta ste/ 1.bzaṅ skyoṅ	1.Bhadrapāla
2. 宝満	2. 宝相	2.dkon mchog 'byuṅ gnas	2.Ratnākara
3. 福日兜	3. 羅睺	3.phug sbas	7.Guhagupta
4. 因 提 達 (Indradatta)	4. 釈天	4.dbaṅ po'i lha	9.Indradeva
5. 和倫調	5. 水天	5.chu lha'i lha	8.Varuṇadeva
6. 常念	6. 上意	6.blo gros yaṅs pa	11.Uttaramati
7. 念益於世間	7. 勝意	7.blo gros khyad par can	12.Viśeṣamati
8. 增益世間功德	8. 増上意	8.blo gros 'phel	13.Vardhamānamati

表２「無畏徳菩薩会」の対告衆

『阿術達菩薩経』	「無畏徳菩薩会」	チベット訳	『維摩経』『般若経』
1. 須弥山	1. 弥楼	1.lhun po	[Meru]
2. 大須弥山	2. 大弥楼	2.lhun po chen po	[Mahāmeru]
3. 須弥山頂		3.ye śes lhun po	
4. 師子		4.rin chen seṅ ge	[Siṃha]
5. 和(私)呵未		5.seṅ ge blo gros	[Siṃhamati]
	3. 常入定		
6. 常挙手		6.rtag tu lag brkyaṅ	12.Nityotkṣiptahasta
7. 常下手		7.rtag tu lag bsgreṅ	13.Nityotpalakṛtahasta
8. 常精進行	4. 常精進	8.rtag tu brtson	[Nityodyukta]
9. 常歓喜	6. 常喜根	9.rtag tu 'dzum źiṅ rab tu dga' ba	15a.Nityaprahasita- 15b.Pramuditendriya
		10.dbaṅ po las 'das pa	
10. 常憂念一切人		11.rtag tu gduṅ	14.Nityotkaṇṭhita
11. 珍宝念		12.rin chen sems	
12. 珍宝手	5. 宝手	13.lag na rin chen	[Ratnapāṇi]
13. 宝印手		14.lag na rin chen thogs	11.Ratnamudrāhasta
		15.rin chen bkra ldan	
14. 執御		16.kha lo sgyur	[Sārthavāha]
15. 大御		17.kha lo sgyur chen po	[Mahāsārthavāha]
16. 常持至誠		18.bden pa la dga' ba	
17. 弥勒		19.byams pa	56.Maitreya
		20.'jam dpal gźon nur gyur pa	57.Mañjuśrī

表３ 『文殊支利普超三昧経』の二十五正士

『阿闍世王経』	『普超三昧経』	『未曽有正法経』	チベット訳（東北 No.216）
1. 若那師利	1. 龍首菩薩	1. 龍吉祥菩薩	1.klu dpal
2. 那羅達師利	2. 龍施菩薩	2. 龍授菩薩	2.klus byin
3. 三波師利	3. 首具菩薩	3. 吉祥生菩薩	3.dpal 'byuṅ
4. 劫波頭師利	4. 首蔵菩薩	4. 吉祥蔵菩薩	4.dpal gyi sñiṅ po
	5. 蓮首菩薩	5. 最上蓮華吉祥菩薩	5.padma bla ma'i dpal
5. 波頭師利劫	6. 蓮首蔵菩薩	6. 蓮華吉祥生菩薩	6.padma dpal 'byuṅ
6. 闍因陀楼	7. 持人菩薩	7. 持世菩薩	7.skye bo 'dzin
7. 陀羅尼陀楼	8. 持地菩薩	8. 持地菩薩	8.sa 'dzin
8. 羅陀波尼	9. 宝掌菩薩	9. 宝手菩薩	9.lag na rin chen
9. 羅陀牟訶多	10. 宝印手菩薩	10. 宝印手菩薩	10.lag na rin chen phyag rgya
10. 私訶末	11. 師子意菩薩	11. 師子意菩薩	11.seṅ ge'i blo gros
11. 師訶惟迦闍倶羅	12. 師子步雷音菩薩	12. 師子無畏音菩薩	12.seṅ ge'i 'gros bsgrags dbyaṅs
12. 加[加]那迦闍	13. 虚空蔵菩薩	13. 虚空蔵菩薩	13.nam mkha' mdzod
13. 沙訶質兜波沈摩遮迦波栝鎮	14. 発意転法輪菩薩	14. 平等心転法輪菩薩	14.sems bskyed ma thag tu chos kyi 'khor los sgyur ba
14. 遮薩枻波陀	15. 辯諸句菩薩	15. 了別一切句義大辯菩薩	15.tshig gi rab tu tha dad pa thams cad la spobs pa
15. 波坻盤拘利	16. 辯積菩薩	16. 辯積菩薩	16.spobs pa'i phuṅ po
16. 沙竭末	17. 海意菩薩	17. 海意菩薩	17.blo gros rgya mtsho
17. 摩訶霓楼	18. 大山菩薩	18. 妙高王菩薩	18.lhun po chen po
18. 耆非陀遮	19. 喜見菩薩	19. 愛見菩薩	19.mthoṅ na dga' ba
20. 波貿耆羅耶	20. 喜王菩薩	20. 喜王菩薩	20.rab tu dga' ba'i rgyal po
19. 阿難陀譬叉	21. 察無圻菩薩	21. 無辺視菩薩	21.mtha' yas mthoṅ ba
21. 阿難陀阿藍惟訶羅	22. 遊無際法行菩薩	22. 無辺作行菩薩	22.mtha' yas dmigs par gnas pa
22. 摩抵吒沙牟迦抵陀	23. 超魔見菩薩	23. 破諸魔菩薩	23.bdud kyi lta ba yaṅ dag pa 'joms pa
23. 阿喩達	24. 無憂施菩薩	24. 無憂授菩薩	24.mya ṅan med sbyin
24. 薩枻頻悉	25. 諸議告菩薩	25. 一切義成菩薩	25.don thams cad grub pa

4　出家菩薩のグループ

『般舟三昧経』から発展した十六正士が在家菩薩であるのに対し、大乗仏典では出家菩薩と見なされる対告衆のグループも説かれるようになる。大乗における出家菩薩としては、従来の研究では文殊がその代表格と見なされてきた。

多くの場合、文殊は童真《どうしん》kumārabhūta というタイトルをもち、図像学的には少年の姿で表現される。そして『思益梵天請問《しやくぼんてんしょうもん》経』では、文殊を筆頭とする一六人の童真あるいは法王子菩薩と、バドラパーラを上首とする十六正士が、あい対するように対告衆として列せられている（表4参照）。

ここで面白いのは、鳩摩羅什訳にのみ出家菩薩の三番目として宝積法王子が出るが、これが他の漢訳二訳とチベット訳には欠けていることである。つまり宝積（ラトナーカラ）は『般舟三昧経』以来、ヴァイシャーリー出身の在家菩薩として知られていたので、重複に気づいて削除されたと思われる。

いっぽう『思益梵天請問経』の出家菩薩の中には、宝手、宝印手、虚空蔵、発意転法輪と、前述の『文殊支利普超三昧経』の二十五正士と重複する菩薩が含まれている。『般舟三昧経』系の十六正士とは異なり、二十五正士には在家的性格が薄かったからと思われ

賢護之等十六正士	跋陀婆羅等十六賢士	跋陀婆羅等上首十六大賢士	skyes bu dam pa bcu drug la 'di lta ste	『二万五千頌般若経』
1. 賢護	1. 跋陀婆羅菩薩	1. 跋陀婆羅菩薩	1.bzaṅ skyoṅ	1.Bhadrapāla
2. 宝事	2. 宝積菩薩	2. 宝積菩薩	2.dkon mchog 'byuṅ gnas	2.Ratnākara
		4. 人徳菩薩	4.mes (=mis) byin	4.Naradatta
3. 恩施	3. 星徳菩薩	5. 善護徳菩薩	5.phug sbas	6.Guhagupta
4. 帝天	4. 帝天菩薩	7. 帝釈王徳菩薩	7.dbaṅ pos byin	7.Indradatta
5. 水天	5. 水天菩薩	6. 大海徳菩薩	6.chus byin	5.Varuṇadatta
6. 賢力	6. 善力菩薩	13. 善奮迅菩薩	13.rab tu rtsal gyis rnam par gnon pa	13.Suvikrāntavikrāmin
7. 上意	7. 大意菩薩	8. 上意菩薩	8.bla ma'i blo gros	8.Uttaramati
8. 持意	8. 殊勝意菩薩	9. 勝意菩薩	9.khyad par blo gros	9.Viśeṣamati
9. 増意	9. 増意菩薩	10. 増上意菩薩	10.blo gros 'phel	10.Vardhamānamati
10. 善建	10. 善発意菩薩	12. 善住菩薩	12.śin tu yaṅ dag bźugs	12.Susaṃprasthita
11. 不虚見	11. 不虚見菩薩	11. 不空見菩薩	11.mthoṅ ba don yod	11.Amoghadarśin
12. 不置遠	12. 不休息菩薩	15. 不休息菩薩	15.brtson pa mi gtoṅ ba	15.Anikṣiptadhura
13. 不損意	13. 不少意菩薩	14. 無量意菩薩	14.blo gros mtha' yas pa	[Anantamati]
14. 善導	14. 導師菩薩	3. 善将導菩薩	3.ded dpon mchog	3.Sārthavāha
15. 日蔵	15. 日蔵菩薩	16. 日蔵菩薩	16.ñi ma'i sñiṅ po	16.Sūryagarbha
16. 持地	16. 持地菩薩	17. 持地菩薩	17.sa 'dzin	[Dharaṇīṃdhara]

表４『思益梵天請問経』の対告衆

竺法護訳	鳩摩羅什訳	菩提流支訳	チベット訳（東北 No.160）
1. 溥首童真	1. 文殊師利法王子	1. 文殊師利法王子	1.gźon nur gyur pa 'jam dpal
2. 宝事童真	2. 宝手法王子	2. 宝手法王子	2.gźon nur gyur pa lag na rin po che
	3. 宝積法王子		
3. 宝印手童真	4. 宝印手法王子	3. 宝印手法王子	3.gźon nur gyur pa lag na phyag rgya rin po che
4. 宝首童真	5. 宝徳法王子	4. 宝徳法王子	4.gźon nur gyur pa rin po che dpal
5. 空蔵童真	6. 虚空蔵法王子	5. 虚空蔵法王子	5.gźon nur gyur pa nam mkha' mdzod
6. 発意転法輪童真	7. 発意転法輪法王子	6. 発意転法輪法王子	6.gźon nur gyur pa sems bskyed ma thag tu chos kyi 'khor lo bskor ba
7. 明網童真	8. 網明法王子	7. 網明法王子	7.gźon nur gyur pa dra ba can gyi 'od
8. 除諸陰蓋童真	9. 障諸煩悩法王子	8. 奮迅法王子	8.gźon nur gyur pa rnam par bsgyiṅs pa
9. 一切施童真	10. 能捨一切法王子	10. 能捨一切法法王子	10.gźon nur gyur pa bdog pa thams cad yoṅs su gtoṅ ba
10. 勝蔵童真	11. 徳蔵法王子	9. 功徳蔵法王子	9.gźon nur gyur pa dpal gyi sñiṅ po
11. 蓮華行童真	12. 花厳法王子	11. 鉢頭摩荘厳法王子	11.gźon nur gyur pa pad ma bkod pa
12. 師子童真	13. 師子法王子	12. 師子法王子	12.gźon nur gyur pa seṅ ge
13. 月光童真	14. 月光法王子	13. 月光法王子	13.gźon nur gyur pa zla 'od
		14. 月明法王子	14.gźon nur gyur pa zla ba'i 'od zer gyi 'od
14. 尊意童真	15. 尊意法王子	15. 最勝意法王子	15.gźon nur gyur pa blo gros mchog
15. 自厳童真	16. 善荘厳法王子	16. 一切荘厳法王子	16.gźon nur gyur pa rgyan thams cad bkod pa

る。また月光童真《がっこう》は、ネパール仏教で九法宝の一つに数えられる『三昧王経《さんまいおう》』（『月灯三昧経《がっとうさんまい》』）の主要な対告衆である。なお『月灯三昧経』巻二によれば、ブッダは月光童子の自宅を訪問して、飲食の布施を受けたとある。つまり出家菩薩とはいっても、ヴィハーラやアラニャに居住せず、独身の誓いを立てて自宅で生活する菩薩と想定されている。

なお北斉の那連提耶舎《なれんだいやしゃ》訳『月灯三昧経』（大正六三九）は、冒頭に対告衆の菩薩の列挙がなく、巻二に至って一一尊からなる菩薩衆が説かれるが、その選択を見ると、阿逸多（アジタ＝弥勒）の後、観世音、大勢至と阿弥陀如来の両脇侍を挙げた後、香象《こうぞう》、宝幢《ほうどう》と『阿閦仏国経《あしゅくぶっこく》』由来の菩薩が続き、最後を不虚現《ふこげん》つまり『念仏三昧経《ねんぶつさんまい》』の不空見菩薩で締めくくるという、初期大乗仏典の見本のような対告衆の選択となっている。

これに対して『三昧王経』のネパール系梵本とチベット訳は、四〇名弱の長大な対告衆のリストを掲げるが、『月灯三昧経』の菩薩衆とは全く一致しない。また最後に弥勒等の賢劫《げんごう》菩薩、文殊等の六〇尊の無比心薩埵《むひしんさった》 anupamacitta、バドラパーラ等の十六正士を列挙するが、一々の尊名は与えられていない（表5参照）。

このうち六十無比心薩埵は他の大乗仏典の対告衆にも出るが、一々の尊名を列挙したテキストが一つもないので、その詳しい内容が分からない。いっぽう『金剛頂経』系の『悪趣清浄《あくしゅしょうじょう》タントラ』の一切智毘盧遮那《びるしゃな》曼荼羅の外院には、賢劫十六尊とともに十六無比心薩埵を描くことがあるが、これが大乗仏典の六〇尊の無比心薩埵と同一かどうかも分からない。

何れにしても、文殊を上首とすることから、六十無比心薩埵は出家菩薩の代表者として、在家菩薩の十六正士に対するものと思われる。しかも多くの場合、無比心薩埵は十六正士よりも前に説かれるので、すでに在家菩薩に対する出家菩薩の優位が確立してから、現れたと思われる。

また本書第一〇章で見た初期密教聖典『文殊師利根本儀軌経《もんじゅしりこんぽんぎき》』の上品の幢《どう》では、文殊を上首とする八尊の童子形の菩薩と、弥勒を上首とする八尊の通常の菩薩形の菩薩が、本尊の左右に振り分けられていた。このうち童子形の菩薩には『月灯三昧経』の月光菩薩や、『華厳経』「入法界品《にゅうほっかいぼん》」の善財《ぜんざい》童子（妙財）など、童真菩薩が含まれていたが、他の菩薩については、どうして左右に振り分けられたのか明確な基準が見当たらない。

なお文殊の眷属となる童子形の菩薩は、胎蔵《たいぞう》曼荼羅の文殊部の右側（向かって左）に配されている。

5　特徴的な対告衆は誰か？

本書序章で述べたように、冒頭部分における対告衆、とくに菩薩名の列挙は、大乗仏典の大きな特徴である。そして対告衆の中には、経典の本文においてブッダに質問をしたり、ブッダ

24.dga' bar byed pa	25.Ratiṃkara
25.chos bkod pa	26.Dharmavyūha
26.bkod pa'i rgyal po	27.Vyūharāja
27.mtshan gyis kun tu brgyan pa	28.Lakṣaṇasamalaṃkṛta
28.dbyaṅs bkod pa	29.Svaravyūha
29.dbyaṅs rnam par dag pa'i 'od	30.Svaraviśuddhiprabha
30.rin po che brtsegs pa	31.Ratnakūṭa
31.ñi ma me'i 'od 'phro can	32.Ratnacūḍa
32.skar ma la dga' ba	33.Daśaśataraśmikṛtārciṣā jyotirasa
33.zla ba'i 'od zer	34.Candrabhānu
34.sems bskyed ma thag tu chos kyi 'khor lo skor ba	35.Sahacittotpādadharmacakra-pravartin
35.gser bzaṅ po rnam par dag pa'i 'od	36.Śubhakanakaviśuddhiprabha
36.rtag tu mi 'jigs sbyin	37.Satatamabhayaṃdāna
mi pham pa la sogs pa bskal po bzaṅ po'i byaṅ chub sems dpa' chen po thams cad	Ajitabodhisattvapūrvaṃgamaiś ca sarvair bhadrakalpikair bodhisattvair mahāsattvaiḥ
'jam dpal la sogs pa sems dpa' dpe med pa drug cu	Mañjuśrīpūrvaṃgamaiś ca ṣaṣṭibhir anupamacittaiḥ
bzaṅ skyoṅ la sogs pa skyes bu dam pa bcu drug	Bhadrapālapūrvaṃgamaiś ca ṣoḍaśabhiḥ satpuruṣaiḥ

表５『三昧王経』の対告衆

『月灯三昧経』	チベット訳（東北 No.127）	梵本
1. 阿逸多菩薩	1.lhun po	1.Meru
2. 観世音菩薩	2.rab tu lhun po	2.Sumeru
3. 大勢至菩薩		3.Mahāmeru
4. 香象菩薩	3.lhun po'i rtse mo 'dzin	4.Meruśikharimdhara
5. 宝幢菩薩	4.lhun po mar me'i rgyal po	5.Merupradīparāja
6. 難勝菩薩	5.lhun po brtsegs pa	6.Merukūṭa
7. 文殊師利菩薩	6.lhun po'i rgyal mtshan	7.Merudhvaja
8. 勇健軍菩薩	7.lhun po'i rgyal po	8.Merugaja
9. 妙臂菩薩	8.lhun po'i rtse mo kun g-yo bar byed pa'i rgyal po	9.Meruśikhare saṃghaṭṭanarāja
10. 宝華菩薩	9.lhun po'i dbyaṅs	10.Merusvara
11. 不虚現菩薩	10.sprin gyi rgyal po	11.Megharāja
右とは全く一致しない。	11.rṅa dbyaṅs	12.Dundubhisvara
		13.Ratnapāṇi
	12.rin po che'i 'byuṅ gnas	14.Ratnākara
	13.rin po che'i tog	15.Ratnaketu
	14.rin po che'i rtse mo	16.Ratnaśikhara
	15.rin po che 'byuṅ ba	17.Ratnasaṃbhava
	16.rin po che snaṅ ba	18.Ratnaprabhāsa
	17.rin po che'i 'khar ba	19.Ratnayaṣṭi
	18.lag na phyag rgya rin po che	20.Ratnamudrāhasta
	20.rin po che'i bkod pa	21.Ratnavyūhena
	21.rin po che'i dra ba	22.Ratnajālin
	22.rin po che'i 'od	23.Ratnaprabha
	23.rin po che'i gliṅ	24.Ratnadvīpa

に代わって教説を説く者もある反面、経典が終結するまで一言も発しない者が数多く含まれている。彼等、一言も発しない対告衆は、どうして大乗仏典に名を列することになったのだろうか？

これまで見てきたように、これらの一言も発しない対告衆の中には、他の大乗仏典で重要な役割を果たした者がある。この事実から、大乗仏典の編者は、他の大乗仏典の主要な対告衆を、自らの経典に対告衆として取り入れたのである。このようにして著者は、対告衆の尊名を手がかりに、大乗仏典間の参照関係が解明できることに気づいた。

しかし対告衆を用いて仏典間の参照関係を解明するためには、その対告衆が、どの経典を初出とするのかを確認しなくてはならない。たとえば常《じょう》精《しょう》進《じん》菩薩 Nityodyukta は初期大乗仏典にしきりに登場する対告衆であるが、多くの経典では一言も発せず、単独でブッダの説法の相手となるのは『法華経』「法《ほっ》師《し》功《く》徳《どく》品」くらいである。しかし『法華経』「法師功徳品」を初出とすると、大品系『般若経』や『阿《あ》弥《み》陀《だ》経』より「法師功徳品」の方が古いことになってしまい、これまでの大乗仏典のクロノロジーと大きく矛盾することになる。つまり常精進菩薩については、すでに失われてしまった初出経典が存在したと推定されるのである。

そこで著者は①『般舟三昧経』の八正士、②『賢劫経』の喜王菩薩、③『阿閦仏国経』の香象菩薩 Gandhahastin、④『念仏三昧経』の不空見菩薩 Amoghadarśin、⑤『ラリタヴィスタラ』

の纔発心転法輪菩薩《さいほっしんてんぼうりん》 Sahacittotpādadharmacakrapravartin などが、初期大乗経典相互の参照関係を解明するのに、目安となる菩薩であると考えている。

それから『般舟三昧経』の八人の在家菩薩を二倍に増広したバドラパーラ等の十六正士も、大品系の『般若経』と同時期に成立したと考えられるので、年代判定の目安となる。

これらの菩薩は、初期の漢訳では、それぞれ異なった尊名で訳されていたため、同一尊であることが分かりにくかったが、新たに同定されたサンスクリット写本や支婁迦讖訳に見られる漢字音写、対応するチベット訳などから、複数の大乗経典に対告衆として出ることが分かった。

このうち①『般舟三昧経』の八正士と③『阿閦仏国経』の香象菩薩についてはすでに紹介したので、それ以外の②『賢劫経』の喜王菩薩、④『念仏三昧経』の不空見菩薩、⑤『ラリタヴィスタラ』の纔発心転法輪菩薩について簡単に見ることにしよう。

6 『賢劫経』と喜王菩薩

喜王菩薩は、『賢劫経』では主要な対告衆として大活躍するが、他の経典では一言も発しなかったり、発言しても一偈だけである。なお『現在賢劫千仏名経《げんざいげんごうせんぶつみょう》』(大正四四七)でも対告衆となるが、これは明らかに『賢劫経』を意識したものである。したがって喜王菩薩の存在は、『賢劫経』との前後関係を判断する基準となりうる。『賢劫経』にはサンスクリット原典はない

金剛喜菩薩（トリン寺集会堂壁画）

が、支婁迦讖訳『阿闍世王経』に見る漢字音写から、そのサンスクリット尊名は、**Prāmodyarāja**であることが確認できる。

喜王菩薩を対告衆に列する経典は、ほとんどが初期大乗仏典に限られているが、金剛界曼荼羅では、極喜王《ごくきおう》 **Prāmodyarāja** が十六大菩薩の金剛喜菩薩となって復活する（写真）。

7 『念仏三昧経』と不空見菩薩

『念仏三昧経』は、『般舟三昧経』とともに「大集部《だいしゅうぶ》」に含まれる観仏経典である。その初訳は劉宋の功徳直《くどくじき》訳『菩薩念仏三昧経《ぼさつねんぶつさんまいきょう》』（大正四一四）まで下がるため、平川彰『初期大乗仏教の研究』（春秋社、一九六八年）の視野にも入っていなかった。

『念仏三昧経』は、功徳直訳で九尊、隋の達摩笈多《だつまぎゅうた》訳に一一尊の対告衆を列するが、その主要な対告衆は最後に挙げられる不空見菩薩である（表6参照）。不空見はサンスクリット尊名をアモーガダルシン **Amoghadarśin** といい、初期大乗仏典の多くに対告衆として説かれるが、漢訳では、慧見（『微密持経』）、不虚見（『華手経』『賢劫経』）、現無礙（『観世音授記経』）、現無癡（『放光般若経』）など、異なった尊名で訳されたため、同一尊であることが分かりにくかった。

不空見は、他の多くの大乗仏典で一言も発しないが、『念仏三昧経』では、主要な対告衆として活躍する。同経は観想の念仏を説く観仏経典で、「空しからず観察する者」を意味する不

表6 『念仏三昧経』の対告衆

功徳直訳	達磨笈多訳
1. 弥勒菩薩	1. 弥勒菩薩
2. 三界菩薩	
3. 越三界菩薩	2. 越三界菩薩
	3. 踊大歩菩薩
4. 初発心即転法輪菩薩	4. 初発心即転法輪菩薩
5. 善思菩薩	5. 善思菩薩
6. 大音声菩薩	6. 大音声菩薩
	7. 善行歩菩薩
	8. 超三世菩薩
7. 持地菩薩	9. 持世菩薩
8. 文殊師利菩薩	10. 文殊師利菩薩
9. 不空見菩薩	11. 不空見菩薩

空見は、同経の対告衆として新たに案出されたと思われる。したがって不空見菩薩は、『念仏三昧経』を初出とする特徴的菩薩であるといえる。また十六正士の一尊に数えられ、賢劫千仏では六一番に名が挙げられている。

なお『念仏三昧経』は、漢訳に功徳直と達摩笈多の二訳があるが、サンスクリット原典、チベット訳ともに存在せず、インドでは比較的初期に失われたテキストと思われる。それにもかかわらず不空見菩薩は、金剛界曼荼羅の賢劫十六尊をはじめ、胎蔵曼荼羅の地蔵院にも列しており、経典よりも対告衆の方が長く生き残った例といえる（写真）。

8　『ラリタヴィスタラ』の纔発心転法輪菩薩

『文殊支利普超三昧経』の二十五正士には、発意転法輪という菩薩が含まれる。最近、スコイエン・コレクションから同経の断片が発見されたが、対告衆を列挙した部分は含まれていない。しかし同本異訳の『阿闍世王経』に見られる漢字音写「沙訶質兜波沈摩遮迦波栝鎮」から、この菩薩は、『理趣経』の八大菩薩や金剛界曼荼羅の金剛因菩薩に相当する纔発心転法輪菩薩 Sahacittotpādadharmacakrapravartin であることが分かる。いっぽう胎蔵界曼荼羅の虚空蔵院に列する共《ぐう》発《ほつ》意《い》転《てん》輪《りん》菩薩も、訳語の違いのみで同躰である（写真）。

不空見菩薩（白描本高雄曼荼羅）

この菩薩を対告衆に列する大乗仏典は多いが、谷川泰教教授は『理趣経』の纔発心転法輪菩薩の起源を『ラリタヴィスタラ』に求めた。同経では、ブッダが成道し、梵《ぼん》天《てん》勧《かん》請《じょう》を受けて説法を決意した時、この菩薩が説法の象徴である法輪を献じたと説かれている。「心を起こす

共発意（纔発心）転輪菩薩
（白描本高雄曼荼羅）

やいなや、法輪を転じる」という長い尊名は、この場面に登場するために考案されたとしか考えられない。したがって対告衆にこの菩薩を列する大乗経典の編者は、『ラリタヴィスタラ』を知っていたことになる。

つまり纔発心転法輪菩薩は、『ラリタヴィスタラ』を初出とする特徴的菩薩であるといえるのである。

9　対告衆による経典の前後関係

それでは基準となる対告衆の初出経典の相対的前後関係を考えてみよう。まず『賢劫経』の対告衆には、漢訳・チベット訳ともに不虚見 Amoghadarśin が含まれるから、『念仏三昧経』より後であることが分かる。また『賢劫経』の対告衆には「颰陀和等八大正士」が含まれるから、『般舟三昧経』よりも後である。さらに香象菩薩 Gandhahastin に相当する衆香手菩薩も含まれるから、『阿閦仏国経』よりも後である。纔発心転法輪菩薩 Sahacittotpādadharmacakrapra vartinが二十五正士に含まれるので、『文殊支利普超三昧経』は『ラリタヴィスタラ』より後だと考えられる。ところで『念仏三昧経』の対告衆には、初発心即転法輪菩薩が含まれるが、同経には梵本やチベット訳がなく確認はできないが、これを纔発心転法輪と同一だと考えると、『念仏三昧経』は『ラリタヴィスタラ』より後ということになる。

『念仏三昧経』の「作仏神通品《さぶつじんつう》」には、西方阿弥陀如来とともに東方阿閦如来への言及が見られるから、『念仏三昧経』の編者は『阿閦仏国経』を知っていたことになる。また「神変品」には、「諸仏現前三昧」が出る。この三昧は『首楞厳三昧経』にも出て、そちらはチベット訳から「般舟三昧」であることが確認できる。したがって『念仏三昧経』は、『般舟三昧経』よりも後の成立であることが分かる。

このように『念仏三昧経』は、対告衆に不空見（不虚見・現無礙などの異訳を含む）などを列する大乗仏典よりは成立が早いが、『般舟三昧経』、『ラリタヴィスタラ』、『阿閦仏国経』よりは遅いことになる。

つぎに最も重要な大乗仏典である『般若経』との関係を考えてみよう。『大品般若経』は、対告衆に十六正士（不虚見＝不空見を含む）に相当する菩薩を列するから、明らかに『般舟三昧経』と『念仏三昧経』より後である。

『小品般若経』には対告衆の列挙がないので、対告衆から年代を判定できないが、すでに赤沼智善教授が指摘したように、「称揚菩薩品《しょうようぼさつ》」には阿閦仏の所で修行する宝相菩薩（大正蔵では実相となっている）の話が出てくる。これは梵本からRatnaketuと確認できる。「称揚菩薩品」は後半部分なので、梶芳光運博士のいう『原始般若経』には含まれないが、『小品般若経』の編者は『阿閦仏国経』を参照していたことになる。したがって基本的『般若経』は、すべて『阿閦仏国経』より遅れると考えられる。

このように、初期大乗経典の年代判定の基準とした五経典に基づき、初期大乗仏典の相対的な前後関係を整理すると、次頁の図のようになる。本書第七章で行った考察と合わせて考えると、数多い初期大乗仏典の中でも『般舟三昧経』が、現存するテキストの中では最も古いと考えられるのである。

10　まとめ

大乗仏典には様々の仏菩薩が説かれるが、大乗仏典に対告衆として頻出する菩薩は、特定の経典にルーツがあると思われる。中には複数の大乗仏典に同時多発的に登場し、特定のルーツを明らかにしえない菩薩もあるが、これらは初出の経典が早く失われ、起源が分からなくなってしまったからと思われる。

本章では、このうち①『般舟三昧経』の八人の在家菩薩、②『賢劫経』の喜王菩薩、③『阿

基準五経典の前後関係

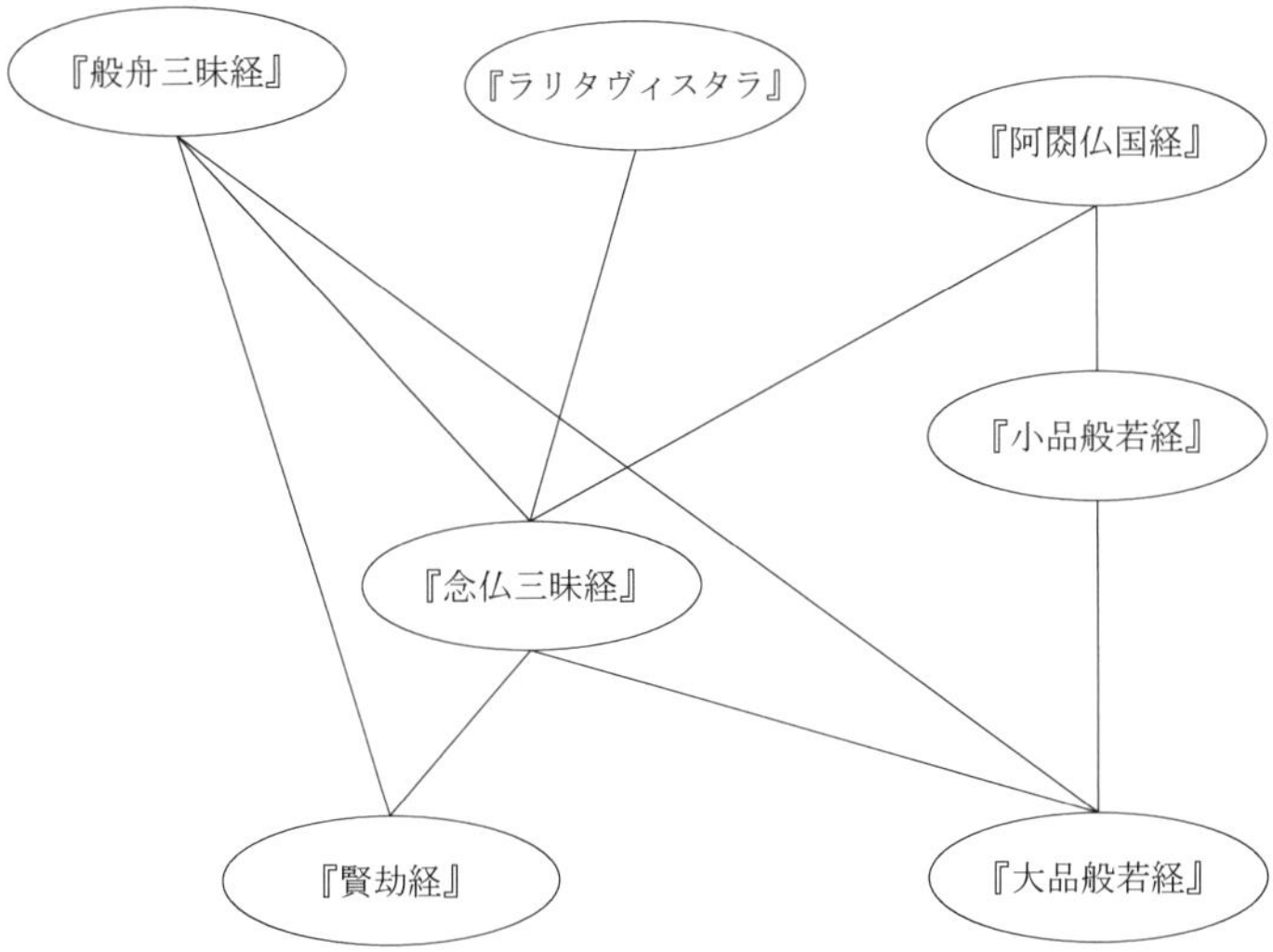

閦仏国経』の阿閦如来と香象菩薩・宝幢（宝相）菩薩、④『念仏三昧経』の不空見菩薩、⑤『ラリタヴィスタラ』の纔発心転法輪菩薩を取り上げ、相互の参照関係から、相対的な前後関係を判断するという方法を採用した。

なお本書第六～八章でも見たように、大乗仏典には、『般若経』や『華厳経』のように、段階的に成立したものが多く、相互の参照が、それぞれの経典のどの部分とどの部分の間に成立するのかといった問題も考えなくてはならない。

しかし大乗仏典に登場する仏菩薩を比較する方法は、これまで断片的には試みられてきたが、本書のようにまとまって考察した例はなく、謎に包まれている大乗仏典の成立問題を解明する、一つの有力なツールになると期待される。

第一五章　初期大乗における在家菩薩の役割（結論）

1　はじめに

本書第七章では、大乗仏典の冒頭部分に現れる対告衆《たいごうしゅ》の菩薩名から、『般舟三昧経《はんじゅさんまいきょう》』と『阿閦仏国経《あしゅくぶっこくきょう》』、『阿弥陀経《あみだきょう》』、『無量寿経《むりょうじゅきょう》』などの他土仏経典の相対的前後関係を考察し、『般舟三昧経』が初期大乗仏典の中でも、とりわけ古い成立であることを確認した。さらに前章では、同様の手法を用いて初期大乗仏典全般の成立の前後関係を分析し、『般舟三昧経』、『ラリタヴィスタラ』、『阿閦仏国経』などがとくに古いが、その中でも『般舟三昧経』が、現存するものの中では最も古い可能性が高いことが判明した。

そして『般舟三昧経』に登場する八人の在家菩薩は、やがて十六正士《しょうじ》に発展し、多くの初期大乗仏典に登場することになった。ただしその地位は、大品《だいぼん》系『般若経《はんにゃきょう》』では、他土から来詣《らいげい》した大菩薩や弥勒《みろく》などの賢劫《げんごう》菩薩を差しおいて、最初に言及されていたが、しだいに異なった世界間を瞬間移動できる他土菩薩や、この賢劫のうちに成仏が約束されている賢劫菩薩、さらには文殊《もんじゅ》を上首とする出家菩薩の後塵を拝して、最後に言及されるようになっていった。

これは草創期には在家菩薩が指導的役割を果たした大乗仏教が、出家教団に受容されるにしたがい、在家菩薩の地位が低下し、経典の編集も出家の僧院で——これが部派の律を奉じる僧《そう》伽《ぎゃ》だったのか、出家菩薩の集うアラニャだったのかは別として——行われるようになったからだと思われる。

『般若経』や『法華《ほけ》経』、『華厳《けごん》経』の「入法界品《にゅうほっかいぼん》」さらに『維摩《ゆいま》経』など、初期の大乗仏典は読み物としても面白く、清新な気風に満ちあふれているが、中後期の大乗仏典になると、教理的には整備されていても、読んで感動するような場面に乏しい。また末法《まっぽう》思想に加え破仏や破戒の横行など、暗い話題が多くなる。

本書第三章で見たように、エフタルの侵攻によって西北インドにあった仏教センターが破壊された後、ガンダーラやタキシラの仏教が往年の輝きを取り戻すことはなかった。すでに指摘されたように、このような時代背景が中後期の大乗仏典の終末論的な世界観に反映していると思われる。

本書の結論を構成する本章では、初期大乗における在家菩薩の役割について見ることにしたい。それは平川彰博士が提唱した大乗仏教在家起源説を、まったく新たな観点から、再評価するものとなるであろう。

2 『般舟三昧経』と観仏経典

本書第五章では、最初期の大乗仏典の一つ『般舟三昧経』に登場する八人の在家菩薩に注目し、彼等が大乗仏教が興起した時代に、実際に活躍した在家信徒をモデルに構想された可能性を指摘した。

それでは『般舟三昧経』の八人の在家菩薩は、どうして他の初期大乗仏典にも対告衆として言及されたのだろうか？　私は、その理由を、般舟三昧に入って他土仏の説法を聴いた菩薩は、「人の為めに之を説く」ことが許されたからだと考えている。つまり般舟三昧を成就した菩薩は、自らが仏から受けた啓示によって新たな教説を説くことができ、これが第一結集《けつじゅう》以来の口誦に基づかない新たな経典、つまり大乗仏典に発展したのではないか？

『般舟三昧経』に始まる他土の現在仏を眼前に観想する経典は、やがて観仏経典と呼ばれる一連の仏典群に発展する。その中で『般舟三昧経』に次いで古いと思われるのが、前章で見た『念仏三昧経《ねんぶつさんまいきょう》』である。その主要な対告衆《たいごうしゅ》である不空見《ふくうけん》菩薩も、『般舟三昧経』の八菩薩とともに十六正士に含まれ、他の大乗仏典の対告衆にも、その名を連ねるようになった。

同経の対告衆には、『般舟三昧経』の八人の在家菩薩の名はないが、シュラーヴァスティーからは給孤独須達《ぎっこどくしゅだつ》長者、つまり祇園精舎《ぎおんしょうじゃ》を布施したスダッタ長者をはじめ、ヴァイシャーリー、チャンパー、ヴァーラーナシー（ベナレス）、クシナガラなどの都市からも、多数の在家信徒が参集したと説かれている。このように『念仏三昧経』も、やはり在家仏教的な基盤をもっていたと思われる。

このような観仏経典の掉尾を飾るのが、『観仏三昧海経《かんぶつさんまいかい》』（大正六四三）である。同経は『六十華厳』と同じ仏陀跋陀羅《ぶつだばつだら》訳であるが、第三次大乗仏典に分類される『金光明《こんこうみょう》経』の四仏に言及するので、観仏経典の中では最も遅い成立と思われる。

同経の対告衆には五人の比丘を列するが、菩薩は弥勒と跋陀婆羅《ばつだばら》十六賢士《けんじ》のみである。このようにバドラパーラ等の在家菩薩に言及する大乗仏典は、第二次大乗仏典以後にはほとんど見られないが、『観仏三昧海経』が例外的にバドラパーラ等の十六賢士を対告衆に列したのは、この経典が『般舟三昧経』に始まる観仏経典を継承することを示すものといえる。

3　『首楞厳三昧経』と『般舟三昧経』

『般舟三昧経』が説く般舟三昧に言及する大乗仏典の一つに、『首楞厳三昧《しゅりょうごんさんまい》経』がある。同経は支婁迦讖《しるかせん》以来、都合九回漢訳されたというが、現存するのは鳩摩羅什《くまらじゅう》訳（大正六四二）のみである。サンスクリット原典は現存しないが、『念仏三昧経』とは異なりチベット訳があるので、原語についてはある程度、復元することができる。

その対告衆を見ると、発心即転法輪《ほっしんそくてんぼうりん》菩薩 sems bskyed ma thag tu chos kyi 'khor lo skor ba と喜王菩薩 mchog tu dga' ba'i rgyal po が含まれるから、明らかに『ラリタヴィスタラ』と『賢劫経』よりは後である(表参照)。

また首楞厳三昧は、『般若経』の百八三昧の一つに数えられるから、『般若経』に先行するとされるが、百八三昧が出るのは大品系だけなので、成立年代は小品系と大品系の間に置かれると思われる。

『首楞厳三昧経』の主要な対告衆は、表では一番末尾に出てくる堅意《けんい》菩薩である。同経のサンスクリット原典は失われているが、その原語は、他の論書への引用から Dṛḍhamati であることが分かる。この菩薩は、他の経典の対告衆にはほとんど出てこないが、密教の時代に入ると、賢劫十六尊の一尊に大精進《だいしょうじん》菩薩が現れる。その原語は Śūraṅgama であり、『首楞厳三昧経』の経題に一致する。初期大乗仏典の対告衆には、ほとんど出てこないので、おそらく『首楞厳三昧経』自体を尊格化したものと思われる。賢劫十六尊には、『十地経《じゅうじ》』の金剛蔵菩薩のように、重要な大乗仏典の対告衆が含まれているが、『首楞厳三昧経』では、堅意菩薩の名が早い段階で忘れられ、経題の方が尊格化されて生き残ったと思われる。

同経によれば、菩薩は第八地において般舟三昧に相当する「諸仏現前三昧《しょぶつげんぜんさんまい》」を成就するが、

『首楞厳三昧経』の対告衆

『首楞厳三昧経』	チベット訳（東北 No.132）
1. 転不退法輪菩薩	1.thogs pa med par chos kyi 'khor lo skor ba
2. 発心即転法輪菩薩	2.sems bskyed ma thag tu chos kyi 'khor lo skor ba
3. 無礙転法輪菩薩	3.sgrib pa med pa'i chos kyi 'khor lo bskor ba
4. 離垢浄菩薩	4.mig gtsaṅ źiṅ dri ma med par yoṅs su sbyoṅ ba
5. 除諸蓋菩薩	5.kun nas ldaṅ ba thams cad rnam par sel ba
6. 示浄威儀見皆愛喜菩薩	6.dga' ba/ 7.dad pa'i spyod lam ston pa
7. 妙相厳浄王意菩薩	8.mtshan dam pa bkod pa'i rgyal po'i blo gros
8. 不誑一切衆生菩薩	9.sems can thams cad mi slu ba'i blo
9. 無量功徳海意菩薩	10.yon tan rgya mtsho mtha' yas pa'i blo gros
	11.'du śes ldog pa śes pa la mkhas pa
	12.brtson 'grus brtan źiṅ rtul ba rtag tu legs par brtsams pa
10. 諸根常定不乱菩薩	13.rtag tu mñam par gźag ciṅ dbaṅ po mi g-yeṅ ba
11. 実音声菩薩	14.rab tu dga' ba'i sgra 'byin pa'i dbyaṅs
12. 一切天讃菩薩	15.lha thams cad kyis bstod pa
13. 陀羅尼自在王菩薩	16.gzuṅs kyi dbaṅ phyug gi rgyal po
	17.spobs pa'i rgyal po
14. 辯才荘厳菩薩	18.spobs pa'i rgyan bkod pa'i rgyal po
15. 文殊師利法王子菩薩	19.'jam dpal gźon nur gyur pa
16. 弥勒菩薩	20.byams pa
17. 須弥頂王菩薩	21.lhun po'i rtse 'dzin brtsegs pa'i rgyal po
18. 海徳宝厳浄意菩薩	22.yon tan rin po che bkod pa rgya mtsho'i blo gros
19. 大厳浄菩薩	23.brtson 'grus chen po
20. 大相菩薩	24.bkod pa chen po'i blo gros
	25.rin po che chen po'i tog
21. 光相菩薩	26.'od kyi tog
22. 光徳菩薩	27.'od dpal
	28.'od bkod
23. 浄意菩薩	29.dad ldan
24. 喜王菩薩	30.mchog tu dga' ba'i rgyal po
25. 堅勢菩薩	31.mthu brtan
26. 堅意菩薩	32.blo gros brtan pa

首楞厳三昧は第十地に至ってはじめて成就すると、首楞厳三昧の優位性が強調される。

ここで注目されるのは、首楞厳三昧を成就した菩薩は、十方の仏国土の間を往来することができると説かれることである。つまり初期大乗仏典にしばしば登場する世界の間を自由に瞬間移動できる大菩薩は、首楞厳三昧によってその能力を獲得したとされている。

これに対して第五章で見たように、般舟三昧は「是の菩薩摩訶薩、天眼を持って徹視せず、天耳を持って徹聴せず、神足を持って其の仏刹に到らず、是の間に於いて終って、彼の間の仏刹に生じて乃ち見るにあらず、便ち是の間に於いて坐に阿弥陀仏を見たてまつり、所説の経を聞いて悉く受得す。三昧の中に従って悉く能く具足して人の為めに之を説く」三昧であった。

つまり般舟三昧は、仏国土の間を瞬間移動できるほどの神通力《じんつうりき》がなくても成就できる三昧であった。そのため『首楞厳三昧経』では、般舟三昧に相当する「諸仏現前三昧」を、首楞厳三昧よりも低く位置づけ、首楞厳三昧の優位性を強調したと思われる。

しかし逆に考えると、大乗仏教が興起した時代、禅定に入って他土の仏を眼前に観想できる修行者が存在したことは想定できるが、天文学的な距離が隔たっている世界間を瞬間移動できる修行者が実際にいたとは思われない。万一いたとしても、それはよほどトリッキーなイリュージョニストだったに違いない。

著者は『般舟三昧経』の八人の在家菩薩のモデルを、大乗仏教興起の時代に活動した在家信徒に求めたが、それは彼等が当時のインドに生活していた実在の人物に近い存在としてイメージされており、超人的な能力をもった大菩薩ではなく、生身の人間でも成就できる三昧の伝承者とされていたからであった。

そこで彼等が般舟三昧に入って得た啓示から、大乗仏典と呼ばれる一連の新しい聖典が誕生したと考えるのが、現在のところ最も妥当な結論ではないかと思われる。そのように考えると、初期大乗仏教を通じて、『般舟三昧経』の八人の在家菩薩や、それを増広したバドラパーラ等の十六正士――その中には、もう一つの観仏経典『念仏三昧経』の不空見が含まれる――が、多くの経典に対告衆として列せられた事実を、合理的に説明できると思われる。

4　仏教史上における在家居士の役割

大乗仏教の起源に関する平川説が、しだいに学界で支持されなくなった原因の一つに、インド仏教における出家教団の優位性の問題がある。仏教のサンガは七衆建立といいながら、実際にサンガを構成するのは比丘《びく》と比丘尼《びくに》だけであり、在家の優婆塞《うばそく》や優婆夷《うばい》は、出家教団を外護《げご》することによって、天界に生まれる等の世俗的な利益を得ることで満足しなければならなかった。このような信仰形態は、現在でも東南アジアのテーラヴァーダ仏教圏で見ることができる。

しかし律の伝統を護持するインド・チベット仏教においても、在家信徒が指導的な地位を占めた事例は、数多くある。近代においてインド仏教復興に大きな足跡を残したスリランカ出身のアナガーリカ・ダルマパーラ（一八六四～一九三三）は、死の直前まで優婆塞に止まっていた（写真）。

つまり具足戒を保つ比丘は、自ら労働に従事することができず、教団のためであっても蓄財は許されない。また旅行等にも制約がある。つまり教団のマネージャー的な役割を果たす者は、むしろ優婆塞に止まっている方が便利なのである。

アナガーリカ・ダルマパーラ

アナガーリカ・ダルマパーラがアナガーリカ、つまり一処不住の出家生活を送りながら具足戒を受けなかったのは、仏教が弘まっていないインドや欧米で布教活動を行うためには、在家の方が都合がよかった。また「二五回生まれ変わってブッダの教法を弘めたい」との誓願を立てていたダルマパーラは、早く阿羅漢《あらかん》になってしまうと、二度と生まれ変わらなくなり、誓願を成就できなくなってしまうからである。

いっぽうチベット仏教でも、サキャ派のクン 'Khon 一族など、貴族教団の教主は優婆塞のまま子孫に法を伝え、その下に律によって運営される出家のサンガが存在するという形態が存在した。クン一族では、サキャ派の密教を大成したサチェン・クンガニンポ（一〇九二～一一五八）は在家居士として子孫に法を伝えたが、その子スーナムツェモとタクパギェンツェンは、在家居士ではあったが妻帯せず、法主の地位は二人の弟のペルチェンウーポの子であるサキャ・パンディタ（一一八二～一二五一）に継承された。スーナムツェモとタクパギェンツェンは具足戒こそ受けなかったが、妻帯しない「梵行優婆塞《ぼんぎょう》」として教団を率いたといわれる。このような梵行優婆塞の地位は、前述のアナガーリカ・ダルマパーラの立場に似ており、初期大乗仏教の出家菩薩も、このような存在だったと思われる。

なおサキャ派の教主が具足戒を受けるのはサキャ・パンディタ以後であるが、現在のサキャ派では、クン一族の法主（ティチェン）と宗務総長に当たるダクチェン（チベット動乱で二人とも国外に亡命）は、いずれも在家居士で、その下に律によって運営される出家サンガがあるという形態に戻っている。

同様の事情は、インドでヴィクラマシーラ大寺院の学頭を務めたアティーシャを中央チベットに招聘し、師の没後にカダム派を開いたドムトゥン（一〇〇五～一〇六四）にも当てはまる。

アティーシャは西チベット王ラツンパ・チャンチュプウーに招かれて西チベットを訪問し、その後インドに帰る予定だったが、在家居士のドムトゥン（写真）に乞われて中央チベットを巡《じゅん》錫《しゃく》し、インドに帰ることなく、ニェタンで亡くなった。

吐蕃《とばん》王の末裔が治める西チベットとは異なり、当時の中央チベットは豪族が割拠する分裂状態にあり、仏教教団も一つにまとまってはいなかった。そのような状況下で、ドムトゥンは各地の有力者に働きかけ、アティーシャの中央チベット巡錫を成功に導いた。

ドムトゥン

それには単なる学識だけでなく、政治的判断力や交渉能力などマネージャー的な才覚が必要であった。アティーシャには、西チベット招聘以来の弟子であったナクツォ訳経官や、サンスクリットに堪能なグー訳経官など、出家の弟子が何人もいたのに、在家居士のドムトゥンが後継者に指名されたのは、新たな教団を組織し運営する能力に秀でていたからと思われる。

いっぽう一九五九年のチベット動乱後、チベット各宗派の活仏《かつぶつ》はネパールやインドに逃れ、そこからさらに欧米に渡り、チベット仏教海外伝播の端緒を作った。しかし欧米で成功を収めた活仏たちは、はじめから海外布教を志していたわけではなかった。海外の大学や研究機関にインフォーマントとして招聘され、ほとんどが見ず知らずの異国に単身赴任することになったのである。

祖国の僧院で暮らしていれば、食事や日々の雑用に煩わされることもなく、勉学や後進の指導に専念することができたが、仏教徒がほとんどいない異国では、自分で生活費を稼ぐしかなかった。やがて彼等の何人かは、現地で支援者や弟子を獲得し、欧米に仏教教団を設立することになったが、そのうちのかなりの者は還俗してしまった。しかし彼等は、依然として教団においいて指導的な立場を保っている。このような出家教団のオーナー的な優婆塞は、とくにインドや欧米のチベット仏教寺院において、よく見ることができる。

いっぽう日本において、仏教導入期に指導的役割を果たした在家菩薩といえば、やはり聖《しょう》徳太子《とくたいし》が想起されるであろう。聖徳太子は、単に四天王寺《してんのうじ》や法隆寺《ほうりゅうじ》を創建しただけでなく、寺に施薬院《せやくいん》（病院）や悲田院《ひでんいん》（孤児院）などを併設するなど、仏教に基づく国作りの総合プロデューサーであった。しかも推古《すいこ》天皇の御前で『法華経』『維摩経』『勝鬘経《しょうまんぎょう》』を講義するほどの知的能力を備えていた。彼の学識は、おそらく当時の一流の出家僧を凌いでいたであろう。

つまり仏教を新たに導入するためには、単に権力や資産だけでなく、知的にも出家僧を凌ぐほどの在家者が必要になる。著者は幸いにして、そのような在家者の実例を、チベット仏教の欧米伝播で活躍した何人かのパイオニアの中に見ることができたのである。

5　大乗仏教草創期における在家菩薩

大乗仏教の成立に関しては、佐々木閑教授が『インド仏教変移論』(大蔵出版、二〇〇〇年)で新たな学説を提唱し、学界の注目を集めている。

佐々木教授によれば、アショーカ王時代に、「破僧《はそう》」つまり僧伽の和合を乱したとして追放の対象になる非行の定義が、「仏説に反する見解を主張して仲間を募り、独自の集団を形成する」(提婆達多《だいばだった》の破僧のようなもの)から、「一つの僧団内で個別に布薩《ふさつ》などの僧団行事(羯磨《こんま》)を行うことに参加してさえいれば、異なる教義を主張しても問題ない」というものに変更されたため、教団内にさまざまなことを主張しても許されるという状況が現れ、これが後に、多数の部派が生まれることになったという。

さらにこれが、小乗の部派の律を奉じる僧伽に、大乗を信じる比丘が加入できるようになった原因と思われる。このように考えれば、出家教団に大乗が普及した理由を合理的に説明できるのである。

佐々木教授の新説は、大小乗の出家者が共住していたナーランダーに留学した玄奘《げんじょう》や義浄《ぎじょう》の記録とも矛盾しないし、パーラ王朝時代のインドに多数の留学僧を派遣したチベット仏教の史料とも合致する。

しかし部派仏教の僧院に、従来の三蔵には含まれない大乗仏典を最初に持ち込んだ人物が、すんなりとサンガに受け入れられたとは思われない。そこで著者が想起したのは、すでに仏教の伝統が失われてしまったインドや、そもそも仏教が知られていなかった欧米に、はじめて仏教を紹介した人物の多くが、在家の居士あるいは還俗して在家に戻った人物であったという事実である。

『般舟三昧経』のバドラパーラは、ブッダが晩年、最も多くの時を過ごしたラージャグリハ（王舎城）の長者で、後の仏典では五〇〇人の長者を率いてブッダの説法の座に連なったとされている。いっぽうラトナーカラは、当時インド最大の商業都市であったヴァイシャーリーの王子とされている。なおヴァイシャーリーは共和国だったので、参政権のある有力なクシャトリアは、みな王（ラージャ）を称していたが、何れにしても地元の有力者と想定されている。『維摩経』の冒頭でも、ラトナーカラは五〇〇人の長者を率いてブッダに豪華な宝蓋を献上するが、一介の在家信徒にこのようなことができるわけがない。

つまり『般舟三昧経』の八人の在家菩薩は――実在したかどうかは別としても――資産家であり、教団に僧院を寄進できるほどの財力をもっていたことになる。それゆえ旧来のサンガとは別個に、新しい仏教運動を主導することができたのである。

本章4で見たように、著者はインド・ネパールや欧米で、新たに創建された仏教寺院のオーナー的な在家指導者を目にしているが、彼等こそ現代における在家菩薩といえるであろう。

6　まとめ

大乗仏典が誰によって編集されたかについては、種々の説が並び立ち、いまだに決着がついていない。平川彰・静谷正雄らの先学は、仏塔崇拝を鼓吹する在家の法師《ほっし》Dharmabhāṇaka が、大乗仏教の成立に重要な役割を果たしたと唱え、一時は学界を席巻したが、現在ではこの説を採る者は少数になっている。

これに対して、今日の学界では、出家の僧伽の中から大乗経典を編集する者が現れたとする意見が有力になっている。しかし出家教団起源説を唱える研究者の中でも、佐々木閑、下田正弘、辛嶋静志、G・ショーペン、ブシェー各氏の説は異なっており、意見の一致を見ていない。

これに対して著者は、少なくとも大乗仏教の最初期にあっては、在家の居士（菩薩）が、その成立に一定の役割を果したと考えた方が自然であると考える。

それは本書で導入した対告衆の菩薩名の比較という分析方法により、最古層に属すると見られる『般舟三昧経』が、八人の在家菩薩を主要な登場人物としているだけでなく、その八人の在家菩薩を増広した十六正士が、その後の多くの初期大乗仏典に対告衆として列せられるからである。

また同じ観仏経典で、『般舟三昧経』についで古いと考えられる『念仏三昧経』も、『般舟三昧経』とは別の在家居士を、多く対告衆に列している。

さらに観仏経典としては、最も遅いと考えられる『観仏三昧海経』は、第三次大乗仏典と同じ頃の成立であるのに、バドラパーラ等の十六賢士を対告衆に列している。このことから考えて、観仏経典と呼ばれるグループは、とくに在家菩薩と関連が深いと思われる。そして彼等が眼前に観想した現在仏から受けた啓示が、大乗仏典と呼ばれる新たな仏教聖典に発展したと考えれば、本書で取り上げた一々の問題を、最も合理的に解決できるように思われる。

しかし後には、タキシラやナーランダーなどの大僧院が、大乗仏典や密教聖典の成立に関して、中心的役割を果たすようになった。『般舟三昧経』の八人の在家菩薩や、バドラパーラ等の十六正士を対告衆に列する慣行は、ほぼ第一次大乗仏典に限られており、それ以後は文殊・弥勒・観音《かんのん》・普賢《ふげん》などの大菩薩や、種々の教理概念を尊格化した菩薩たちが、大乗仏典の対告衆とされるようになる。それはまた大乗仏教の担い手が、在家菩薩から出家の僧院に移るという事実を反映するものと思われる。

第一六章　ガンダーラから極楽浄土図？（特論）

1　はじめに

中国で大乗仏典の分科法として用いられたものに、「序分」「正宗《しょうしゅう》分」「流通《るづう》分」の三分科がある。これはインドのテキストには典拠がないが、大乗仏典の構成を理解するのに便利なため、現在でもしばしば用いられている。前章で、本書の「正宗分」に相当する対告衆《たいごうしゅ》の菩薩名などの固有名詞に基づく大乗仏典成立論の根幹部分は終結したが、本章はその「流通分」に当たる部分である。

著者が『般舟三昧経《はんじゅさんまいきょう》』の八人の在家菩薩に関心をもつようになった頃、偶然のことから古代オリエント博物館寄託の仏説法図（以下「本作品」＝本書口絵）の存在を知った。この作品は、転法輪印《てんぼうりんいん》を結ぶ如来像を中心に、多数の人物を配した浮彫彫刻である。本作品が静岡県立美術館の「ガンダーラ美術とバーミヤン遺跡展」で展示されたとき、監修者の宮治昭教授は「阿弥《あみ》陀《だ》浄土図かどうかは不明だが、構図的にはその原型と言え、貴重な作例である」と指摘した。いっぽう田辺勝美教授は、本作品を般涅槃の後、梵天界に赴いたブッダを表現したものと解釈した。

本書のもとになった大乗仏教在家起源説の論文を発表してからも、この問題が頭の片隅から離れなかったので、私は本作品の上部に浮彫された八人の人物が、『般舟三昧経』の八人の在家菩薩ではないかと直感した。そこで古代オリエント博物館の許可を得て本作品を調査し、同館の紀要に論文を寄稿させて頂いた。本章では、いままで論じてきた大乗仏典成立史の応用編として、本作品の図像解析について紹介することにしたい。

2　作品の概要

本作品は、やや青みがかった片岩に彫られた高さ六四・五センチメートル、幅六五センチメートルの浮彫彫刻である。本尊は転法輪印を結ぶ通肩《つうけん》の如来坐像で、下端には一四本の蓮華を配して蓮池を表現している。いっぽう上部には花樹が表現され、そこから三人の天人が出現し、中央の天人はブッダに花綱《はなづな》を捧げ、左右の天人はブッダを礼拝している。さらにブッダの台座の左右には、蓮池から生じた蓮華の上に、二人の人物が上半身を現し、ブッダを礼拝している(写真1)。

写真１　仏説法図（古代オリエント博物館寄託）

本尊の左右には、下段左右に四体の菩薩、上段には八体の菩薩が前後二列に配されている。このうち下段の左脇侍像（写真2）は、右手の人差し指を額に当て、左手は垂下して蓮の蕾《つぼみ》をもつ半跏思惟《はんかしゆい》像である。いっぽう右脇侍像（写真3）は、両手先を欠失しているが、左右の足を交叉させた交脚倚像《こうきゃくいぞう》である。さらに向かって右端の人物は、花綱を捧持する交脚倚像、左端の人物は、右手に蓮の蕾を持つ交脚倚像であるが、左手は欠失している。これら下段の四人は、何れも蓮池から生じた蓮華を台座としている。

これに対して上段は、本尊の左右にターバンを巻いた人物を四人ずつ、前後二列に配している。このうち前列向かって右、本尊寄りの人物は両手先を欠失しているが、残存している痕跡

写真２　仏説法図の左脇侍（同）

写真３　仏説法図の右脇侍（同）

から、転法輪印に近い印を結んでいたと推定される。前列右外側の人物は、禅定印《ぜんじょういん》を結んでいる。いっぽう前列向かって左、本尊寄りの人物は、右手は拳にして臍前に置き、左手は臍前に仰向けている。前列左外側の人物は、両手先を欠失している。

上段後列の四名は、下半身が前の人物の背後に隠れ、上半身のみが現されている。向かって右、本尊寄りの人物は、右肘より先が欠失しているが、それ以外の三人は、右手で蓮の蕾を持つか、持っていた痕跡がある。

本尊以外の人物のうち、上段・下段に配される一二人の人物は、何れもターバン頭飾であるが、本尊脇の蓮台から上半身を現した二人の人物は、ターバンを着けていない。

3　ガンダーラと大乗仏教

仏像不表現の伝統を破って仏像が制作されるようになったのは、クシャン帝国治下のガンダーラとマトゥラーである。日本仏教の源流となった大乗仏教が興起したのも、この時代とされている。

なおマトゥラーのゴービンドナガルから出土し、現在マトゥラー博物館に収蔵される如来立像は、踝《かかと》から上を欠失しているが、商人のナーガラクシタが阿弥陀如来（アミターバ）像として造立したことが台座に銘記されている（写真４）。なお銘文にある紀元二六年を、マトゥラ

写真４　阿弥陀如来像断片（マトゥラー博物館）

ー博物館では西暦一〇六年と換算しているが、中村元博士は西暦一五六年としている。いずれにしてもクシャン帝国治下（二世紀）のマトゥラーで、阿弥陀《あみだ》如来を信仰する大乗仏教が行われていたことを証明する貴重な遺品といえる。

これに対してガンダーラからは、大乗仏教との関係を示す美術品は発見されていなかった。ところがC・キーファーによって紹介されたガンダーラ出土の三尊像（右脇侍が欠失）に刻出されたカローシュティー文字の銘文を、ガンダーラ語の権威J・ブラフが解読したところ、阿弥陀三尊像であることが明らかになった（米国フロリダ州立リンリンRingling美術館蔵＝写真5）。ブラフの解読については、賛同・否定・修正など種々の意見が提出され、

写真５　仏三尊像断片（フロリダ州立リンリン美術館 Art of the Indian Subcontinent from Los Angeles Collections, 1968 より転載）

いまだに決着を見ていないが、ガンダーラで大乗仏教が信仰されていたことを示す初の物的証拠として、学界に衝撃を与えた。阿弥陀如来に代表される他土仏信仰は大乗仏教を特徴づけるもので、阿弥陀如来像の発見は大乗仏教の存在を示すものだからである。

この三尊像の左脇侍は、半跏思惟形で左手に蓮華を持っている。なおこれと同じ半跏思惟菩薩像が松岡美術館に所蔵されており、もしブラフの解読が正しいのなら、この作品も当然のことながら観音《かんのん》ということになる（写真6）。そして本作品の左脇侍も、これとほぼ同じ半跏思惟像である。さらに本作品には、リンリン美術館像で欠失していた右脇侍が残存しているが、半跏思惟ではなく交脚倚像となっている。

そこで本作品と同じ転法輪印如来（本尊）・半跏思惟菩薩（左脇侍）・交脚倚像菩薩（右脇侍）の組み合わせを捜索したところ、インド博物館（コルカタ）所蔵の仏説法図（ロリヤン・タンガイ出土、二～三世紀）が、ほぼ同じ図像であることが判明した（写真7）。インド博物館像の右脇侍は、頭部を欠失している。その右手は胸前に挙げ、左手は膝上に垂下しているが、何れも手先を欠失しているため、持物は判別できない。

いっぽうチャンディーガル州立博物館所蔵の上部に兜率天上《とそつてん》の弥勒《みろく》を現した浮彫では、転法輪印如来の左右に花綱を捧持する人物が立ち、その左右に半跏思惟菩薩（向かって右）と倚坐の菩薩（左、足先を欠失しているので交脚であったのかは判別できない）が坐している。これは本

写真６　菩薩半跏思惟像（画像提供：松岡美術館）＊許可なく複製することを禁ずる

写真７　仏説法図（インド博物館。東京国立博物館「コルカタ・インド博物館所蔵インドの仏　仏教美術の源流」図録 Indian Buddhist Art より転載）

作品の下段の四尊を逆転した配置と見ることができる。これらの作例は、本作品に見られる転法輪印如来（本尊）・半跏思惟（左脇侍）・交脚倚像（右脇侍）の組み合わせが、けっして特異なものではなく、ガンダーラに流布していた三尊像の一類型であったことを示唆している。したがってリンリン美術館像の右脇侍も、交脚倚像であった可能性がある。

ガンダーラと大乗仏教の関係では、ラホール博物館所蔵のモハマッド・ナリーの浮彫が、極楽浄土図の可能性のある作品として注目されてきた（写真8）。小野英二氏は、モハマッド・ナリーの浮彫が阿弥陀仏五十菩薩の図像に影響を与えており、少なくとも中国においては極楽浄土図と解釈されていたことを指摘した。ただしモハマッド・ナリーの浮彫に現された場面の多くは、『阿弥陀経』『無量寿経《むりょうじゅ》』など、インド成立が確実視されるテキストに説かれた極楽浄土の記述に一致せず、千仏出現や兜率天上の弥勒《みろく》菩薩など、阿弥陀如来とは関係しないモチーフが現れるなどの疑問点もある。

これに対して岩松浅夫教授は、従来は釈迦《しゃか》・観音・弥勒と考えられていた阿含《あごん》宗蔵の仏五尊像（カニシカ紀元五年銘）などの右脇侍を大勢至《だいせいし》に比定し、阿弥陀・観音・大勢至の阿弥陀三尊であるとした。これは、宮治昭教授が批判したように、インド仏教図像学の上からは、にわかに承認し難い。釈迦・観音・弥勒の三尊形式は、文献的には典拠を見いだせないとはいえ、インドではパーラ朝まで連綿として制作され続けた。またブッダガヤ金剛宝座本尊像について

写真８　モハマッド・ナリーの浮彫（ラホール博物館）

は、釈迦・弥勒・観音の三尊であることが、『サーダナマーラー』に収録される二篇の成就法によって確認されている。つまりインド亜大陸においては、観音を脇侍とするだけでは、阿弥陀三尊とは断定できないのである。

いっぽう能仁正顕教授は、主として『無量寿経』の古訳『大阿弥陀経』に基づき、ガンダーラから出土した同種の三尊像には、釈迦・観音・弥勒と、阿弥陀・観音・大勢至のイメージが重複していると説いている。

4　左脇侍と右脇侍の図像解析

それでは本作品の左脇侍と右脇侍の図像を検討してみよう。まず左脇侍はリンリン美術館像とほぼ同じ半跏思惟像であり、ブラフの解読が正しいなら、観音の原初形態であるOloispara ということになる。左手に蓮あるいは蓮の蕾を持つ半跏思惟菩薩像は、マトゥラーからも出土しており、マトゥラー博物館所蔵作品は上半身を欠失しているが、米国クロノス・コレクション所蔵作品は、頭上に化仏《けぶつ》を現しているので、観音と考えられる。

いっぽう右脇侍は、半跏思惟ではなく交脚倚像となっている。リンリン美術館像が学界に紹介されたとき、筆者は欠失している右脇侍は、左脇侍の半跏思惟像を左右反転した像ではないかと推定していた。半跏思惟像と、その左右反転像は、上述のモハマッド・ナリーの浮彫の上

写真９　交脚弥勒三尊像（雲崗第10窟）

部左右にも現れる。また雲崗《うんこう》第一〇窟にも、交脚弥勒を中尊として左右に半跏思惟像と、その反転像を配した三尊が浮き彫りされている（写真9）。

ところが本作品とインド博物館像では、半跏思惟の左脇侍に対して、左右非対称となる交脚倚像が右脇侍となっている。このような交脚倚像は、通常は兜率天上の弥勒と解釈されており、宮治昭教授も頭部と手先を欠失するインド博物館像の右脇侍を、頭部が束髪で水瓶を持つ弥勒と推定している。ところが本作品の右脇侍は、交脚倚像ながら頭部にターバンを巻いており、弥勒の図像と一致しない。この事実を、どのように解釈すべきだろうか。

ガンダーラ彫刻では、釈迦菩薩と観音菩薩が頭部にターバンを巻いたクシャトリアの若者の姿であるのに対し、弥勒はターバンのない束髪あるいは髻で、手には水瓶を持っている。これはブッダがカピラヴァストゥの王子、つまりクシャトリアとして生まれたのに対し、弥勒が下生する時には、バラモンの子として生を享けると授記されたためといわれる。

交脚倚像は、下生前の兜率天上の弥勒であるから、理論的にはバラモン型の菩薩として造立する必要はない。しかし実作例では、平山郁夫コレクション像やベルリン・アジア美術館所蔵作品のように、兜率天上の弥勒もバラモン型として造立した例が多い。

これに対して本作品の右脇侍は、交脚倚像でありながら頭にターバンを巻いている。これは、右脇侍が弥勒以外の尊格である可能性を示唆するものといえる。

そこで半跏思惟像と交脚倚像の象徴性について、いま一度考察してみよう。半跏思惟が思惟を象徴するポーズであることは論を俟たない。しかし思惟する人物が誰なのかについては、悉《しっ》達太子《たたいし》・弥勒菩薩・観音菩薩などの説があり、未だに決着を見ていない。ただし前述のように、ガンダーラやマトゥラーで頭上に化仏を戴いたり、左手に蓮華を持つ作例は、観音と見るのが妥当と思われる。

しかし中国では、上海博物館蔵の半跏思惟菩薩像（北斉の天保四＝五五三年銘）のように「太子像」、つまり悉達太子と銘記した作品が多い。つまり中国では、ブッダが出家前、生老病死の苦と解脱について思いを巡らす姿として、半跏思惟像を受容したことが分かる。未来に成仏が約束された存在という意味では、弥勒も悉達太子と共通する要素をもっている。このような共通点から、半跏思惟像は弥勒にも転用されたと思われる。

これに対して観音は、衆生救済のため、あえて涅槃に入らない大悲闡提《だいひせんだい》（本書第一二章参照）の菩薩とされている。しかし本書第七章で見たように、原『無量寿経』や『観世音菩薩授記《かんぜおんぼさつじゅき》経』によれば、極楽浄土の阿弥陀如来が涅槃《ねはん》に入って正法《しょうぼう》が滅尽した後、観音が悟りを開いて極楽浄土を継承し、さらに観音が涅槃に入って正法が滅尽した後は、大勢至が悟りを開いて、極楽浄土を継承するとされている。

ここで想起されるのは、三尊像の脇侍菩薩が、しばしば一生補処《いっしょうふしょ》の菩薩と呼ばれることである。一生補処（Ekajātipratibaddha）とは、一生のみ輪廻転生《りんねてんしょう》の世界に留まるが、つぎの生では成仏が決定しているという意味で、観音・大勢至は、極楽浄土における一生補処の菩薩として、娑婆《しゃば》における弥勒と同じ地位にあると見なされる。

いっぽう交脚倚像は、兜率天における弥勒の図像であるから、これも一生補処の菩薩の表現として相応しい。時系列で整理すると、一生補処の菩薩は、まず兜率天において下生の時期を待ち、地上に現れてから出家修行して悟りを開くというプロセスをたどる。その場合、この一生で悟りを開く観音を、出家前の悉達太子と同じ半跏思惟像とし、その次に悟りを開く大勢至を、兜率天上の弥勒と同じ交脚倚像で表現することは不合理ではない。また右脇侍の頭部を、束髪ではなくターバン頭飾としたのは、弥勒と大勢至の差別化をはかったためではないだろうか。

5　蓮華化生菩薩

本作品の本尊、転法輪印如来像の台座の左右には、蓮池から生じた蓮台上に、二人の人物が上半身を現し、ブッダを礼拝している（写真10・11）。宮治昭教授は、「仏陀の蓮華座の両側から上半身を現す二人の合掌する人物は、この浄土世界に生まれることを願った寄進者ではなかろうか」と指摘している。なおチベットの極楽浄土図では、阿弥陀如来の前面に蓮池が描かれ、そこに生じた蓮台上には化生《けしょう》菩薩、つまり極楽浄土に化生した信徒が描かれる。その場合、作品を寄進した施主の極楽往生を願って、化生菩薩を施主あるいは施主夫妻に似せて描く慣行がある。宮治説は、現在もチベット仏教圏で行われている慣行に照らしても、妥当なものといえる。

いっぽうモハマッド・ナリーの浮彫では、転法輪印如来像の台座の左右で、男女の供養者がブッダを礼拝しているが、両足で台座の上に立っている。彼らは作品を寄進した施主夫妻の可能性があるが、蓮台の上に化生する姿では描かれていない。これに対して本作品の供養者は、蓮台の上に上半身のみ現し、左右とも男性である。

写真 10　化生菩薩（向かって左）

写真 11　化生菩薩（向かって右）

なお極楽に往生する衆生は「変成男子《へんじょうなんし》」といい、女性でも男性に性転換して生まれるとされている。また女性が子供を産むことがない極楽浄土では、衆生が蓮台の上に化生するのが大きな特徴とされている。したがってモハマッド・ナリーの寄進者夫妻と同じ位置に配される上半身のみの人物は、まさに極楽浄土に往生した信徒すなわち化生菩薩であり、左右ともに男性として表現されるのは、女性でも男性として生まれ変わる極楽浄土の特性を表現したものと考えられる。

なお極楽浄土の化生菩薩は、唐の阿弥陀仏五十菩薩を経て、法隆寺金堂六号壁の下部に描かれた蓮華化生菩薩となった。いっぽう同寺の伝橘《たちばな》夫人念持仏《ふじんねんじぶつ》では、蓮池から生じた蓮台上に三尊を配し、後屏に蓮華化生の菩薩が浮彫されている。蓮華化生菩薩の存在は、本作品が極楽浄土図である可能性を強く示唆するものといえよう。

6 阿弥陀如来と八大菩薩

本作品の特徴の一つに、上段の前後二列に配された左右四人、合計八人の人物像がある（写真12）。これら八人を菩薩と見なすべきかについては、意見が分かれるだろうが、本作品を大乗の浄土図と見るならば、これらも菩薩と見なしうる。

彼ら八尊の中で、二尊は蓮の蕾を持っており、上段後列左端の菩薩も蓮の蕾を持っていた痕

写真12　上段の八菩薩

跡がある。上述のように蓮華や蓮の蕾は、観音と関係する持物ではあるが、観音の持物として明確に蓮華を規定する文献は、五〜六世紀にならないと現れない。ガンダーラとマトゥラーで仏像が制作されはじめた頃、確実に成立していたテキストの中で蓮の象徴性に言及するものとしては、『普賢行願讃《ふげんぎょうがんさん》』（本書第八章参照）の「諸《もろもろ》の惑業《わくごう》及び魔境、世間道の中に於いて解脱を得、猶《なお》蓮華が水に著せず、亦《また》日月が空に住さぬ如く、悉《ことごと》く一切悪道の苦を除いて、等しく一切の群生《ぐんじょう》に楽を与う」が思い当たる。

　このように煩悩の渦巻く世間にあって、その悪に染まらず、衆生を悟りへと導く菩薩の徳が蓮に喩えられ、それがやがて数多い菩薩の中でも、とくに観音の持物として定着する原因となったと思われる。したがって、これらの人物が持つ蓮の蕾も、彼らが菩薩であることを暗示するものといえる。

そこで想起されるのは、ありし日のインド仏教美術の伝統を今日に伝えるチベット・ネパール仏教美術では、極楽浄土に八大菩薩が常套的に描かれることである。いっぽう中国・朝鮮半島・日本でも、阿弥陀如来に八大菩薩を配した阿弥陀曼荼羅や、阿弥陀如来八大菩薩図が多数制作された。とくに阿弥陀如来八大菩薩図は、高麗時代の朝鮮半島で多数の作例を遺している。

本書第一〇章で見たように、八大菩薩とは大乗仏教で信仰される八尊の主要な菩薩をまとめたもので、頼富本宏教授によれば七種の組み合わせがあるが、このうち最も一般的なのは、頼富教授が「標準型の八大菩薩」と呼んだものである。

阿弥陀曼荼羅や阿弥陀如来八大菩薩図に描かれる八大菩薩も、この組み合わせに一致する。阿弥陀如来と標準型の八大菩薩の組み合わせは、チベット仏教圏と東アジアに多数の作例が存在するにもかかわらず、明確な文献的典拠が見いだされないという問題がある。

また教理的に見ても、観音は極楽浄土の菩薩であるから、極楽浄土図に描かれても不思議はないが、弥勒は釈迦如来の後、この娑婆世界に出現する未来仏であり、極楽浄土とは直接の関係がない。これに対して観音とともに阿弥陀の脇侍とされる大勢至は、標準型の八大菩薩には含まれていない。そのためチベットでは、大勢至 mthu chen thob とは「大きな勢力を持つ者」という意味だから、金剛手《こんごうしゅ》の異名であるといい、大勢至を金剛手と同じ図像で描く。

いっぽう日本では、阿弥陀曼荼羅で観音の反対側に描かれる金剛手を、大勢至に入れ替える説があった。このようにアジア各地では、阿弥陀・観音・大勢至の阿弥陀三尊と、阿弥陀八大菩薩という二つの伝統の会通《えつう》が図られたのである。阿弥陀如来と標準型の八大菩薩の組み合わせは、多くの作例に恵まれるにもかかわらず、仏教教理上は不自然な点を含んでいるのである。

7 『薬師経』の八大菩薩

本書第一〇章で見たように、私は『薬師経』に「彼ら（極楽往生を願う善男子善女人）が、かの婆伽梵《ばがぼん》薬師瑠璃光如来の御名を聞いたなら、彼らが末期《まつご》の時に、八人の菩薩が神通力によって来たりて、（道を）教示し、彼らは、そこ（極楽浄土）の種々の色の蓮台上に化生するであろう」と説かれることに注目し、「八人の菩薩」つまり八大菩薩が、信徒の極楽往生を案内する存在と考えられたため、極楽浄土図に描かれるようになったと推定した。

ところがこの推定には、いくつかの難点があった。まず『薬師経』の最古訳は三一二年頃、建康に至った東晋の帛尸梨蜜多羅《はくしりみったら》訳『灌頂経《かんじょうきょう》』（大正一三三一）巻第十二であり、その成立は四世紀を下らないのに対し、標準型の八大菩薩に言及する最古の漢訳経典は、六六三年に唐に来朝した那提《なだい》訳の『師子荘厳王菩薩請問経《ししょうごんおうぼさつしょうもんきょう》』（大正四八六）で、六世紀以前に遡り得ない。つまり『薬師経』が成立した時点で、標準型の八大菩薩は成立していなかった可能性が高いのである。

いっぽう『薬師経』のサンスクリット原典（ギルギット出土）、達磨笈多《だつまぎゅうた》訳、玄奘訳、チベット訳の何れにも八人の菩薩の具体的尊名は説かれないが、『灌頂経』巻第十二には①文殊師利、②観世音、③得大勢（大勢至）、④無盡意《むじんに》、⑤宝檀華《ほうだんげ》、⑥薬王、⑦薬上、⑧弥勒の八尊の名が挙げられている。これが頼富教授のいう『薬師瑠璃光如来本願功徳経』の八大菩薩である。この組み合わせには観音・得大勢＝大勢至が含まれるので、阿弥陀三尊とは整合的になるが、やはり薬王・薬上（本書第七章参照）や弥勒など娑婆世界の菩薩が含まれている。

また『別尊雑記《べつそんざっき》』には薬師八大菩薩の白描図像が収録されるが、そこでは観音・大勢至、薬王・薬上、弥勒・文殊、無盡意・宝檀華が対称的な位置に配されている（写真13）。薬師八大菩薩といいながら、薬師如来の脇侍である日光・月光《がっこう》を含まず、観音と大勢至を左右に配するのは、彼らが信徒を極楽に導くとされたためであろう。しかし八大菩薩の尊名は、サンスクリット原典だけでなく、他の蔵漢訳の何れにも説かれず、帛尸梨蜜多羅が漢訳に当たって補足した可能性が高い。

二〜三世紀と推定される本作品の成立時に、ガンダーラで『薬師経』が知られていたかは微妙な問題であるが、本作品の上段に配された八尊が『薬師経』の八大菩薩だとすると、阿弥陀曼荼羅や阿弥陀如来八大菩薩と同じく、脇侍の観音・大勢至と八大菩薩が重複することになり、不合理となる。

写真 13 『薬師経』の八大菩薩（重出）

8 『般舟三昧経』の八大菩薩

このように本作品の上段に配される八人を標準型の八大菩薩に比定すると、作品の成立年代や構成上の齟齬をきたすことになる。ところが本書第一〇章で見た七種の八大菩薩のうち、二～三世紀とされる本作品の成立時期に、すでに存在しており、構成上も齟齬をきたさない組み合わせが一つだけある。それは『般舟三昧経』所説の八大菩薩である。

本書で見てきたように、『般舟三昧経』は、初期大乗仏典の中でも最古のテキストの一つである。また他土に現在する諸仏を目前に観想する「般舟三昧」を説き、阿弥陀如来に初めて言及するところから、浄土経典の先駆ともされてきた。

同経に説かれる八人の在家菩薩は、バドラパーラがラージャグリハ、ラトナーカラがヴァイシャーリーというようにインド各地に定住する在家居士とされ、従来から在家仏教的な背景をもって成立したと推定されてきた。この八尊には観音・大勢至が含まれないので、標準型や『薬師経』の八大菩薩とは異なり、下段の両脇侍と重複することがない。

同経（三巻本）の「授決品《じゅけつ》」によると、般舟三昧は仏滅後四〇歳にして失われるが、仏滅度の後、正法隠滅・諸国相伐の時、この経典は仏の威神の故に現れ、颰陀和・羅隣那竭等の八菩薩が流布教授するとされる。

本書第五章で見たように、『般舟三昧経』の成立地は、ガンダーラを含む西北インドと考えられる。このように『般舟三昧経』の八大菩薩は、上掲の七種の八大菩薩のうち、本作品が成立した二～三世紀のガンダーラ地方で、確実に知られていた唯一の組み合わせであると考えられる。

『薬師経』の前掲箇所では、極楽往生を願う信徒の末期に際して、八人の菩薩が神通力によって来たり、彼らは雑色の蓮台上に化生すると説かれていた。しかし『薬師経』の成立時点では標準型の八大菩薩は成立しておらず、『薬師経』の八大菩薩も帛尸梨蜜多羅訳以外には説かれていないので、『薬師経』が本来意図していたのは、浄土教の先駆経典である『般舟三昧経』の八大菩薩であった可能性が高い。

本作品が成立した二～三世紀頃に、四世紀前半までは上げられる『薬師経』の現行テキストが、ガンダーラで知られていたのかは微妙な問題である。しかし漢訳で東方の他土仏＝薬師に言及する最古の経典は、本書第一三章で見た呉の支謙《しけん》訳『八吉祥神呪経《はちきちじょうじんじゅきょう》』（大正四二七、三世紀）である。そして同経の末尾には『般舟三昧経』の八大菩薩が、信徒の臨終に当たって往迎すると説かれている。同経には呉から隋まで五本の異訳があるが、『般舟三昧経』の八大菩薩に言及するのは、呉訳と西晋の竺法護《じくほうご》訳『八曜神呪経《はちようじんじゅきょう》』（大正四二八、三～四世紀）までである。この事実は、三～四世紀にかけて薬師信仰と『般舟三昧経』が近い関係にあり、『薬師経』に説かれた八菩薩による臨終時の引導が、『般舟三昧経』の八大菩薩と関連づけられていたことを暗示している。

いっぽう作品に目を転じると、下段の菩薩とは異なり、上段の前列四人の蓮台は蓮池から生じたのではなく、中空に浮き上がった形で表現されている。これは、彼らが下段の蓮華化生の信徒を導くため、神通力によって現れたことを示すとは解釈できないだろうか。

9 結論

古代オリエント博物館寄託のガンダーラ仏説法図は、転法輪印を結ぶ本尊だけでなく、左脇侍が半跏思惟形で左手に蓮華を持つ点まで、ブラフが阿弥陀三尊に比定した米国リンリン美術館像に類似している。いっぽうリンリン美術館像で欠失していた右脇侍は、交脚倚像ながら弥勒とは異なるターバン頭飾をもち、一生補処の菩薩としての大勢至を表現した可能性が考えられる。また本尊の前面左右では、蓮台から二人の人物が上半身を現して合掌しているが、これは後の極楽浄土図に描かれる化生菩薩の原初的表現と見なしうる。さらに本章では、上段に配された八人の人物が、浄土教の先駆経典とされる『般舟三昧経』の八大菩薩である可能性を指摘した。

これらの点から考えて、本作品は、ガンダーラから出土した数多い浮彫彫刻の中でも、極楽浄土図である可能性が最も高い作品と思われる。

これまで学界では、極楽浄土を表現した可能性がある作品として、モハマッド・ナリーの浮彫が注目されてきた。フーシェによって「シュラーヴァスティーの神変」に比定されてから一〇〇年あまりの間に、多数の解釈が現れたが、いまだに確たる結論は得られていない。モハマッド・ナリーの浮彫には題記の銘文が存在せず、その複雑な図像のすべてを完全に説明できる文献も、現在までのところ発見されていないからである。

これに対して本作品は、ブラフの解読を信じるなら、阿弥陀如来であることが銘文から確認できる唯一の作例であるリンリン美術館像と図像的特徴が近似している。今後は本作品のような、本尊が転法輪印如来で、左脇侍が半跏思惟菩薩である作品を中心に、ガンダーラに極楽浄土図が存在したのかを検討する必要がある。

本章を結ぶに当たって想起されるのは、前述の伝橘夫人念持仏の須弥座背面に描かれた化生菩薩の中に、半跏思惟と見られる菩薩像が存在することである。日本の浄土教美術の起源探求は、多くの紆余曲折を経て、やっとガンダーラにまでたどり着いたといえよう。

あとがき

本書序章にも記したように、著者は曼荼羅をはじめとする密教図像を中心に仏教と仏教美術の研究を進めてきた。この間、曼荼羅に描かれる多数の仏・菩薩が、どこから来たのかという問題が、頭の片隅から離れることはなかった。ところが研究が進むにつれて、曼荼羅に描かれる菩薩の多くは、密教の成立と時代的に近接する後期大乗仏典ではなく、意外にも初期大乗仏典から取られていることが分かってきた。

そこで著者は『両界曼荼羅の仏たち』（春秋社、二〇一七年）を刊行し、両界曼荼羅に描かれる仏・菩薩のルーツを、初期大乗仏典に遡って解明した。しかし同書は、あくまで両界曼荼羅を中心とした概説書であったため、大乗仏典では重要な役割を果たすものの、両界曼荼羅には描かれていない尊格については取り上げることができなかった。

いっぽう仏教学界では、従来の平川彰博士らの大乗仏教在家起源説が批判され、部派の出家教団の中から、大乗仏典が現れたとの見解が有力になってきた。それら大乗仏教の起源に関する最新の研究成果は、二〇一一年から刊行がはじまった『シリーズ大乗仏教』（春秋社）にまとめられている。

いっぽう仏教図像の研究を、単に仏像・仏画を読み解く知識だけでなく、尊格の思想的象徴性や、歴史的起源と発展を含めて総合的に研究する尊格学、尊格史にまで発展させることが、頼富本宏教授によって提唱された。頼富教授は二〇一五年に逝去され、ついに自らの尊格学を大成することができなかったが、そのような試みは、頼富教授が創設に尽力された密教図像学会に集った中堅・若手の研究者を中心に継承されている。

ところが著者が、そのような尊格学、尊格史の知識を駆使して解明した大乗仏教の成立と発展のプロセスは、最新の出家教団起源説ではなく、むしろ時代遅れとして批判された大乗仏教在家起源説を支持するものとなってしまった。

私たちの学問においては、一流の大学や研究機関で活躍する花形が、従来の学説を批判して新説を主張すると、瞬く間にその説が受容され、旧来の考え方が弊履の如く捨て去られることがある。そのような場合、旧来の学説を主導した研究者の多くは、すでに鬼籍に入っているため、反論できない。著者はこのような状況を、証券業界の用語を用いて「提灯がつく」と呼んでいるが、そのような時に旧来の考え方になじんでいた研究者が、種々の反証を挙げて抵抗してこそ、学問は進歩するのである。本書の刊行が、近年の大乗仏教成立史をめぐる議論に一石を投じるものになることを期待している。

本書の刊行に当たっては、春秋社の神田明社長、豊嶋悠吾氏のお世話になった。また古代オリエント博物館からは、本書の口絵となるガンダーラ「仏説法図」の写真提供を受けた。さらに韓国ハンビッツ文化財団、松岡美術館からも貴重な写真の提供を受けた。

また一般読者の利便を考えて、漢訳経典からの引用は漢文読み下しに改めたが、その際、『国訳一切経』（大東出版社）、『新国訳大蔵経』（大蔵出版社）、『国訳大蔵経』（第一書房）を参照させていただいた。漢字については、多くの旧字を常用漢字体に改めたが、「峰」と「峯」のように字形が異なるもの、「辨」「辯」「辦」など、複数の漢字が一つの常用漢字体に統合されているものに関しては、混同を避けるため旧字のままにしたケースがある。

さらに本書「参考文献」で言及した以外にも、多数の研究者の著書、論文を参照させていただいた。末筆となってはなはだ恐縮であるが、記して感謝の意を表させていただきたい。

参考文献

赤沼智善『佛教経典史論』（法藏館［復刻］、一九八一年）
岩井章悟「『仏説十二遊経』の仏伝伝承」『中央学術研究所紀要』モノグラフ篇No.7（二〇〇三年）
岩野眞雄「大集經菩薩念佛三昧分」『国訳一切経』「印度撰述部　大集部1」（大東出版社、一九三〇年）
ウルジー・ジャルガル「『金光明経』における陀羅尼品の研究―金勝陀羅尼品を中心に―」『印仏研』六三―二（二〇一五年）
梶芳光運『原始般若経の研究』（山喜房佛書林、一九四四年）
辛嶋静志「初期大乗仏典は誰が作ったか―阿蘭若住比丘と村住比丘の対立―」『佛教大学総合研究所紀要別冊・仏教と自然』（二〇〇五年）
――「阿弥陀・観音・般若経―大乗仏教とガンダーラ―」『ガンダーラ美術の資料集成とその統合的研究』報告書Vol.III（二〇一三年）
河村孝照「思益梵天所問経解題」「首楞厳三昧経解題」『新国訳大蔵経　インド撰述部　文殊経

典部2』（大蔵出版、一九九三年）
木村清孝「華厳経典の成立」『東洋学術研究』通巻一〇六号（一九八四年）
久留宮円秀（校注）「宝星陀羅尼経」『新国訳大蔵経　インド撰述部　諸経部1』（大蔵出版、二〇〇五年）
斎藤　明「大乗仏教の成立」『大乗仏教の誕生　シリーズ大乗仏教2』（春秋社、二〇一一年）
斎藤　明ほか『仏典解題事典』第3版（春秋社、二〇二〇年）
酒井真典『修訂　大日経の成立に関する研究』（国書刊行会、一九七三年）
佐々木閑「大乗仏教起源論の展望」『大乗仏教とは何か　シリーズ大乗仏教1』（春秋社、二〇一一年）
――「下田正弘とグレゴリー・ショペン―大乗仏教の起源をめぐって」『印仏研』六一―一（二〇一二年）
佐藤直美「大乗経典に引用される阿閦仏信仰の役割」『マンダラの諸相と文化』［下］（法藏館、二〇〇五年）
――『蔵漢訳　阿閦仏国経研究』（山喜房佛書林、二〇〇八年）
真田康道「Saṃghātasūtra-dharmaparyāya について」（佛教大学『人文学論集』(14)、一九八〇年）

下田正弘「経典研究の展開からみた大乗仏教」『大乗仏教とは何か　シリーズ大乗仏教1』（春秋社、二〇一一年）
ジャン・ナティエ（宮崎展昌訳）「〈原始華厳経〉の編纂過程――漢訳研究の現在から」『大乗仏教とは何か　シリーズ大乗仏教1』（春秋社、二〇一一年）
末木文美士・梶山雄一『観無量寿経・般舟三昧経』浄土仏教の思想2（講談社、一九九二年）
添田隆昭「喜根菩薩考」『密教文化』一一九号（一九七七年）
高崎直道「維摩経解題」『新国訳大蔵経　インド撰述部　文殊経典部2』（大蔵出版、一九九三年）
――「楞伽経解題」『新国訳大蔵経　インド撰述部　如来蔵・唯識部2』（大蔵出版、二〇一五年）
高田　修『仏像の誕生』（岩波新書、一九八七年）
高橋尚夫「『諸法無行経』喜根菩薩の段　和訳」『智山学報』第五四輯（二〇〇五年）
高橋尚夫・木村秀明・野口圭也・大塚伸夫『初期密教　思想・信仰・文化』（春秋社、二〇一三年）
田久保周誉『燉煌出土于闐語秘密経典集の研究』（春秋社、一九七五年）
田中公明『曼荼羅イコノロジー』（平河出版社、一九八七年）

――――『インド・チベット曼荼羅の研究』（法藏館、一九九六年）
――――「胎蔵曼荼羅　第三重の成立過程」『密教図像』第二六号（二〇〇七年）
――――『インドにおける曼荼羅の成立と発展』（春秋社、二〇一〇年）
――――「胎蔵五仏の成立について―『大日経』の先行経典としての『文殊師利根本儀軌経』―」『密教図像』第三一号（二〇一二年）
――――「大乗仏教在家起源説再考―『般舟三昧経』の八菩薩と十六正士を中心に―」『印仏研』六一―一（二〇一二年）
――――『般若学入門―チベットに伝わる『現観荘厳論』の教え』（大法輪閣、二〇一四年）
――――「観音の語源再考―羅什以前の漢訳に現れる尊名を中心に―」『印仏研』六二―二（二〇一四年）
――――「ガンダーラから極楽浄土図？―古代オリエント博物館寄託の仏説法図について―」『古代オリエント博物館紀要』三五（二〇一五年）
――――『両界曼荼羅の仏たち』（春秋社、二〇一七年）
――――『両界曼荼羅の源流』（春秋社、二〇二〇年）
田中公明・吉崎一美『ネパール仏教』（春秋社、一九九八年）
田辺勝美「ガンダーラ美術の図像学的研究（10）釈尊は般涅槃後、いずこに赴いたのか？―帝

政ローマ期石棺のエロース・ケートス像と釈尊の梵天界往生を予示する涅槃図をめぐって
――」『古代オリエント博物館紀要』三四（二〇一四年）
谷川泰教「纔発心転法輪菩薩考」『密教文化』二〇二号（一九九九年）
寺本婉雅「于闐国史」『于闐仏教史の研究』（国書刊行会〔復刻〕、一九七四年）
常盤大定「大般涅槃経解題」『国訳一切経』「印度撰述部　涅槃部1」（大東出版社、一九二九年）
長沢和俊（訳注）『法顕伝・宋雲行記』東洋文庫一九四（平凡社、一九七一年）
中村　元「新発見の阿弥陀仏像台座銘文とその意義」『ブッダの世界』（学研、二〇〇〇年）
――「金剛般若経解題」『般若心経・金剛般若経』（岩波文庫、一九六〇年）
能仁正顕「ガンダーラ出土仏三尊像と大阿弥陀経」『印仏研』五七―一（二〇〇八年）
羽渓了諦「「大集経」と佉羅帝との関係」『羽渓博士仏教論説選集』（大東出版社、一九七一年）
林　岱雲「月灯三昧経解題」『国訳一切経』「印度撰述部　経集部1」（大東出版社、一九七三年）
日野慧運「『金光明経』の研究：インド語原典の思想的発展」（東京大学学術レポジトリ、二〇一六年）
平等通昭「賢劫経解題」『国訳一切経』「印度撰述部　経集部1」（大東出版社、一九七三年）

平川　彰『初期大乗仏教の研究』（春秋社、一九六八年）
――「初期の大乗仏教」『インド仏教史』上巻（春秋社、一九七四年）
堀伸一郎「華厳経原典への歴史」『智慧／世界／ことば　シリーズ大乗仏教4』（春秋社、二〇一三年）
松田和信「アフガニスタンからノルウェーへ―本当はなかったことになるかもしれない話―」『佛教大学総合研究所報』一二（一九九七年）
――「アフガニスタン写本から見た大乗仏教」『大乗仏教とは何か　シリーズ大乗仏教1』（春秋社、二〇一一年）
――「華厳経「普賢菩薩行品」第78-121偈の梵文テキスト」『インド論理学研究』VIII（二〇一五年）
水谷真成（訳）『大唐西域記』東洋文庫六五三（平凡社、一九九九年）
宮治　昭「「舎衛城の神変」と大乗仏教美術の起源―研究史と展望―」『インド仏教美術史論』（中央公論美術出版、二〇一〇年）
村上真完「大方広宝篋経」「文殊師利浄律経」「文殊師利般涅槃経」「伽耶山頂経」「文殊師利問経」「未生寃経」解題『新国訳大蔵経　インド撰述部　文殊経典部1』（大蔵出版、一九九四年）

村上真完・及川真介（校註）「阿闍世王経」『新国訳大蔵経　インド撰述部　文殊経典部1』（大蔵出版、一九九四年）
森口光俊「Vajradhātumahāmaṇḍalopāyika Sarvavajrodaya 梵文テキスト補欠―新出写本・蔵・漢対照：賢劫千仏名を中心として」『智山学報』第三八輯（一九八九年）
頼富本宏「仏塔周囲の四尊像について」『密教文化』一五〇号（一九八五年）
――『密教仏の研究』（法藏館、一九九〇年）
渡辺海旭「金光明最勝王経解題」『国訳大蔵経』第一一巻（第一書房、一九八四年）
渡辺章悟「対告衆としての Satpuruṣa」『東洋大学大学院紀要［文学研究科］』第一八集（一九八一年）
――「般若経の形成と展開」『智慧／世界／ことば　シリーズ大乗仏教4』（春秋社、二〇一三年）
――「Satpuruṣa 考」『東洋思想文化』六（二〇一九年）
渡辺章悟ほか『般若経大全』（春秋社、二〇一五年）
この他、欧文・中文の多数の書籍・論文を参照したが、邦文のもののみを挙げた。

【著者紹介】
田中公明（たなか きみあき）
1955年、福岡県生まれ。1979年、東京大学文学部卒。同大学大学院、文学部助手（文化交流）を経て、（財）東方研究会専任研究員。2014年、公益財団化にともない（公財）中村元東方研究所専任研究員となる。2008年、文学博士（東京大学）。ネパール（1988-1989）、英国オックスフォード大学留学（1993）各1回。現在、東方学院講師、東洋大学大学院講師、高野山大学客員教授（通信制）［いずれも非常勤］、富山県南砺市利賀村「瞑想の郷」主任学芸員、チベット文化研究会副会長。密教や曼荼羅、インド・チベット・ネパール仏教に関する著書・訳書（共著を含む）は本書で60冊となり、論文は約140編。詳しくは、下記の個人ホームページを参照。http://kimiakitanak.starfree.jp/

仏菩薩の名前からわかる大乗仏典の成立

2022年1月20日　第1刷発行

著　　者　田中公明
発 行 者　神田　明
発 行 所　株式会社 春秋社
〒101-0021　東京都千代田区外神田2-18-6
電話　03-3255-9611（営業）
03-3255-9614（編集）
振替　00180-6-24861
https://www.shunjusha.co.jp/
装 幀 者　鈴木伸弘
印刷・製本　萩原印刷株式会社

ISBN978-4-393-13454-2　　定価はカバー等に表示してあります

索　引

ア
アーカーシャガルバ　189-191
『阿闍世王経』 32, 34, 190, 260, 269, 274, 285, 287
『阿閦仏国経』 31-33, 75, 109, 111, 113, 115, 116, 130, 147, 153, 155, 252-254, 260, 263, 278, 282, 283, 288-291, 293
アショーカ王　45, 57, 58, 62, 305
アショーカン・ブラフミー　62, 64
アティーシャ　30, 302, 303
アナガーリカ・ダルマパーラ　301, 302
アビダルマ　24, 47, 49, 50, 87, 88
アフガニスタン　9, 10, 17, 27, 28, 54, 56, 68, 144, 167, 172
アマラーヴァティー　19
阿弥陀（仏／如来） 18, 33, 70, 73-75, 109, 111, 113, 121, 145, 147, 148, 156, 166, 174, 177, 195, 197, 204, 205, 245, 278, 289, 299, 309, 314, 315, 317, 320, 322, 325, 326, 329, 330, 332, 333, 335, 338
『阿弥陀経』 6, 74, 109-111, 115, 116, 130, 201, 205, 282, 293, 320
阿弥陀三尊（像） 18, 46, 315, 320, 322, 332, 333, 337
阿弥陀如来像　18, 317
阿弥陀曼荼羅　195, 197, 330, 333
阿蘭若（アラニャ） 11, 36, 37
アルダ・マーガディー　57, 60, 61

イ
一生補処　325, 337

ウ
ヴァイシャーリー　76, 117, 121, 248, 275, 296, 306, 335
ヴァジュラパーニ　70, 153
ヴィクラマシーラ　201, 302
「優婆離会」(『大宝積経』の～) 155-157, 161, 240

エ
エジャトン（F・） 57, 58, 60, 61, 100
エフタル　40, 44, 50, 52, 82, 171, 294

オ
王舎城　77, 95, 153, 172, 200, 204, 261, 306
盧楼亘　→観音

カ
『カーランダ・ビューハ』 169, 170
ガガナガンジャ　184, 190, 191, 269
カシミール　49, 52, 167, 224
カシュガル　10, 116, 164, 267
月光（童子／童真） 8, 157, 179, 183, 239, 256, 277, 278, 333
月光菩薩　7, 8, 119, 157, 161, 180, 279
『月灯三昧経』 8, 157, 278, 279, 281
カトマンズ　54-56
カニシカ（王／紀元） 17, 18, 52, 72, 81, 88, 320
カピラヴァストゥ　104, 132, 268, 324
辛嶋静志　36, 307
カローシュティー　18, 61, 63-65, 68,

144, 315
カローシュトラ 164
観自在 →観音
観世音 →観音
『観世音菩薩授記経』 113-115, 285
ガンダーラ 8-11, 17, 18, 40, 42, 43, 45, 46, 49, 50, 52, 58, 60, 61, 63-65, 68, 81, 142, 144, 176, 189, 197, 294, 309, 314, 315, 317, 320, 322-324, 330, 333, 336-338
ガンダハスティン 253
『灌頂経』 78, 164, 176, 178, 332, 333
観音（菩薩） 3, 4, 7, 8, 75, 95, 96, 98, 106, 111, 113, 116, 119, 124, 147, 158, 161, 169, 178-180, 183-185, 188, 189, 193, 196, 197, 211, 213-215, 239, 244, 245, 256, 257, 263, 267, 278, 281, 308, 317, 320, 322-325, 330-333, 335
観仏経典 76, 113, 117, 164, 211, 232, 285, 295, 296, 300, 308
『観仏三昧海経』 102, 211, 214, 296, 308
『観無量寿経』 109, 117
『観薬王薬上二菩薩経』 117, 121, 169

キ

喜王（菩薩） 125, 190, 254, 260, 262, 269, 274, 282, 283, 285, 290, 297, 298
喜根（法師／菩薩） 106, 125-128, 159, 260, 273
義浄 22, 155, 201, 210, 211, 216, 218, 219, 240, 306
基本的『般若経』 87, 91, 104, 106, 290
佉羅陀山 162
佉羅帝山 162, 164, 192
佉羅帝耶山 162
ギルギット 9, 10, 42, 116, 142, 165, 167-170, 177, 217, 218, 240, 267, 333

ク

クシナガラ 222, 296
クシャン（朝） 10, 17, 18, 20, 21, 27, 40, 44-46, 51, 52, 72, 82, 87, 143, 171, 314, 315
具足戒 35, 37, 106, 301, 302
グプタ（朝） 9, 40, 48-52, 78, 209, 219, 223, 234
鳩摩羅什 6, 7, 15, 16, 21, 32, 66, 67, 83, 92, 98, 100, 105, 108, 109, 116, 126, 137, 154, 155, 267, 275, 277, 296

ケ

『華厳経』 19, 29, 33, 34, 85, 101, 105, 131-134, 136-139, 142, 143, 145-149, 156, 157, 162, 192, 211, 241, 245, 260, 261, 279, 292, 294
『華手経』 267, 268, 270, 285
化生菩薩 326-329, 337, 338
『現観荘厳論』 88, 89
『賢劫経』 101, 103, 117, 190, 251-253, 255, 262-264, 269, 282, 283, 285, 288, 290, 291, 297
賢劫十六尊 251, 253, 264, 278, 286, 297
賢劫千仏 153, 197, 251-253, 264,

283, 286
「賢劫菩薩」 117, 177, 179, 253, 254, 257, 260, 264, 278, 293, 294
『原始般若経』 88, 89, 106, 290
玄奘（三蔵） 7, 21, 39, 42-44, 47-49, 52, 86, 87, 89, 92, 106, 109, 125-127, 142, 145, 151, 155, 177, 178, 181, 184, 306, 333
原『無量寿経』 74, 75, 111, 113, 115, 116, 325

コ

後期大乗（仏教／仏典） 4, 171, 196, 198, 221, 230, 232, 240
後期密教 156, 233, 235
交脚倚像 311, 317, 320, 322-325 337
香象（菩薩） 106, 109, 111-113, 124, 130, 147, 156, 253, 256, 257, 260, 278, 281-283, 288, 292
康僧鎧訳 16, 110, 137, 155
『合部金光明経』 201, 210
コータン 20, 133, 139, 142-144, 149, 216, 217, 219, 224, 234, 252
虚空庫 179, 183-185, 188, 190, 255, 263
虚空蔵（菩薩） 125, 158, 163, 164, 179, 180, 184, 185, 188-192, 211, 213, 247, 249, 251, 256, 263, 269, 274, 275, 277
虚空蔵院 3, 166, 244, 287
虚空蔵部 244, 247-250, 254
極楽（浄土／世界） 33, 69, 70, 73, 75, 106, 109, 111, 113, 145, 147, 148, 165, 177, 179, 197, 205, 320, 325, 326, 329, 331-333, 338
極楽往生 148, 177, 326, 332, 336
極楽浄土図 11, 18, 197, 309, 320, 326, 329, 331, 332, 337, 338
護法神（群） 25, 189, 199, 214-217, 219
金剛界曼荼羅 126, 128, 129, 185, 197, 207, 232, 233, 252-254, 262, 264, 285-287
金剛手 3, 153, 156, 159, 179, 180, 183-185, 188, 189, 213, 239, 244, 331
『金剛手灌頂タントラ』 241, 244-246, 249-251, 254
金剛蔵菩薩 136, 138, 141, 256, 297
『金剛頂経』 128-130, 156, 176, 185, 197, 232, 278
『金剛般若経』 6, 86, 91, 92, 234
『金光明経』 4, 110, 165, 166, 191, 198-201, 203-205, 208-211, 213-221, 241, 296
『金光明最勝王経』 201, 203, 207, 210, 213, 218
金光明（経）四仏 204, 205, 210, 211
「金光明懺法」 201, 215
「金勝陀羅尼品」 203, 210, 211

サ

サーンチー 62, 63, 205-209
摧一切魔（力） 184, 185, 188, 263
在家菩薩 11, 12, 25, 65, 69, 71, 74, 76-78, 82, 90, 93, 98-101, 103, 104, 106, 107, 114, 116, 121, 126, 138, 149, 152, 153, 157, 164, 172, 174-176, 185, 196,

197, 200, 252, 266-268, 275, 279, 283, 290, 293-296, 299, 300, 304-310, 335
纔発心転法輪（菩薩） 184, 185, 188, 190, 263, 283, 287-289, 292
サカ 17, 72, 81, 144
サキャ 302
佐々木（閑）教授 36, 305, 307
サトプルシャ 100, 126, 268, 269
サンガ 11, 30, 34, 35, 300, 302, 306, 307
散脂（／散支）大将 203, 215, 216
三尊（形式／像） 248, 315-317, 320, 322, 323, 325, 329
三段階成立論（大乗仏典の～） 15, 16
『三品経』 157
『三昧王経』 →『月灯三昧経』

シ

ジェームズ・プリンセプ 62, 64
竺法護 7, 8, 16, 34, 64-67, 83, 98, 104, 105, 116, 128, 134, 137, 154, 155, 159, 163, 242, 252, 255, 260, 261, 267, 269, 277, 336
慈氏 →弥勒
『師子荘厳王菩薩請問経』 176, 192, 332
『四十華厳』 133, 134, 144, 147-149, 261
四十二字門 143, 144
静谷正雄 36, 307
地蔵部 244, 247, 248, 250, 251
地蔵菩薩 138, 162, 179-181, 183, 189, 192, 213, 245, 247, 248
『七仏薬師経』 237, 240, 241, 262
実叉難陀 133, 134, 153, 227
四方四仏（説） 4, 166, 199, 205-207, 209, 218
ジャータカ 54, 90, 207
『思益梵天請問経』 98, 99, 117, 275, 277
『釈軌論』 229, 230
舎利弗（尊者） 47, 50, 85, 87, 89, 120, 165
『舎利弗陀羅尼経』 175, 176, 254
『十地経』 103, 138-140, 149, 233
「十地品」（『華厳経』の～） 134, 135, 142, 192
『十住毘婆沙論』 15, 16, 211, 214
『十万頌般若経』 84-86, 89, 93, 97, 106, 114, 185
十六正士 6, 7, 74, 79, 82, 98, 99, 101-104, 107, 111, 112, 116, 117, 121, 130, 152, 153, 172, 174, 185, 190, 248, 252, 267-269, 275, 276, 278, 279, 283, 286, 289, 295, 300, 308
十六大菩薩 129, 185, 188, 254, 258, 259, 262-264, 285
衆香手菩薩 124, 158, 252, 254, 257, 288
『出生無辺門陀羅尼経』 189, 246, 249, 250, 253, 254, 257, 264
須菩提 85, 90
「寿命品」（『六十華厳』の～） 69, 145
「寿命品」（『涅槃経』の～） 224
『首楞厳（三昧）経』 223, 265, 289, 296-299
「寿量品」（『金光明経』の～） 204, 208, 209
常喜悦根（菩薩） 126, 127, 188, 260, 263
常精進（菩薩） 64, 97, 99, 110, 119,

120, 124, 128, 213, 271, 273, 282
常啼菩薩　90, 128
浄土経典　5, 34, 70, 74, 108, 109, 113, 115, 121, 130, 147, 335
浄土三部経　70, 109
『正法華経』 67, 119, 267
『小品般若（経）』 86, 88, 90, 105, 289-291
小品系（『般若経』） 31, 89, 90, 93, 105, 106, 297
『初会金剛頂経』 129, 185, 188, 258, 263
初期大乗　11, 12, 24, 29, 82, 100, 116, 129, 130, 147, 177, 267, 285, 293, 294, 300, 302
初期大乗経典　16, 91, 100, 120, 121, 139, 153, 204, 259, 264, 283, 290
ショーペン（G・） 18, 36, 307
除蓋障（菩薩） 103, 158, 179, 183, 189, 211, 247, 250, 251
除蓋障院　166, 244
除蓋障部　244, 247, 250
除疑怪（菩薩） 247, 250
初期大乗仏典　4, 9, 12, 19, 24, 31, 33, 37, 56, 60, 61, 64, 68, 77, 106-108, 120, 121, 128, 138, 156, 171, 174, 176, 181, 184, 189, 190, 200, 204, 236, 237, 240, 241, 252, 258, 259, 262, 264, 266, 267, 278, 282, 285, 290, 293, 295, 297, 299, 308, 335
「諸仏現前三昧」 289, 297, 299
『諸法無行経』 106, 127, 128, 184, 185, 187
支婁迦讖　7, 8, 16, 20, 31-33, 71, 74, 75, 77, 80, 82, 110, 111, 134, 137, 155, 190, 260, 267, 269, 283, 285, 296
シルカップ　44, 45, 52, 81, 82
シルスーク　44-46, 52, 82
真諦　191, 201, 202, 210, 218, 219

ス

『蕤呬耶経』 246-249
スコイエン・コレクション　9, 34, 127, 165, 184, 186, 287
スリランカ　36, 227, 228, 301
スワート　42, 142, 209

セ

世親　15, 49, 50, 198, 220, 229, 230
説一切有部　20, 30, 52
説一切有部律　30
善財童子　19, 144, 279
善守（菩薩） →バドラパーラ
「善住意天子会」 153, 154, 190, 260
『千手経』 214-217
『善勇猛般若経』 86, 100, 101

タ

ターバン　311, 314, 323, 324, 326, 337
第一次大乗仏典　15, 16, 83, 138, 248, 267, 308
第二次大乗仏典　15, 16, 79, 226, 268, 296
『大吉祥天授記経』 217, 218
大『華厳経』 133, 134, 138, 143, 144, 147, 149
『大集会正法経』 167-169
『大集経』 71, 151, 152, 162-167,

170, 172, 173, 191, 192, 215, 216, 261, 269
『大集経賢護分』 71, 78, 162
「大集部」 71, 152, 162, 164, 167, 168, 170-172, 191, 192,
大勢至 75, 106, 111, 113, 119, 124, 158, 179, 267, 278, 281, 320, 322, 325, 326, 331-333, 335, 337
胎蔵曼荼羅 3, 105, 166, 191, 196, 197, 241, 244, 246, 247, 250, 251, 254, 262, 269, 279, 286
『大智度論』 15, 16, 93, 98, 100, 106, 198, 220, 230
『大日経』 194, 197, 241, 244, 246, 250, 251
大日如来 156, 184, 195, 196, 207, 233, 241, 258, 259
『大般涅槃経』 221-223
『大般涅槃経後分』 222
『大般若（波羅蜜多）経』 85-87, 89, 92-94, 103, 104, 107, 151, 181
大悲闡提 79, 164, 231
『大宝積経』 10, 31, 70, 100, 103, 104, 127, 151-153, 155, 157, 172, 173, 189, 190, 216, 240, 260
大品系（の）『般若経』 33, 89, 93, 94, 97, 98, 104, 106, 107, 174, 211, 246, 249, 267, 268, 271, 282, 283, 293
『大品般若経』 12, 86-88, 91-94, 97-99, 111, 115, 120, 130, 190, 252, 289, 291
高崎直道（教授／博士） 84, 128
高田修博士 26, 80
タキシラ 18, 38-40, 42-46, 50, 52, 81, 142, 143, 171, 234, 294, 308
他土仏経典 31-33, 75, 82, 113, 293
他土仏信仰 18, 21, 28, 33, 34, 69, 70, 109, 116, 145, 317
他土菩薩 105, 249, 254, 294
陀羅尼経典 4, 7, 12, 25, 101, 165, 216, 246, 262, 264
ダルマラージカー仏塔 44-46

チ

『チベット大蔵経』 13, 14, 107, 151, 152, 172, 201, 228, 241
中期大乗（仏典） 129, 177, 198, 220
中期密教（経典） 128-130, 156, 241, 254

テ

ティソンデツェン王 30, 196
テーラヴァーダ仏教 29, 36, 39, 227, 300
転法輪印 195, 309, 310, 314, 337
転法輪印如来（像） 195, 317, 320, 326, 338

ト

唐 8, 22, 29, 48, 66, 92, 132, 133, 151, 164, 192, 195, 201, 217, 218, 222, 227, 240, 329, 332
『道行般若経』 31, 32, 80, 88, 105
童子形 176, 179, 181, 279
童真（菩薩） 114, 158, 165, 166, 168, 179, 181, 256, 275, 277-279
栂尾祥雲博士 127, 184
『兜沙経』 34, 134, 137
吐蕃（王国） 22, 30, 171, 194, 237, 240, 303

吐蕃占領（敦煌の～） 228
敦 煌 84, 171, 176, 178, 192, 194, 195, 201, 228
曇 無 讖 152, 162, 163, 166, 191, 201, 203, 210, 217, 218, 220-225, 231

ナ

ナーガールジュナ 41, 42, 87, 233
ナーランダー 30, 39-42, 45-52, 171, 193, 195, 201, 219, 234, 306, 308
中村（元）博士 6, 92, 223, 315

ニ

二十五正士 34, 100, 190, 269, 274, 275, 287, 289
二十諸天 214, 215
「二十八部鬼神大将」 215
二十八部衆 214, 215
『二万五千頌（般若経）』 12, 77, 84, 88, 89, 94, 97, 276
「入法界品」 19, 135, 138, 139, 142, 144, 147-149, 261, 263, 279, 294
『如幻三昧経』 101, 104, 260
如来蔵思想 226, 234

ネ

『涅槃経』 220-224, 226, 229-231, 234, 265
ネワール 54, 57
『念仏三昧経』 76, 100, 101, 113, 117, 152, 170, 252, 278, 282, 283, 285, 286, 288, 289, 291, 292, 295, 296, 300, 308

ハ

パータリプトラ 42, 224, 234
パーラ朝 201, 320
パーリ語 15, 40, 55, 58, 60, 61
バウマカラ王朝 133, 193
バクトリア 44, 45, 72
派生的『般若経』 106, 231
『八吉祥経』 197, 240, 242
『八十華厳』 133-135, 137, 139, 141, 142, 146, 147, 245
八正士 79, 82, 101, 103, 104, 110, 116, 117, 121, 130, 149, 153, 172, 252, 267, 282, 283
八大菩薩曼荼羅 193-195
『八大菩薩曼荼羅経』 175, 176, 192
『八千頌（般若経）』 85, 88, 89, 91, 104-106
バドラパーラ 76, 77, 93, 95, 98, 106, 113, 116, 117, 138, 152, 153, 156, 157, 172, 174, 200, 248, 252, 267, 268, 275, 278, 283, 296, 300, 306, 308, 335
半跏思惟 317, 320, 322-324, 337, 338
半跏思惟像 311, 317, 322-325
半跏思惟菩薩（像） 317, 318, 322, 324, 338
般舟三昧 34, 70, 73-75, 79, 82, 95, 174, 197, 289, 295-297, 299, 300, 335
『般舟三昧経』 12, 25, 32-34, 65, 69-80, 82, 90, 93, 98-101, 104, 107, 113-117, 121, 126, 130, 138, 139, 149, 152, 153, 156, 157, 162, 164, 170, 172, 174-176, 185, 196, 197, 252, 266-

269, 275, 282, 283, 285, 288, 289-291, 293, 295, 296, 299, 300, 306-310, 335-337
『般若経』 29, 32, 33, 84, 85, 87-91, 93, 98, 99, 104, 106-108, 121, 174, 175, 224, 226, 246, 248, 260, 267, 273, 283, 289, 292, 294, 297
『般若心経』 6, 85, 91, 92
『般若理趣経』 86, 181, 231

ヒ

『悲華経』 98, 120, 123
『秘密集会（タントラ）』 10, 41, 233, 234
標準型の八大菩薩 175, 176, 189, 192-194, 197, 211, 217, 331, 332, 335, 336
平川（彰／博士） 11-13, 16, 25, 29, 36, 76, 80, 156, 285, 294, 300, 307
毘盧遮那（仏） 135, 141, 156, 192, 194-196, 207, 233, 241, 278
ヒンドゥー教 51, 54

フ

不空（三蔵） 22, 163, 184, 192, 193, 195, 228, 253, 256
不空見（菩薩） 99, 100, 102, 113, 114, 117, 252, 256, 257, 276, 278, 282, 283, 285-287, 289, 292, 300
『不空羂索神変真言経』 246, 250
不休息菩薩 64, 65, 99, 102, 110, 114, 119, 120, 124, 128, 213, 271, 276
普賢（菩薩） 112, 134, 136, 143, 147-149, 161, 168, 169, 179, 180, 183, 188, 189, 231, 256, 258, 263, 267, 308
『普賢行願讃』 134, 147-149
「不思議品」（『維摩経』の～） 129, 259
仏教混成梵語 8, 24, 57, 58, 60, 61, 65, 68, 91, 147
仏像不表現 80, 205, 314
部派仏教 5, 11, 24, 28, 29, 32, 87, 88, 306
「普門品」（『法華経』の～） 67, 120
ブラフミー文字 18, 61-64
プルシャプラ 42, 49, 50

ヘ

ペシャワール 42, 49, 209

ホ

『宝星陀羅尼経』 129, 163-166, 170, 246, 247, 250
法上菩薩 90, 128, 261
法成 201, 210
宝幢（如来） 105, 214, 245
宝幢（菩薩） 111, 112, 124, 125, 130, 188, 213, 260, 263, 278, 281, 292
「宝幢分」（『大集経』の～） 163-166
北魏 20, 104, 142, 221, 227
『法華経』 36, 78, 85, 98-100, 108, 116, 117, 119-121, 130, 240, 246, 248, 254, 267, 282, 294, 304
菩提流志（唐の～） 100, 151, 154, 155, 246, 250
菩提流支（北魏の～） 98, 227, 277
法顕 21, 41, 43, 44, 47, 220-225,

234
梵行優婆塞　106, 302

マ

魔王　129, 165, 259
松田和信（教授）　143, 172
マトゥラー　17, 18, 46, 314, 315, 322, 324, 330
『マハーヴァストゥ』　28, 29, 64

ミ

「密迹金剛力士会」　10, 70, 127, 153, 156, 159, 189, 260
宮治昭（教授）　309, 320, 323, 326
妙喜世界　70, 106, 109, 112, 147, 153, 165, 253
妙吉祥　→文殊
弥勒（菩薩）　69, 95, 96, 105, 109, 112, 114, 116-118, 120, 122, 124, 154, 158, 161, 165, 166, 168, 178-180, 183, 189, 196, 197, 213, 217, 226, 229, 239, 255-259, 273, 278, 279, 286, 293, 296, 298, 308, 320, 322-326, 331, 333, 337

ム

『無言童子経』　163, 261-263
無言菩薩　163, 188, 261-263
無盡意（菩薩）　120, 161, 163, 178, 179, 223, 333
無比心薩埵　278, 279
『無量寿経』　31, 74, 109, 110-113, 115, 116, 130, 153, 155, 293, 322
『無量清浄平等覚経』　31-33, 75

モ

モハマッド・ナリー（の浮彫）　320-322, 326, 329, 338
文殊（師利／菩薩）　4, 19, 96, 98, 104-106, 110, 112, 114, 116, 119, 120, 124, 138, 139, 146, 148, 154, 155, 158, 161, 166, 168, 169, 178-181, 183-185. 188, 189, 195, 197, 213, 237, 239, 245, 246, 249-251, 256, 257, 267, 270, 275, 277-279, 281, 286, 294, 298, 308, 333
文殊院　166, 244
『文殊師利根本儀軌経』　105, 175-177, 179-181, 229, 279
『文殊支利普超三昧経』　32, 34, 100, 260, 269, 274, 275, 287, 289
文殊部　244, 247, 251, 279

ヤ

薬王（菩薩）　117, 119, 168, 169, 178, 179, 333
『薬師経』　176-178, 197, 237, 239, 240, 262, 332-336
薬師経法　237-239, 262
薬師三尊　7
薬師信仰　177, 336
薬師如来　177, 179, 237, 333
薬師八大菩薩　178, 179, 333
薬上（菩薩）　117, 169, 178, 179, 333
耶舎崛多　201, 202, 210, 218
夜叉神　215, 216

ユ

唯識（派）　30, 48, 49, 226, 233

『維摩経』 66, 108, 121, 125-130, 156, 174, 175, 184, 185, 190, 247, 248, 259-261, 263, 273, 294, 304, 306
維摩（居士） 100, 121, 126, 195, 248

ヨ

頼富（本宏）教授 175, 198, 254, 331, 333

ラ

ラージャグリハ 76, 79, 222, 226, 306, 335
ラトナーカラ 76, 116, 117, 121, 275, 306, 335
『ラトナグナサンチャヤ・ガーター』 91
ラトナケートゥ 111, 205
『ラリタヴィスタラ』 120, 129, 184, 190, 269, 282, 283, 287-289, 291-293, 297

リ

『理趣経』 127, 176, 181, 184, 185, 231, 287
『理趣経』系の八大菩薩 175, 176, 181, 184, 185, 188, 197, 254, 258, 259, 262-264, 287
リッチャビ 117, 121, 248
龍樹 15, 16, 41, 139, 159, 230
両界曼荼羅 3, 4, 205, 229, 236, 241, 254, 258, 266
『楞伽経』 220, 221, 226-234

ル

ルチラケートゥ 199, 200, 204

レ

蓮華化生（菩薩） 326, 329, 337
蓮華蔵世界 244

ロ

『六十華厳』 69, 132-135, 137, 139, 141, 142, 145-147, 245, 296

ワ

渡辺（章悟）教授 91, 100